LE TRAVAIL NON RÉMUNÉRÉ

Enjeux pour le développement

Éthique économique

Collection dirigée par François Régis Mahieu

L'éthique rejoint l'économie dans la recherche du bonheur pour soi et pour les autres. L'individu n'est pas totalement opportuniste, il concilie égoïsme et altruisme. Reconnaître les formes de l'éthique est une priorité en économie : vertu, responsabilité, discussion, justice. Une attention particulière est accordée à l'éthique du développement, en particulier à la considération accordée à la justice intra et intergénérationnelle dans le cadre du développement durable. L'éthique se traduit par des évaluations et des sanctions vis-à-vis de ceux qui ont la responsabilité de la *vie bonne*.

Cette collection concilie recherche et pédagogie, réflexion et action, dans l'optique la plus large possible.

Dernières parutions

François-Régis MAHIEU, *Une anthropologie économique*, 2016.

François-Régis MAHIEU, Thierry SUCHÈRE (coord.), *Autour de l'anthropologie économique. Actualité des écrits du professeur André Nicolaï*, 2014.

Jérôme BALLET et Mahefasoa RANDRIANALIJAONA (eds.), *Vulnérabilité, insécurité alimentaire et environnement à Madagascar*, 2011.

Jean-François TRANI (ed.), *Development efforts in Afghanistan: Is there a will and a way?*, 2011.

Arnaud MAIGRE, *De l'éthique en économie*, 2010.

Ali TOUSSI, *Le taux d'intérêt dans un système financier islamique*, 2010.

Ali TOUSSI, *La banque dans un système financier islamique*, 2010.

Jean CARTIER-BRESSON, *Economie politique de la corruption et de la gouvernance*, 2008.

Réseau IMPACT, *Repenser l'action collective. Une approche par les capabilités*, 2008.

Laurent PARROT (coord.), *Agricultures et développement urbain en Afrique subsaharienne. Gouvernance et approvisionnement des villes*, 2008.

Laurent PARROT (coord.), *Agricultures et développement urbain en Afrique subsaharienne. Environnement et enjeux sanitaires*, 2008.

Samir ZEMMOUR, *Vers une certification de qualité halal ?*, 2007.

Samir ZEMMOUR, *Le marché de la viande Halal : évolutions, enjeux et perspectives,* 2006.

Jérôme BALLET, Katia RADJA, *Le capital social en action*, 2005.

J. BALLET, J.-L. DUBOIS, F.-R. MAHIEU, *L'autre développement*, 2005.

J.P. MINVIELLE et A. LAILLER, *Les politiques de sécurité alimentaire au Sénégal depuis l'indépendance*, 2005.

Barbara Ky

LE TRAVAIL NON RÉMUNÉRÉ

Enjeux pour le développement

Préface de Jacques Charmes

L'Harmattan

5-7, rue de l'Ecole-Polytechnique, 75005 Paris

http://www.editions-harmattan.fr

ISBN : 978-2-343-14685-0
EAN : 9782343146850

Sommaire

Préface

L'ouvrage que nous présente Dr Barbara Ky s'inscrit dans un long débat qui remonte aux grands économistes néoclassiques. Longtemps en effet, la conception de la production sur laquelle raisonnaient les économistes n'incluait pas les services. Adam Smith, influencé par les physiocrates, limitait la définition de la production aux seuls biens. Et cette conception perdura chez Marx et dans les balances matérielles (l'équivalent des comptes nationaux) des pays socialistes. La définition de la production, et donc du travail, étendue à l'ensemble des services a été introduite par Alfred Marshall qui, dans son *Économie de l'industrie* (un ouvrage qui date de 1879, mais dont il faudra attendre la 4e édition de 1909 pour y voir aborder le sujet), jeta les bases de la conception moderne du Produit Intérieur Brut (PIB) : « Tout ce qui est produit au cours d'une année, chaque service rendu, chaque nouvelle utilité, fait partie du revenu national. Ainsi inclut-il, le bénéfice tiré de l'avis d'un médecin, le plaisir d'entendre un chanteur professionnel et la jouissance de tous les autres services pour lesquels une personne peut être embauchée afin de les effectuer pour une autre ». Plus tard en 1920, son élève Arthur C. Pigou tira les conséquences de l'interprétation limitative des idées de Marshall par ceux qui ne s'intéressaient qu'à la mesure de la production des seuls services transitant par le marché, en énonçant le paradoxe du gentleman qui diminue le bien-être national en épousant sa gouvernante ou sa cuisinière (1re partie, chapitre 3 de son *Économie du Bien-Être*).

L'extension de la notion de travail à l'ensemble des services (et par suite son extension à la production) sera ensuite reprise par les grands noms de l'économie féministe, Margaret Reid en 1934 et Marilyn Waring (1988) dont le titre de l'ouvrage phare résume bien la situation *Compter pour rien. Ce que les hommes évaluent et ce que les femmes valent*, signifiant par-là que le travail des femmes est négligé par une comptabilité nationale (ce que les hommes évaluent) qui ne tient pas compte de l'ensemble du travail domestique et de soins principalement effectués par les femmes (ce que les femmes valent).

Mais comment mesurer le travail domestique et de soins puisqu'il n'a pas de prix fixé par les marchés ? La vision de Marshall ouvrait cependant la voie à une telle valorisation puisque ces services peuvent faire l'objet de transactions sur le marché. Encore fallait-il en mesurer la durée. Les enquêtes emploi du temps que la Conférence de Beijing (1995) contribua à remettre sur le devant de la scène sont devenues aujourd'hui l'instrument incontournable pour permettre la juste appréciation du travail non comptabilisé des femmes comme des hommes et les dernières décennies ont vu un rapide développement de ces enquêtes. On compte plus de 80 pays dans le monde à en avoir réalisé, dont seulement 10 en Afrique subsaharienne et 5 dans les pays à faible revenu. Un nombre encore plus faible de ces pays sont allés jusqu'à utiliser les résultats de ces enquêtes pour établir une estimation de la valeur du travail domestique non rémunéré en comparaison du PIB.

C'est dire que le travail de Barbara Ky est précieux, et il l'est d'autant plus que rares sont les auteurs francophones à s'être saisis de ces questions. Son mérite consiste aussi à replacer ces réflexions dans le cadre de l'approche des *capabilités* d'Amartya Sen (Prix Nobel d'économie, 1998) et, plus largement, de la pauvreté. Articulant avec maîtrise les instruments de mesure de la comptabilité nationale et du budget-temps, l'ouvrage constitue une synthèse et une réflexion indispensables à un moment où devient plus évidente la marche inexorable et tant attendue vers la reconnaissance définitive des notions étendues de travail et de production, avec l'adoption de nouvelles recommandations en matière de définition de l'emploi par l'Organisation internationale du travail (2013) et le développement de comptes satellites de la production domestique qui ouvrent la voie à la prise en compte de celle-ci dans le cadre central des comptes nationaux.

Jacques Charmes
Directeur de recherche émérite
IRD
CEPED-Université Paris-Descartes

Avant-propos

Les moments de bonheur que rencontre un chercheur dans sa vie de scientifique sont relativement rares. Ces pépites de bonheur qui peuvent illuminer une vie de recherche souvent solitaire, résultent de la satisfaction d'avoir contribué à apporter quelques réponses à un questionnement collectif, ou proposé quelques pistes de solutions s'inscrivant dans l'émergence d'un progrès collectif.

Ce bonheur survient également lorsqu'une intuition, formulée dans le cadre d'un travail de recherche dans l'espace académique, arrive à trouver un écho favorable dans l'espace public, aux niveaux non seulement local, national ou régional, mais mieux, à un niveau universel comme celui des Objectifs du Millénaire pour le Développement (OMD).

Il y a là, en quelque sorte, la marque d'une reconnaissance sociale et universelle, et l'euphorie qui en résulte doit laisser rapidement la place à la conscience d'une responsabilité à la fois morale et intellectuelle qui est celle de produire et de partager l'argumentaire sur lequel repose la force de ses intuitions, et le protocole scientifique qui a prévalu. La mission du chercheur se trouve alors renouvelée par l'obligation qu'il fait sienne de développer de manière plus argumentée et explicative ce qui désormais fait l'objet d'une attention particulière de la société. Ce partage a initialement été réalisé par le biais de publications et de communications dans diverses conférences et instances internationales.

C'est dans un tel contexte que le présent ouvrage reprend l'essentiel d'une thèse de doctorat en économie du développement soutenue en 2010 à l'université Paris-Descartes et intitulée « Contribution des femmes à la lutte contre la pauvreté au Burkina Faso : essai de quantification du travail non rémunéré féminin dans la Commune de Koupéla » dont la publication a été retardée pour des raisons d'urgence professionnelles.

Il traite de la nécessité de prendre en compte le travail non rémunéré, majoritairement produit par les femmes, dans les politiques de développement. Ce type de travail, occulté au moment de la rédaction de la thèse par les Objectifs du Millénaire pour le développement qui ont été adoptés en 2000, vient cependant d'être inscrit en 2015 comme l'une des cibles des nouveaux Objectifs du Développement Durable (ODD). Le texte de l'ouvrage a cependant volontairement été laissé dans son état originel pour certaines parties, afin de faire prévaloir l'argumentaire et les considérations contextuelles de l'époque, dont la majorité prévaut encore de nos jours.

Résumé

Le constat de l'importance du travail des femmes ainsi que celui, a contrario, de leur pauvreté persistante et même grandissante malgré les politiques publiques promotrices du genre traduit un hiatus relatif à la manière dont l'analyse économique appréhende la contribution productive des femmes et l'intègre à la lutte contre la pauvreté.

Cette réflexion soulève la question du travail non rémunéré en sciences économiques qui s'inscrit dans le débat plus global de la comptabilisation de la production non marchande des ménages. Ce débat remonte aux précurseurs de la comptabilité nationale tel que William Petty (1664) et aux économistes néoclassiques avec une notion évolutive du concept de production du 19ème siècle à nos jours. En comptabilité nationale, le Produit Intérieur Brut (PIB) reflète-t-il la réalité des créations de valeur ? Qu'en est-il des productions non marchandes telles que le travail non rémunéré ? Si celui-ci est aussi bien le fait des hommes que des femmes, force est de reconnaitre qu'il est davantage l'apanage des femmes. Ainsi, le travail des femmes est largement sous-estimé dans les pays en développement, particulièrement en zone rurale.

Le présent ouvrage établit le lien entre l'évolution dans la pensée économique, du discours sur la pauvreté, l'intégration progressive des rôles sexués à l'analyse économique, et la comptabilisation du travail non rémunéré en prenant comme cas pratique le Burkina Faso. L'ensemble de la réflexion est placée au cœur de la théorie des *capabilités* développée par l'économiste Amartya Sen (1999), prix Nobel d'économie (1998). Ainsi, l'ouvrage propose, dans une perspective aussi bien macroéconomique que microéconomique, une alternative en faveur d'un développement humain reposant sur des fondamentaux économiques soucieux d'équité.

Acronymes

AEP : Approvisionnement en Eau Potable
AGDI : African Gender and Development Index
AHTUS : American Heritage Time Use Study
AWPS : African Women's Progress Scoreboard
BAD : Banque Africaine de Développement
BCG : Bacille de Calmette et Guérin (Bacille de Koch)
BIT : Bureau International du Travail
CAD : Comité d'aide au développement
CEA : Commission économique pour l'Afrique
CEDAW : Committee on the Elimination of Discrimination Against Women
Cf. : *Confer*
CGD : Centre pour la bonne Gouvernance Démocratique
CICRED : Comité International de Coopération dans les Recherches nationales en Démographie
CNR : Comité National de la Révolution
CONAPO : Conseil National de la Population
CRDI : Centre de Recherche pour le Développement International
CSLP : Cadre Stratégique de Lutte contre la Pauvreté
CSPM : Compte Satellite de Production des Ménages
CVGT : Commissions Villageoises de Gestion des Terroirs
DCPE : Document-Cadre de Politique Economique
DREP-CE : Direction Régionale de l'Economie et de la Planification Centre Est
DSRP : Document Stratégique de Réduction de la Pauvreté
DTCP3 : Diphtérie, Tétanos, Coqueluche, Poliomyélite (Vaccin 3e injection)
EA-QUIBB : Enquête Annuelle sur les conditions de vie des ménages – Questionnaire Unifié des Indicateurs de Base du Bien-être
EP : Enquête Prioritaire
Et al. : Et alii
Etc. : Et cetera
F CFA : Franc de la Communauté Financière Africaine
F : Franc
FAO : Food and Agriculture Organization
FED : Femmes Et Développement
FGT : Foster-Greer-Thorbecke
FMI : Fonds Monétaire International / **IMF :** International Monetary Fund
FNUAP : Fonds des Nations Unies pour la Population
FRPC : Facilité pour la Réduction de la Pauvreté et de la Croissance
GED : Genre Et Développement
GEM – IWG : Gender and Macro-International Working Group
GSI : Gender Status Index

h : Heure
IATUR : International Association for Time Use Research
Ibid. : Ibidem
IDH : Indicateur de Développement Humain
IDISA : Indice de Développement et des Inégalités entre les Sexes en Afrique
IFD : Intégration des Femmes au Développement
ILO : International Labour Organization
INED : Institut National d'Etudes Démographiques
INSD : Institut National de la Statistique et de la Démographie
INSEE : Institut National de la Statistique et des Etudes Economiques
INSTRAW : International Research and Training Institute for the Advancement
IPF : Indice de Participation des Femmes / **GEM** : Gender Empowerment Mesure
IPH : Indice de Pauvreté Humaine
IPH-1 : Indicateur de la Pauvreté Humaine pour les pays en développement
ISDH : Indicateur Sexospécifique du Développement Humain / **GDI :** Gender Development Index
ITAO : Interview Téléphonique Assistée par Ordinateur
LIPDHD : Lettre d'Intention de Politique de Développement Humain Durable
MEDEV : Ministère de l'Économie et du Développement
Min ou **mn :** Minute
MPFEF : Ministère de la Promotion de la Femme, de l'Enfant, et de la Famille
MPI : Multidimensional Poverty Index
MTUS : Multinational Time Use Study
N. c. a. ou **n. e. d.** Non codifié ailleurs
OCDE : Organisation de Coopération et de Développement Economique / **OEDE :** Organisation for Economic Co-operation and Development
OECE : Organisation Européenne de Coopération Economique
OID : Objectifs Internationaux de Développement
OIT : Organisation Internationale du Travail
OMD : Objectifs du Millénaire pour le Développement / **MDGs :** Millennium Development Goals
ONU : Organisation des Nations Unies
Op. cit : Opere citato
OPHI : Oxford Poverty and Human Development Initiative
PAEB : Projet d'Appui à l'Enseignement de Base
PAS : Programme d'Ajustement Structurel
PDDEB : Plan Décennal de Développement de l'Education de Base

Ph.D : Philosophiæ Doctor
PIB : Produit Intérieur Brut
PMA : Pays les Moins Avancés
PME : Petite et Moyenne Entreprise
PMI : Petite et Moyenne Industrie
PNG : Politique Nationale Genre
PNUD : Programme des Nations Unies pour le Développement / **UNDP :** United Nations Development Programme
PPA : Parité de Pouvoir d'Achat
PPTE : Pays Pauvre Très Endetté / **HIPC** : Heavily Indebted Poor Countries.
PRES : Présidence
RGPH : Recensement Général de la Population et de l'Habitation.
SCADD : Stratégie de Croissance Accélérée et de Développement Durable
SCN : Système de Comptabilité Nationale de Nations Unies / **SNA** : System of National Accounts
SIDA : Syndrome d'Immuno Déficience Acquise
SMIG : Salaire Minimum Interprofessionnel Garanti
TNR : Travail Non Rémunéré
TUS : Time Use Survey
UEMOA : Union Economique et Monétaire Ouest-Africaine
UNECA ou **ECA :** United Nations Economic Commission for Africa
UNESCO : United Nations Educational, Scientific and Cultural Organization
UNICEF : United Nations Children's Fund
UNIFEM : United Nations Development Fund for Women
UNRISP : United Nations Research Institute for Social Development
USA ou **US :** United States of America ou United States
VIH : Virus de l'Immunodéficience Humaine
WAD : Women And Development
WED : Women, Environment and Development
WID : Women In Development
WIEGO : Women in Informal Employment Globalizing and Organizing

Introduction générale

Les Objectifs du Millénaire pour le Développement (OMD)[1], adoptés en 2000 par les États membres de l'ONU constituent l'effort mondial que se sont promis de fournir l'ensemble des dirigeants de la planète pour réduire la pauvreté dans le monde. Ainsi, ces objectifs qu'ils ont convenu d'atteindre d'ici 2015 privilégient entre autres la réduction de l'extrême pauvreté et de la faim (objectif 1), puis la promotion de l'égalité des genres et l'autonomisation des femmes (objectifs 3).

Pour atteindre ces deux objectifs, un élément clé doit être pris en compte : le travail non rémunéré des femmes (et des hommes). La présente réflexion démontre l'importance de la prise en compte du travail non rémunéré dans les politiques de développement. En mettant en exergue l'articulation entre la pauvreté, la production domestique des ménages et le budget-temps, elle montre dans quelle mesure le fait de comptabiliser et de valoriser le travail non rémunéré peut contribuer à réduire les inégalités et la pauvreté.

En sciences économiques, lorsqu'il est question du travail des femmes, on pense tout d'abord aux femmes sur le marché de l'emploi. Et pour cause ! Pendant longtemps, l'économie politique traditionnelle n'a reconnu comme activité économique que l'activité marchande. Elle ne s'intéressait qu'au mode de production capitaliste. Aussi, le travail ne désignait que l'emploi rémunéré. En effet, de nombreuses études traitent du travail des femmes en posant le problème de leur accessibilité au marché de l'emploi, des discriminations salariales qu'elles subissent, etc. Elles ne s'intéressent qu'à la production marchande.

Pourtant, à l'ombre de l'économie marchande, une quantité importante de travail fourni au sein des ménages donne lieu à une production non moins importante de biens et services qui sont consommés par les ménages eux-mêmes. Ce travail ne se limite pas au seul travail ménager. Il désigne l'ensemble des activités produisant des biens et services hors marché mais répondant au critère de la tierce personne (Reid, 1934), c'est-à-dire qu'elles pourraient être accomplies par une tierce personne contre rémunération (Goldschmidt-Clermont, 1982).

[1] *Millennium Development Goals* en anglais.

Il s'agit globalement de l'ensemble des travaux nécessaires au fonctionnement d'un ménage, que ce soit la préparation des repas, les soins apportés aux enfants, aux malades et aux personnes âgées dans le ménage, ainsi que les activités bénévoles accomplies au sein de la communauté (Nations Unies, 1995). On parle d'activités de reproduction ou d'économie de soins.

Il se trouve que ce travail, dit non rémunéré, est majoritairement accompli par les femmes (Gardiner, 1975). Dans la mesure où ces activités ne donnent pas lieu à des transactions monétaires, elles échappent à la comptabilisation de l'activité économique à travers le Revenu ou le Produit national qui s'en retrouvent sous-estimés.

C'est pourquoi on peut affirmer qu'une grande partie du travail accompli par les femmes dans le monde reste encore de nos jours méconnue, sous-estimée, et même ignorée dans les comptes nationaux tout comme dans les statistiques de la main-d'œuvre. Comme le soulignait le Rapport du PNUD[2] sur le développement humain, produit à l'occasion de la quatrième conférence mondiale des femmes tenue à Beijing en 1995, « économiquement parlant, le travail des femmes est largement sous-évalué » (PNUD, 1995 : 93).

Ce constat est fortement corroboré dans les pays en développement, et davantage dans les pays africains où les femmes contribuent à une abondante production de subsistance dans le cadre d'activités domestiques (Charmes, 2000).

1. Le paradoxe des femmes dans les pays en développement

La contribution des femmes à l'activité économique est plus importante en Afrique qu'ailleurs (PNUD, 1995). Elles y accomplissent « 80 % des travaux domestiques ruraux, notamment la collecte d'eau et de bois de feu, la préparation des repas, la transformation et le stockage des aliments, et les achats pour le ménage » (FAO, 2007 : 1).

En effet, Charmes (2005a) le démontre pour plusieurs pays dans « Femmes africaines, activités économiques et travail : de l'invisibilité à la reconnaissance » où il conclut que la femme africaine est sujet d'un paradoxe : quand bien même les taux d'activité économique sont

[2] Programme des Nations Unies pour le Développement (PNUD).

élevés, sa contribution réelle à l'économie reste très sous-estimée en partie du fait de sa « forte implication dans des activités économiques non marchandes par nature moins bien valorisées et donc moins productives en apparence » (*op. cit.* : 276).

Sur la base de l'observation du mode de vie dans les campagnes, on remarque par ailleurs qu'un second paradoxe vient renforcer le premier : ces femmes ont des volumes horaires de travail très importants, souvent supérieurs à ceux des hommes, mais paradoxalement, elles sont les plus pauvres (ministère de l'Économie et des Finances, 2007). À titre d'illustration, « le temps consacré aux activités domestiques par les femmes est trois fois supérieur au temps qu'y consacrent les hommes à Madagascar, au Bénin, …, alors qu'en France il n'est qu'à peine deux fois supérieur » (*op. cit.* : 269).

Au Burkina Faso, où la population est à dominance rurale et agricultrice, les femmes participent activement à l'activité économique, mais très peu exercent dans l'économie formelle. Compte tenu du faible niveau d'alphabétisation général, on les retrouve essentiellement dans le secteur informel, développant de petits commerces de produits alimentaires ou artisanaux, ou (et) servant d'aides familiales (non rémunérées) dans l'agriculture ou dans des entreprises familiales. Près de 75 % des femmes sont des aides familiales au Burkina Faso (79,9 % en milieu rural) (ministère de l'Économie et des Finances, 2007 : 84) où « la femme, n'ayant pas son propre champ, appuie son conjoint dans l'exploitation familiale » (*ibid.*).

Quel que soit leur secteur d'activité, ces femmes assument de lourds travaux domestiques au sein des ménages. Celles des zones rurales supportent une charge de travail particulièrement importante en raison d'un respect strict de la division sexuelle du travail, héritage culturel : aux femmes reviennent tous les travaux domestiques.

De plus, la frontière entre ces activités domestiques et les activités agricoles reste floue en zone rurale. Certaines récoltes sont ramenées à domicile pour être décortiquées (Traoré et Fourgeau, 2006), tandis que d'autres nécessitent un long travail de transformation préalable à la consommation. Les femmes sont chargées de l'ensemble de ces travaux de transformation.

Par ailleurs, outre leur participation aux travaux agricoles dans le champ familial (propriété du père de famille), elles entretiennent parallèlement leurs propres champs de cultures vivrières pour l'usage propre du ménage.

Enfin, les femmes africaines assurent, entre autres, la corvée du bois de chauffe et de l'eau, et cela, durant de longues heures dans des conditions souvent pénibles. Selon la FAO (*ibid.*), elles fournissent près de 90 % du bois destiné à la consommation des ménages et 70 % du bois collecté pour la vente.

Malgré tant d'efforts, « les hommes se taillent la part du lion en matière de revenu et de reconnaissance sociale au titre de leur contribution à l'activité économique, alors que le travail des femmes n'est généralement ni rémunéré, ni reconnu, ni valorisé » (PNUD, 1995 : 93) dans la société, encore moins dans l'économie. Une économie qui tente de promouvoir l'activité féminine, mais reste marquée par une grande pauvreté. Près de la moitié de la population burkinabé vit en dessous du seuil de pauvreté et les femmes sont les plus touchées par le phénomène (ministère de l'Économie et des Finances, 2000).

2. La pauvreté féminine malgré l'approche « Genre et Développement »

Depuis les années 1990 le Burkina Faso, dans le cadre des stratégies de lutte contre la pauvreté, met en œuvre des politiques de développement en faveur de l'amélioration de la situation des femmes. Pourtant la pauvreté persiste et tend même à se féminiser (*ibid.*).

Sur le plan de la théorie économique, la pauvreté a elle-même connu de profondes mutations dans sa définition.

Au sortir de la Seconde Guerre mondiale, les théories de la croissance et de la modernisation (Rostow, 1963) assimilaient le développement à la croissance économique. Les retombées de cette dernière élimineraient automatiquement la pauvreté. Mais la persistance du nombre de pauvres a vite remis en cause les effets vertueux de la croissance et a impulsé une nouvelle appréhension de la pauvreté dans la pensée économique. Celle-ci ne se limite plus à la seule dimension monétaire, mais est désormais multidimensionnelle.

C'est ainsi que sur la base des travaux de l'économiste Amartya Sen (1981, 1985), les organisations internationales en charge du développement, le PNUD en tête, parlent aujourd'hui de pauvreté humaine et de développement humain. Il s'agit d'une approche qui replace l'être humain au cœur de la lutte contre la pauvreté avec des considérations aussi bien économiques, sociales, politiques qu'éthiques : l'approche par les *capabilités* ou *capacités*[3]. Ces concepts ont été récupérés par les institutions de Bretton Woods qui ont transformé les politiques de développement en stratégies de lutte contre la pauvreté censées tenir compte de la nouvelle définition de la pauvreté.

Concomitamment à l'évolution économique du discours sur la pauvreté, s'est développé à partir des années 1970 un mouvement d'intégration de la femme au développement économique (IFD). Ce courant de pensée impulsé par les revendications féministes a mis en lumière la contribution des femmes au développement en reconnaissant alors qu'« une grosse lacune des stratégies de développement a été qu'elles ne tenaient pas compte du rôle et du potentiel des femmes » (Nations Unies, 1989 : 5). Et que « tout porte à croire qu'il faut combler cette lacune si l'on veut que les stratégies de développement des années 1990 soient couronnées de succès » (*ibid.*).

Trois décennies plus tard, l'intégration des femmes au développement, appuyée par l'organe onusien, a abouti à l'approche « Genre et développement » (GED) qui en plus de l'égalité de genre, prône la prise en compte du genre dans l'analyse économique. Par ailleurs, la situation des femmes ne s'est pas améliorée de manière significative. On constate au contraire une féminisation de la pauvreté tandis que les pays en développement restent pauvres et luttent toujours contre la pauvreté[4].

3. La perspective du travail non rémunéré dans la lutte contre la pauvreté

Le constat de l'importance du travail des femmes ainsi que celui, a contrario, de leur pauvreté grandissante, malgré les politiques économiques promotrices du genre, traduit un hiatus relatif à la

---

[3] Selon les auteurs, le mot anglais « *capabilities* » utilisé par Sen est traduit en français par « *capabilité* » ou « capacités ».

[4] Selon le Rapport mondial sur le développement humain, 2005, « les chances de survie en Afrique subsaharienne ne sont guère meilleures que celles de l'Angleterre des années 1840 » (PNUD, 2005 : 28).

manière dont l'analyse économique appréhende la contribution productive des femmes et l'intègre à la lutte contre la pauvreté.

En effet, il est surprenant que les femmes, agents économiques qui ont les plus longues journées de travail (MPFEF *et al.*, 2010 ; Charmes, 2005a), demeurent les plus pauvres quand bien même les stratégies de lutte contre la pauvreté privilégient l'approche genre. Il y a alors lieu de se demander si la production économique des femmes est appréhendée dans son intégralité. De même, est-elle prise en compte dans les variables servant à élaborer ces politiques économiques censées tenir compte du genre ?

À l'évidence, de nouvelles pistes restent à explorer pour combattre la pauvreté dans les pays en développement.

Et si le travail non rémunéré (des femmes) était une de ces pistes majeures ?

Certes, ce travail reste complexe à mesurer compte tenu des débats théoriques qui persistent sur la question comme nous le verrons. Ceci étant, peut-on continuer à l'ignorer dans les comptes nationaux, dans les statistiques de la main-d'œuvre aussi bien qu'en matière de développement humain ? Tout comme le secteur informel a été reconnu pour son importance et son impact sur l'économie (Charmes, 1989), n'est-il pas nécessaire d'étudier et de quantifier le travail non rémunéré ?

C'est fort de ces interrogations que nous avons choisi de nous intéresser au travail non rémunéré des femmes (au Burkina Faso). Cela peut laisser entendre que l'étude porte exclusivement sur les femmes. Il n'en est rien. Puisque nous considérons le genre, il va sans dire que l'étude porte aussi bien sur les hommes que sur les femmes afin que la comparaison puisse être possible. Le choix de ce titre résulte de notre volonté de mettre une emphase sur l'apport féminin.

En effet, sortir le travail non rémunéré des femmes de l'obscurité est un enjeu économique, mais aussi social. Si notre étude se veut être une réflexion économique, elle ne peut ignorer la dimension sociale qui lui est sous-jacente. Au-delà de l'objectif macroéconomique, la quantification du travail non rémunéré valorise ce travail aux yeux des bénéficiaires, c'est-à-dire de la société et des actrices mêmes (les femmes). Ces dernières ne sont pas toujours conscientes de l'apport inestimable dont elles sont les auteures. Effectivement, il est courant d'entendre une femme sans emploi affirmer, lorsqu'on lui demande si elle travaille : « Je ne fais rien, je ne travaille pas, je suis seulement à la maison ». Quantifier ce travail valorise le statut de la femme et justifie, au vu de l'importance de sa production qu'elle puisse prétendre à une meilleure rétribution ou, tout au moins, à une meilleure reconnaissance sociale.

Quand bien même quantifier le travail non rémunéré des femmes peut servir la politique économique (Beneria, 1995, 1996), une vision limitée pourrait reprocher à cette démarche de vouloir traduire en terme économique « ce qui ne l'est pas ». Pourtant, dans ce monde de numéraire, elle demeure le seul moyen de mettre en évidence le travail non rémunéré, car, « les mots ont besoin des nombres pour avoir de l'effet » (Latigo, 2002 : 1). Ceci dit, la quantification du travail non rémunéré n'a pas été acceptée d'emblée. Elle s'est d'abord heurtée à l'indifférence et même à l'ironie.

L'évolution du ton de la presse française vis-à-vis de l'INSEE lorsque celui-ci initia les premières tentatives de quantification du travail non rémunéré est illustrative.

En effet, lorsque dans sa revue *Économie et Statistiques*[5] l'INSEE publiait en 1981 « Les activités ménagères et le cycle de vie », un des premiers articles[6] retraçant le temps consacré par jour à diverses activités domestiques par les Français, l'opinion publique ironisait comme suit :

« L'INSEE s'amuse. Vous savez, ce fabuleux et sévère Institut national de la statistique et des études économiques, merci pour lui, où vous pouvez rencontrer un polytechnicien au centimètre carré. Entre deux travaux déprimants sur le chômage en 1985, les prix aujourd'hui et les salaires hier, voici donc nos savants qui se penchent sur l'emploi du temps des Français et de travailler à coups d'équations, de droites de régression, de quartiles et de déciles, sur la vie ménagère des citoyens… » (France-Inter, chronique de Bernard Hartmann, 2 avril 1981, 7 h 25)[7].

---

[5] *Économie et Statistique* est une publication économique mensuelle de l'INSEE depuis 1969.

[6] Rousse Hélène et Roy Caroline (1981), « Les activités ménagères et le cycle de vie », *Économie et Statistiques*, vol. 131, issue l, p. 59-67.

[7] Cité par Fouquet (1982 : 51).

En revanche, lorsque six mois plus tard, l'Institut proposait six évaluations monétaires de l'activité domestique des Français dans « Peut-on mesurer le travail domestique ? »[8], on trouvait écrit :

« Les femmes travaillent plus que les hommes, et travailler au foyer prend plus de temps que gagner sa vie. Ces vérités qui engendrent certainement des controverses ne sont pas assénées par une suffragette, mais par le très sérieux Institut national de la statistique et des études économiques… »[9].

C'est dire combien la valorisation monétaire du travail non rémunéré légitime et donne plus de crédibilité à l'expression horaire du temps consacré au travail non rémunéré. Cependant, dans un pays comme le Burkina Faso où aucune étude similaire n'a jamais été faite, on peut s'attendre toujours à un minimum de réactions ironiques tant il semble culturellement naturel que la femme assume l'ensemble des travaux domestiques.

4. Problématique et plan organisationnel

La problématique de cet ouvrage repose sur une dualité. D'une part, la question qui se pose à travers celle du travail non rémunéré des femmes est celle plus globale de l'exclusion du travail non rémunéré de la comptabilité nationale et de la politique économique.

Que dire alors de l'ensemble de ces activités exclues du calcul du PIB de la nation ? Est-ce dire que les services engendrés ne font pas partie de la production ? Sont-ils dépourvus de valeur ajoutée ? La science économique ne semble pas considérer le travail non rémunéré au même titre que le travail rémunéré.

Or, la production engendrée par l'ensemble de ces activités non marchandes contribue incontestablement à la survie et au bien-être des ménages (Stiglitz *et al.*, 2009 ; United Nations, 1995). Elle vient en complément des biens et services que ceux-ci achètent sur le marché et augmente, de ce fait, leur base de consommation. Pour certains, elle constitue même la source essentielle de leur consommation, faute de moyens financiers pour acquérir des productions similaires sur le

---

[8] Chadeau Ann et Fouquet Annie (1981b), « Peut-on mesurer le travail domestique ? », *Économie et Statistique*, Vol. 136, p. 29-42.

[9] Compte rendu de l'article « Peut-on mesurer le travail domestique ? » fait par *France-Soir* (*ibid.*).

marché. Dans cette optique, dès 1997, Degenne *et al.* (1997 : 160) se posaient la question de savoir dans quelle mesure la production domestique atténue la pauvreté des ménages français[10].

Exclure les services domestiques de la production au sens strict comme le préconise la révision du Système de Comptabilité Nationale des Nations Unies faite en 1993 (SCN 93), peut être assimilé à une appréhension partielle de la production économique (Groupe de travail inter secrétariats sur la comptabilité nationale, 1993). Cette observation prévaut davantage pour les pays en développement où l'importance du travail des femmes est telle que la question se pose de savoir si l'on peut continuer à ignorer le travail non rémunéré dans les agrégats macroéconomiques. En effet, l'incidence de la non-comptabilisation du travail non rémunéré ne se limite pas au PIB. Elle s'étend aussi à l'ensemble des agrégats macroéconomiques qui se trouvent biaisés. De ce fait, on peut s'interroger sur la pertinence des politiques économiques bâties à partir de ces fondamentaux.

D'ailleurs, « ces questions se sont posées, dès le début des années 60, dans les pays en développement, fort critiques face à un type de comptabilité nationale occultant une large partie des productions non monétaires, dont le rôle est particulièrement important dans ces économies et dont le calcul ou non influe sur les rapports Nord-Sud » (Vandelac, 1985 : 204). Le tiers-mondiste Samir Amin (1977) reprochait de ce fait aux PNB des pays africains de ne pas refléter la réalité de leurs économies fortement marquées par une part importante d'activités informelles et de prestations non monétaires. Puisque celles-ci sont majoritairement assurées par les femmes, c'est ainsi que l'essentiel de l'activité féminine se trouve exclu du calcul du PIB parce qu'il est non marchand.

Ceci étant, une alternative est proposée par le SCN 93. En effet, il propose que les services produits par les ménages soient comptabilisés dans des *comptes satellites* de la production des ménages, en marge des comptes ordinaires (United Nations, 2000a). Mais en réalité, près de deux décennies après le SCN 93, les pays africains n'ont toujours pas de comptes satellites de production des ménages et rares sont les pays industrialisés qui les ont établis.

---

[10] Étude menée à partir des résultats de l'enquête « Mode de vie en 1988-1989 » par l'INSEE auprès de 7 000 ménages (Degenne *et al.*, 1997 : 160).

Qu'est-ce qui explique cette absence d'intérêt et de prise en compte du travail non rémunéré féminin ? Si un questionnement théorique s'impose sur la conception du travail et de la valeur en science économique, un autre interpelle le discours économique qui peine à incorporer le genre dans ses modèles d'analyse.

Cela ouvre le second volet de notre problématique, à savoir les enjeux du travail non rémunéré pour la lutte contre la pauvreté.

L'ensemble de ces questions sont traitées dans la suite du texte en prenant comme exemple le Burkina Faso.

La théorie économique est encore imperméable à l'analyse selon le sexe. En effet, elle garde un caractère asexué et même *andocentrique* en ce sens qu'elle tend à identifier le général au masculin. Si Marx (1948) est parvenu à introduire l'analyse des classes dans la sphère économique, l'analyse selon les sexes par contre se heurte encore à de nombreuses barrières. C'est ainsi que l'approche « genre et développement » promeut l'intégration de la femme au développement, mais elle ne parvient cependant pas à se démarquer d'une certaine connotation sociale pour pénétrer la sphère quantitative de la prospective macroéconomique.

Or, le Cadre stratégique de lutte contre la pauvreté adopté par le Burkina en 2000 indique en ce qui concerne le genre que « … la femme constitue un vecteur de diffusion du bien-être économique et social au sein de la société… » (Ministère de l'Économie et du Développement, 2000 : 33).

Quelle peut être alors la contribution de la femme au bien-être économique ? Le travail qu'elle accomplit gratuitement pour sa famille ou pour sa communauté, entre autres, ne serait-il pas une contribution notable ? D'aucuns affirmeraient qu'il permet probablement aux ménages d'économiser des sommes importantes (Fouquet, 2001), mais il reste nécessaire d'en connaître la valeur et les déterminants.

En effet, peut-on intégrer le genre dans l'analyse économique en ne disposant pas de données quantitatives sur la production effective des femmes ? Les données sur l'emploi féminin formel suffisent-elles alors qu'au Burkina Faso, seules 3,8 % des femmes actives occupées ont un emploi salarié tandis que 75 % d'entre elles sont des aides familiales[11] (ministère de l'Économie et des Finances, 2007 : 84) ? Quel que soit le secteur, ces femmes ont en commun le lourd tribut du travail non rémunéré. D'où l'interrogation fondamentale de notre étude : « l'intégration du travail non rémunéré dans les politiques économiques ne serait-elle pas un facteur efficace de la lutte contre la pauvreté ? » Plusieurs arguments théoriques et empiriques nous offriront de mettre cette hypothèse à l'épreuve de la falsification.

Au plan théorique, ce sujet concerne à la fois la question de l'exclusion du travail non rémunéré des stratégies de lutte contre la pauvreté alors qu'il est important dans les économies africaines et celle de l'intégration du genre dans ces stratégies. L'objectif est de démontrer que le travail non rémunéré est un maillon incontournable de la lutte contre la pauvreté. De même, notre démarche consiste à montrer que le travail non rémunéré est aussi le moyen privilégié d'intégrer le genre aux stratégies de lutte contre la pauvreté. En réalité, il s'agit de faire le lien entre la lutte contre la pauvreté et le genre à travers le travail non rémunéré.

Au plan empirique, notre apport est la réalisation d'une expérience de quantification de travail non rémunéré au Burkina Faso et de sa valorisation monétaire. Dans la mesure où cela implique des enquêtes budget-temps, nous identifierons les activités pertinentes pour ce type d'enquête dans cette région. Elles pourront éventuellement servir pour des recherches futures étendues à l'ensemble du pays qui n'a jamais effectué ce type d'enquête. Cette expérience pionnière nous permettra d'identifier les difficultés relatives à la mise en œuvre de futures enquêtes nationales sur le budget-temps au Burkina Faso.

Enfin, l'utilisation du temps qui sera révélée donnera une idée des inégalités de genre qui existent dans la répartition du temps entre le travail rémunéré et le travail non rémunéré. Elle nous permettra d'établir un lien entre l'utilisation du temps et le développement des *capabilités*.

Pour ce faire, la réflexion s'articulera autour de 7 chapitres. Il sera tout d'abord question d'appréhender le concept multidimensionnel qu'est la pauvreté (chapitre 1).

---

[11] Aides familiales agricoles ou dans des entreprises familiales. Elles sont aussi fortement présentes dans le secteur informel en général.

Ensuite, on s'intéressera au rôle et la contribution productive de la femme comme vecteur de lutte contre la pauvreté. Notons que le concept de « lutte contre la pauvreté » est plutôt récent. Alors que dans les années 1960 les politiques économiques prônaient la croissance économique comme moteur de développement pour les pays sous-développés, aujourd'hui, la lutte contre la pauvreté semble être le nouveau paradigme des institutions de Bretton Woods (FMI et Banque mondiale). Il est donc pertinent d'analyser l'intégration progressive de la femme dans les stratégies successives de développement qui ont abouti à la lutte contre la pauvreté. Cette analyse permettra de dégager les insuffisances qui minent ces politiques (chapitre 2, chapitre 3).

Le quatrième chapitre abordera la question du travail non rémunéré des femmes qui est aussi sous-estimé que méconnu. Il constitue un tour d'horizon sur les différentes questions que soulève le travail non rémunéré, à commencer par sa définition.

Nous préciserons, tout d'abord, ce que désigne le travail non rémunéré. Quelles tâches peuvent être comptabilisées comme telles compte tenu de la quatrième révision du Système de comptabilité nationale 1993 (SCN 93) qui a élargi la notion de production aux activités domestiques, bénévoles et de soin, en préconisant qu'on les intègre dans des « comptes satellites » de la production (Eurostat, 2003) ?

Ceci est un préalable au moratoire qui sera développé en faveur de sa quantification et de sa valorisation. Pour ce faire, les enjeux de cette quantification seront relevés. Il est en effet impossible d'occulter la controverse qui existe dans la théorie économique quant à la valorisation du travail non rémunéré.

À cet effet, une discussion de la notion de valeur dans la pensée économique, ainsi que la considération du travail non rémunéré dans la théorie du consommateur alimenteront la réflexion. Une fois l'équivoque levée, les différentes méthodes de quantification et de valorisation du travail non rémunéré seront discutées, en soulignant les avantages et inconvénients de chacune d'elles afin de motiver notre choix pour celle qui sera appliquée dans cette étude (chapitre 5).

Enfin, à l'issue de ces débats théoriques et conceptuels, l'accent sera mis sur l'enquête empirique qui quantifiera le travail non rémunéré (à Koupéla).

L'analyse des données issues de l'enquête d'utilisation du temps dans la commune de Koupéla nous permettra de dégager les principales tendances dans la répartition du temps aussi bien pour les hommes, les femmes que les enfants (chapitre 6). Celles-ci serviront alors à quantifier le temps consacré au travail non rémunéré. Pour finir, les résultats auxquels nous parviendrons nous permettront de faire des propositions en matière de politiques économiques concernant la prise en compte du travail non rémunéré dans les stratégies de lutte contre la pauvreté (chapitre 7).

1er chapitre

LA PAUVRETÉ : UN CONCEPT PLURIDIMENSIONNEL

> *« La pauvreté possède une multiplicité de visages, et va bien au-delà d'une insuffisance de revenu. La pauvreté se reflète aussi dans de mauvaises conditions de santé ou d'éducation, dans le manque d'accès au savoir et aux possibilités de communication, dans l'impossibilité d'exercer des droits politiques et de faire valoir les droits de la personne humaine et dans l'absence de dignité, de confiance et de respect de soi-même. Il faut ajouter la dégradation de l'environnement et la paupérisation de pays entiers, dans lesquels la quasi-totalité de la population vit dans la pauvreté. »*
>
> (PNUD : 1997, iii).

La pauvreté est un concept polysémique et évolutif. Un retour aux origines étymologiques du mot « pauvreté » est riche d'enseignements. En effet, pauvreté vient du latin *pauper* (peu ou petit), et du grec *pénia*, vocables apparentés à *peina* (faim) et par extension à *ponos* (douleur) et *poiné* (châtiment, peine).

En grec, « pauvreté » se traduit par *aporia* qui signifie absence de chemin (difficulté dans laquelle se trouve le pauvre). On constate alors que le concept de « pauvreté » revêt à la fois une connotation quantitative (de par sa racine latine) et une connotation qualitative et psychologique (de par sa racine grecque) qui traduit l'embarras, la difficulté à laquelle fait face le pauvre.

Est-ce cette étymologie qui a induit l'évolution de la perception de la pauvreté en sciences sociales ? On remarque que la dernière édition du Petit Robert prend en compte cet aspect moral en définissant la pauvreté qu'il caractérise par une « insuffisance matérielle et morale » (Rey-Debove et Rey, 2009 : 1834).

Ce chapitre se propose de définir la pauvreté en sciences économiques. Alors que celle-ci ne renvoyait initialement qu'à l'aspect monétaire, la pauvreté aujourd'hui est multiforme. Ses différentes formes constituent en fait des bases informationnelles sur les nombreuses caractéristiques du phénomène pour mieux l'appréhender. Elles permettent d'en décrire les manifestations, et d'en identifier les causes.

Une revue succincte sur les différentes appréhensions de la pauvreté sera faite.

Comment les approches économiques de la pauvreté ont-elles évolué de la pauvreté monétaire (section 1) à la pauvreté humaine héritée de l'approche des *capabilités* (Sen 1985) (section 2) ? L'objet de cette revue de la littérature n'est pas de discuter les limites de chacune de ces approches. Elle vise à établir le lien entre les conceptions successives de la pauvreté et les politiques de développement, puis les stratégies de réduction de la pauvreté qui ont été mises en œuvre pour la combattre. En effet, le discours des politiques économiques s'inspire du discours théorique qui prévaut. On envisagera alors la possibilité d'une « pauvreté de temps » (section 3).

La pauvreté : Une polysémie

Les premiers travaux sur la pauvreté ont été menés au Royaume-Uni à la fin du XIXe siècle par Charles Booth[12] (1887) et Seebohm Rowntree[13] (1901) où ils démontraient à travers des études empiriques que « la pauvreté n'est pas le résultat de la faiblesse morale des individus, mais qu'elle dépend des circonstances économiques et sociales de la société » (Sowels, 2005 : 57). Bien qu'il soit vieux de plusieurs siècles, le phénomène de pauvreté reste difficile à définir, car il désigne une réalité polysémique, multidimensionnelle et pluridisciplinaire.

Lorsqu'ils s'intéressent à la pauvreté, l'anthropologue, le sociologue, l'historien ou l'économiste donneront des définitions différentes de ce même objet d'étude. Et pour une discipline scientifique donnée, il existe plusieurs approches de la pauvreté.

De même, les institutions internationales qui œuvrent à l'éradication de la pauvreté ne lui donnent pas toutes scrupuleusement le même sens. Chacune en privilégie un aspect particulier qui constitue le fondement de sa politique d'action. La définition de la pauvreté évolue aussi bien dans le temps que dans l'espace, concomitamment à l'évolution des sociétés. C'est ainsi que depuis une dizaine d'années on parle davantage de précarité, de vulnérabilité, ou encore d'exclusion. Dès lors qu'il est question de sociétés, on peut comprendre alors que la pauvreté recouvre des réalités différentes d'une société à l'autre. Particulièrement dans les pays en développement comme le Burkina Faso, au sein de la même société, on se rend compte que les pauvres eux-mêmes perçoivent leur pauvreté différemment des non-pauvres (pauvreté subjective). C'est dire combien la notion de pauvreté est plurielle.

Puisqu'il existe plusieurs visions de la pauvreté, il existe plusieurs manières de la définir. Suivant la définition retenue, on a recours à des

---

[12] Booth a mené une étude sur les conditions de vie des ménages à Londres entre 1887 et 1892.

[13] Rowntree (1901) a mené la sienne en 1899 sur la commune de York Seebohm. Rowntree, *Poverty A study of Town Life,* Mac Millan, London, 426 p. Son étude se proposait de comparer la pauvreté à York à celle de Londres faite par Booth. Il a alors établi une ligne de pauvreté basée sur les besoins monétaires nécessaires à un individu pour couvrir les dépenses pour l'alimentation (une nutrition adéquate), l'habillement, le loyer et le chauffage.

indicateurs différents pour la matérialiser et la quantifier. Naturellement, il en découlera divers types de politiques de lutte pour sa réduction, voire son éradication. Le débat se situe donc aussi bien au niveau de la conceptualisation du phénomène de pauvreté que de la méthodologie de sa mesure.

Néanmoins, quelle que soit l'optique choisie, la pauvreté se définit toujours par rapport à un manque. L'élément manquant caractérise alors le type de pauvreté. Mais quel qu'il soit, celui-ci a trait au bien-être de l'individu. Aussi, sur cette base, on distingue traditionnellement deux grandes écoles de pensée dans l'approche économique de la pauvreté.

La première école est celle des utilitaristes ou qui ont une approche du bien-être par l'utilité subjective. L'utilité désigne en microéconomie la satisfaction qu'un individu tire de la consommation des biens et services. De ce fait, cette approche (dite welfariste) se traduit par une vision monétaire de la pauvreté.

La seconde école est celle des non-utilitaristes qui privilégient la question de l'égalité des chances. Cette approche regroupe celle des besoins essentiels et celle des *capabilités.*

Cela dit, on peut se démarquer de ce schéma traditionnel en distinguant la pauvreté comme privation de ressources, de la pauvreté comme privation de liberté ou égalité des chances (Bertin, 2008). Cela permet de mettre en relief le déterminisme environnemental de l'individu, c'est-à-dire sa part de responsabilité individuelle et l'importance de la responsabilité sociale dans la réalisation de son bien-être.

1. La pauvreté comme privation de ressources

La pauvreté comme privation de ressources s'exprime essentiellement en termes de biens matériels. Elle se décline en pauvreté monétaire ou de revenu et en pauvreté des conditions de vie ou d'existence, issue de l'approche par les besoins de base.

1.1. La pauvreté monétaire ou de revenu

Selon l'approche monétaire de la pauvreté, l'élément qui fait défaut à l'individu qualifié de pauvre est le bien-être économique. Cette pauvreté se caractérise par un manque ou une insuffisance de ressources monétaires qui engendre une consommation insuffisante. Cette approche relève de l'optique utilitariste et de l'économie du bien-être ou Welfarisme (*welfare economics*).

L'étude des questions relatives à la pauvreté tire son origine d'un courant philosophique anglo-saxon du XVIIIe siècle : l'utilitarisme. La philosophie utilitariste s'est constituée au XVIIIe siècle avec Jeremy Bentham (1748-1832) et au XXe siècle avec John Stuart Mill (1806-1873). Il s'agit d'une doctrine politique et morale fondée sur l'hédonisme qui considère que le but de la vie humaine est la recherche du plaisir maximum.

Pour l'essentiel, le courant utilitariste se caractérise par la rationalité de l'individu en ce sens que celui-ci cherche à maximiser ses choix d'utilité. Par ailleurs, les utilitaristes considèrent que la somme des utilités cardinales individuelles reflète l'utilité collective qui n'est autre que le bien-être de la société.

La pensée utilitariste est contestée vers 1870 par Walras, Jevons et Menger. Ils introduiront le concept d'utilité marginale marquant ainsi le début de l'économie néoclassique[14]. L'utilité marginale est la satisfaction que procure une unité de bien supplémentaire consommée sachant que la disponibilité des ressources et des biens disponibles est limitée par la rareté ; ce que ne supposaient pas les utilitaristes (Poulalion, 1997).

Pour les marginalistes, l'utilité est cardinale en ce sens qu'on peut la quantifier objectivement et procéder à des comparaisons entre individus. Pour ce faire, une unité commune est nécessaire. Pigou (1920 : 20) la trouve en la monnaie. Le prix auquel un individu est prêt à acquérir un bien reflète le niveau de l'utilité que lui procurera ce bien. Cette utilité est un bien-être qu'il qualifiera de « bien-être économique ». C'est la naissance des premiers travaux sur l'économie du bien-être (*welfare economics*). D'où l'approche monétaire de la pauvreté qui se définit comme l'état dans lequel l'individu ne possède pas assez de ressources monétaires pour se procurer un niveau satisfaisant de bien-être économique (*economic welfare*). Dans les pays en développement où les revenus sont aléatoires ou difficiles à retracer, on se réfère plutôt au niveau de consommation.

---

[14] Nous y reviendrons.

Comment alors juger de l'état de pauvreté monétaire d'une personne ? La pauvreté monétaire se détermine à partir d'un seuil de pauvreté en dessous duquel l'individu est déclaré pauvre. L'élaboration de ce seuil qui est une grandeur minimale de revenu ou de consommation, relève d'algorithmes complexes. Il peut être défini de manière absolue (en fonction d'un panier de consommation minimale) ou relative (en pourcentage du revenu médian ou moyen).

La pauvreté de revenu est la plus quantitative des approches dans le sens où elle se détermine sur la base des dépenses ou des consommations sans toutefois considérer la composition de ces entités. Cependant, le niveau de revenu perçu ou de consommation explique-t-il à lui seul l'état de pauvreté d'un individu ? En d'autres mots, le revenu et la consommation sont-ils les seuls déterminants du bien-être ? Répondre par l'affirmative serait avoir une conception réduite du bien-être.

1.2. La pauvreté des conditions de vie ou d'existence

La pauvreté des conditions de vie relève de la théorie des besoins essentiels (Streeten et Stewart, 1981). Elle se manifeste par l'incapacité ou la difficulté à satisfaire un certain nombre de besoins fondamentaux pour l'existence de l'être humain. Il s'agit d'une perception de la pauvreté qui place celui qui en souffre dans une situation d'exclusion d'un mode de vie social ou culturel. Cette approche qui « fait implicitement appel aux notions de capital humain et social » (Dubois, 1998 : 3) va au-delà du manque de revenu pour mettre en lumière l'insatisfaction d'un niveau minimum de certains besoins humains notamment la santé, l'éducation, les besoins sociaux. Cette conception basée sur un modèle physiologique de privation introduit au caractère multidimensionnel de la pauvreté.

Le concept de pauvreté des conditions de vie est né dans les années 1970 sous l'impulsion d'organismes internationaux comme l'Organisation Internationale du Travail et la Banque mondiale. Suite au constat d'échec des politiques économiques de développement reposant uniquement sur la croissance économique comme seul moteur du développement et moyen suprême de lutte contre la pauvreté, ces organismes ont perçu la nécessité de recentrer leurs stratégies de lutte contre la pauvreté vers la satisfaction des besoins essentiels (*basic needs*) des populations.

À l'occasion du discours annuel qu'il prononce devant le Conseil des Gouverneurs de la Banque mondiale en 1972, Robert McNamara, alors président de la Banque mondiale[15], décide d'augmenter l'aide publique au développement, mais exhorte les gouvernants des pays concernés à veiller à ce que les besoins humains les plus essentiels de leurs populations soient satisfaits. Cette allocution qui sonne comme « le désaveu des théories économiques de laboratoires qui échouent lamentablement en négligeant des besoins fondamentaux qui leur paraissent aller de soi et dont ils ne peuvent pas imaginer qu'ils ne sont pas satisfaits partout ailleurs » (Keza, 2005 : 249) a levé le voile sur les besoins essentiels.

Le Bureau international du Travail leur donnera une audience considérable[16] lors de la Conférence mondiale tripartite sur l'emploi, la répartition des revenus, le progrès social et la division internationale du travail tenue à Genève du 4 au 17 juin en 1976. Elle définit comme besoins essentiels l'ensemble des éléments qui assurent « un niveau minimum de consommation individuelle des biens nécessaires à la vie : nourriture, logement, habillement, des services nécessaires essentiels : eau potable, transport, éducation, santé… » (Abadie, 1977 : 433).

Cette conception de la pauvreté en tant que besoins biologiques d'une part et services de base fournis par la collectivité d'autre part, a joué un rôle essentiel dans l'élaboration des stratégies de développement. Ainsi, l'insatisfaction d'un ou de plusieurs de ces besoins révèle un état de pauvreté et est d'ailleurs devenue un des critères du sous-développement (Cazes et Domingo, 1987). À l'inverse, leur satisfaction accroît la productivité des hommes conformément à la théorie du capital humain : par exemple, l'accroissement du niveau d'éducation accroît le niveau de productivité.

Si à l'origine le « pauvre » était celui qui ne peut satisfaire ses besoins essentiels, aujourd'hui la situation d'exclusion que vivent un nombre croissant de personnes montre que le lien social est aussi une composante non négligeable des besoins fondamentaux. Pour illustration, manquer de certains minima de confort moderne comme d'un logement convenable pour recevoir de la visite chez soi peut être

[15] Il fut à la Présidence de l'Institution de 1968 à 1981.

[16] Depuis lors, la notion de besoins essentiels a constitué pour ces institutions l'axe d'un nouveau type de stratégies de développement pour les pays pauvres.

un facteur d'exclusion. De même, pouvoir être en contact avec le monde par l'intermédiaire de la presse, des médias et/ou d'Internet, peut avoir un impact déterminant dans tous les domaines de la vie et de l'avenir d'un individu, à commencer par l'emploi (Herpin *et al.*, 1997).

Pour mesurer la satisfaction des besoins fondamentaux, on a donc recours à divers indicateurs non monétaires.

Des indicateurs de santé tels que la mortalité infantile, la mortalité maternelle, l'espérance de vie à la naissance, le taux de morbidité. Des indicateurs de niveau d'éducation permettent d'apprécier le niveau d'instruction des populations : le taux d'alphabétisation, le taux de scolarisation des enfants, le taux de réussite des enfants au primaire... Enfin, les indicateurs de condition de vie matérielle informent sur les commodités quotidiennes : les habitats et matériaux utilisés, le nombre de personnes par pièce dans le ménage, les moyens de déplacement utilisés, le confort de la couchette (lit, nattes, bambous), le mode d'éclairage utilisé, etc.

Ces indicateurs ne sont pas exhaustifs. D'autres peuvent être définis en fonction des populations concernées. Par exemple, Streeten et Stewart (1981) retiennent comme besoins essentiels la santé, l'éducation, la nourriture, l'offre d'eau, l'état sanitaire auxquels ils attribuent les indicateurs ci-après (cf. tableau I.1).

Tableau I.1 : Besoins essentiels et indicateurs

Besoins essentiels	**Indicateurs**
Santé	Espérance de vie à la naissance
Éducation	Alphabétisme. Taux de scolarisation primaire en pourcentage de la population âgée de 5 à 14 ans
Nourriture	Approvisionnement en calories par tête ou approvisionnement en calories en pourcentage de besoins
Offre d'eau	Mortalité infantile par milliers de décès Pourcentage de la population ayant accès à l'eau potable
Sanitaire	Mortalité infantile par milliers de naissances Pourcentage de la population ayant accès aux équipements sanitaires

Source : Streeten et Stewart (1981)

Les besoins essentiels ci-dessus cités constituent les éléments dont la satisfaction permet d'échapper à la pauvreté, tout comme la possession des biens permet d'éviter la pauvreté monétaire.

En définitive, l'approche par les besoins essentiels définit la pauvreté par rapport à l'accomplissement des individus en délaissant les voies et moyens pour les réaliser. Cette insuffisance tente d'être comblée par l'approche de Rawls.

2. La pauvreté comme privation de liberté ou d'égalité des chances

Certaines approches de la pauvreté s'inspirent des développements récents des théories économiques de la justice. Pour Rawls (1971), Sen (1985) et Fleurbaey (1995), la pauvreté se définit aussi par rapport aux principes d'égalité et aux moyens que la société doit mettre en œuvre pour le bien-être des individus.

2.1. Les approches de Rawls et Fleurbaey

En opposition au courant utilitariste qu'il juge incapable de procurer aux citoyens un monde d'équité, Rawls publie en 1971 sa *Théorie de la Justice*. Il y défend l'idée que pour qu'une société soit stable et ordonnée, il est primordial que les personnes jouissent de libertés civiques et politiques ainsi que d'une égalité des chances.

Il distingue des « biens sociaux premiers » (*primary goods*) que « tout homme rationnel est supposé désirer » (Rawls, 1971 : 93) et que la société doit fournir équitablement à tout individu. Il s'agit de ressources élémentaires indispensables à chacun pour accomplir son projet de vie quel qu'il soit. Ces biens sociaux premiers comprennent les droits et les libertés fondamentales, la liberté de mouvement et le libre choix d'une position dans un contexte d'égalité des chances, les pouvoirs et les prérogatives attachés aux différentes fonctions et positions dans les institutions politiques et économiques de la société, les revenus monétaires et la richesse, les bases sociales du respect de soi (*ibid.*). L'existence de ces biens informe sur l'état social et leur répartition dans une société permet de juger du niveau de justice qui y règne. La privation de ces libertés et droits fondamentaux, ainsi que des avantages économiques qui en découlent, plonge l'individu dans un état de pauvreté.

L'approche de Fleurbaey, bien qu'elle soit postérieure à celle de Sen, se rapproche de celle de Rawls dans le sens où Fleurbaey définit une liste de « réalisations fondamentales » dont les accomplissements déterminent le bien-être de l'individu. Ce sont (1) le respect pour la sphère privée, (2) la santé, (3) l'éducation et l'information, (4) la richesse, (5) le pouvoir de décision collective, (6) l'intégration sociale (Fleurbaey, 1995 : 53).

On remarque que les définitions de Rawls et de Fleurbaey font abstraction des spécificités des individus et des sociétés. Si ces auteurs ont fait fi des préférences et des aptitudes des individus dans leur définition, Sen (1985), au contraire, en fait un élément central dans son analyse des *capabilités*. Il reproche à l'approche rawlsienne de ne pas tenir compte de la diversité et de l'hétérogénéité des individus.

2.2. Pauvreté de potentialités : l'approche par les « *capabilities* »

L'approche par les *capabilités* (*capabilities*[17]) est une approche qualitative de la pauvreté initiée par l'économiste indien Amartya Sen[18]. Dans cette optique, ni l'utilité, ni le revenu ne peuvent être assimilés au bien-être. Sans nier l'aspect économique du bien-être, l'approche de Sen s'inscrit dans le champ de la justice sociale et de l'égalité. Il introduit une nouvelle conception du bien-être qui embrasse à la fois plusieurs disciplines dont les politiques sociales, l'économie du bien-être, la philosophie politique et l'éthique du développement (Fusco, 2007).

La réflexion de Sen a été nourrie par les famines survenues en Inde en 1934 qui l'ont amené à remettre en cause la disposition de certaines quantités de biens pour apprécier le bien-être des personnes. D'autre part, il remet en cause la pertinence des approches agrégées pour aborder la question des famines, des inégalités et de la pauvreté.

Tout d'abord, Sen voue la pauvreté à un défaut « d'*entitlements* », une notion qu'il développe en 1981 dans *Poverty and Famines: An Essay on Deprivation and Entitlement*. Ce terme se traduit par « le droit à »,

[17] Le terme « *capabilités* » est l'équivalent français couramment utilisé pour traduire le mot anglais *capabilities*. Certains traducteurs en français de Sen traduisent les *capabilities* par « capacités ».

[18] Amartya Sen a été prix Nobel d'économie en 1998 pour « sa contribution à l'économie du bien-être ».

c'est-à-dire le droit pour l'individu de contrôler les ressources à sa disposition afin de mener sa vie comme il l'entend. L'approche des *entitlements*, de l'inanition et des famines, se focalise sur la capacité des personnes à disposer de nourriture par les moyens légaux disponibles dans la société. Ceux-ci comprennent aussi bien l'exploitation des possibilités de production, des opportunités marchandes et des « droits à » vis-à-vis de l'État, ainsi que d'autres méthodes permettant d'acquérir de la nourriture (Sen, 1981 : 45). De ce fait, la pauvreté n'est pas due uniquement au manque de nourriture ou de ressources pour l'acquérir. Elle peut être causée également par le manque de moyens disponibles et de liberté pour contrôler ces ressources tel que le droit d'accéder aux marchés.

Cette approche enrichit la pensée économique en ce sens que la pauvreté ne s'exprime pas uniquement en termes de ressources possédées, mais aussi par rapport aux dotations initiales de l'individu et à ses relations avec son environnement. En effet, Sen introduit les notions de « fonctionnements » (*functionings*), de « liberté d'agence » (*agency freedom*) et celles de *capabilités* (*capabilities*).

Les fonctionnements renvoient à l'ensemble des actions et des états auquel peut prétendre un individu (au vu des ressources à sa disposition). Il s'agit des réalisations auxquelles une personne peut aspirer. Cela va des accomplissements physiques élémentaires tels qu'être en bonne santé, bien nourri, convenablement vêtu ou logé, à des accomplissements d'ordre social comme prendre part à la vie de la société, pouvoir se tenir en public sans honte, etc. (Sen, 1992). Aussi, l'éventail des différentes combinaisons possibles de fonctionnement constitue la capabilité. « Un fonctionnement est une réalisation tandis qu'une capabilité est une aptitude à la réalisation (Sen, 1987). Les *capabilités* représentent la liberté que l'on a de choisir la vie que l'on valorise. Elles renvoient au contexte social, politique, coutumier de l'individu, c'est-à-dire la liberté d'être et d'agir : ce que la personne peut faire ou être (Sen, 1984) ».

La liberté d'agence désigne la liberté d'agir de l'individu. Considérons le fonctionnement « bien manger ». On aurait tendance à assimiler deux personnes X et Y n'ayant pas pris de repas pendant une journée alors que X a en fait choisi de jeûner tandis que Y manque d'argent pour se procurer un repas. La différence entre X et Y réside dans leur capabilité. X a l'opportunité de faire autrement, une liberté dont Y est privée.

De là, Sen soutient que la « pauvreté doit être perçue comme un déficit de *capabilités* de base permettant d'atteindre certains niveaux minimalement acceptables » (Sen, 1992 : 159). Cela revient à l'incapacité d'accumuler, ou d'engendrer le capital nécessaire pour fonctionner dans la société. Il s'agit du capital matériel (capital financier, équipements physiques), social (réseau de relations), mais surtout humain (niveau d'éducation, espérance de vie) qui puisse permettre à l'individu de saisir les opportunités.

La pauvreté en termes de *capabilités* va au-delà aussi bien de celle en termes de niveaux d'utilité ou de revenu insuffisants que de celle en termes de manque de biens premiers. C'est pourquoi selon Sen (1992 : 158) « la pauvreté se laisse mieux saisir en termes de manque de capabilité que de manque de satisfaction de besoins fondamentaux ».

L'approche par les *capabilités* a eu un écho retentissant en sciences économiques. Elle apporte un changement de paradigme pour les études de la pauvreté et du développement dans le sens où elle redonne une place centrale à l'individu, à l'humain. Aujourd'hui, c'est celle qui prévaut dans les milieux institutionnels tels que la Banque mondiale et les Organisations internationales de développement en général.

C'est ainsi que le PNUD en particulier, en a fait la base conceptuelle de ses travaux sur la pauvreté et le développement. D'abord, il introduit[19] en 1990 le concept de « développement humain » défini comme « un processus qui conduit à l'élargissement des possibilités offertes à chacun. Vivre longtemps et en bonne santé, être instruit et avoir accès aux ressources nécessaires pour jouir d'un niveau de vie convenable sont les plus importants. S'y ajoutent la liberté politique, la jouissance des droits de l'homme et le respect de soi. » (PNUD, 1990 : 10).

Aussi, dans le premier rapport sur le développement humain, paraît un nouvel indicateur de mesure des niveaux relatifs de développement entre pays : l'Indicateur de développement humain (IDH)[20], qui est un

---

[19] Dans le premier *Rapport mondial sur le développement humain*.

[20] Pour appréhender correctement le développement, l'IDH retient le revenu national, mais aussi des indicateurs comme la santé, l'éducation (Cosio *et al.*, 2003). L'indice mesure les réalisations d'un pays en fonction des trois dimensions fondamentales du développement humain : une vie longue et en bonne santé, la connaissance et des conditions de vie décentes. Il est la moyenne arithmétique du

indicateur composite de longévité, de connaissance et de niveau de vie.

Ensuite, l'approche de la pauvreté par les *capabilités* a été véritablement instituée par le PNUD dans son *Rapport sur le développement humain 1997*. Ce dernier initie le concept de pauvreté humaine.

Il s'agit d'une pauvreté plurielle décrite en ces termes : « La pauvreté possède une multiplicité de visages, et va bien au-delà d'une insuffisance de revenu. La pauvreté se reflète aussi dans de mauvaises conditions de santé ou d'éducation, dans le manque d'accès au savoir et aux possibilités de communication, dans l'impossibilité d'exercer des droits politiques et de faire valoir les droits de la personne humaine et dans l'absence de dignité, de confiance et de respect de soi-même. Il faut ajouter la dégradation de l'environnement et la paupérisation de pays entiers, dans lesquels la quasi-totalité de la population vit dans la pauvreté » (PNUD, 1997, iii)[21].

Dans l'optique des *capabilités*, la pauvreté d'une personne tient, outre le manque de ressources monétaires, au manque d'opportunités réelles (PNUD, 1997 : 16) de mener la vie qu'elle entend. Cette insuffisance d'opportunité peut être due à des raisons sociales ou à des circonstances individuelles de l'individu qui restreignent l'éventail des potentialités qu'il est en mesure de réaliser en fonction des opportunités dont il dispose. Il s'agit des potentialités de faire ou d'être ce qu'il souhaite. En considérant que le développement humain est, comme vu précédemment, un processus qui conduit à l'élargissement des possibilités offertes à chacun, alors, réduire la pauvreté humaine consiste à assurer les *capabilités* de base pour la frange pauvre de la population tandis que le développement vise à atteindre, pour l'ensemble de la société, l'ensemble des *capabilités*

---

niveau de santé (mesuré par l'espérance de vie à la naissance), du niveau d'éducation (mesuré par le taux d'alphabétisation et le taux brut de scolarisation) et du niveau de vie (mesuré par le logarithme du Produit Intérieur Brut par habitant en Parité de Pouvoir d'achat). Dans la mise au point de l'Indice de développement humain (IDH) du Programme des Nations Unies pour le Développement, Amartya Sen a été le collaborateur de l'économiste pakistanais Mahbub Ul-Haq (ancien ministre des Finances et du Plan du Paskistan).

[21] Il est également introduit l'Indicateur de pauvreté humaine, IPH[21] qui mesure l'ampleur du manque des éléments constitutifs de l'IDH à savoir la faible longévité, le manque d'éducation de base, l'absence d'accès aux ressources publiques, etc.

permettant de réaliser les « fonctionnements » nécessaires au bien-être de chacun. Effectivement, « … les fonctionnements appartiennent aux éléments constitutifs du bien-être ; la capabilité reflète la liberté de rechercher ces éléments constitutifs et peut même jouer un rôle direct dans le bien-être lui-même, car décider et choisir font aussi partie de la vie » (Sen, 2000 : 69).

Par ailleurs, le rapport de 1997 présente aussi l'Indicateur de pauvreté humaine (IPH), qui mesure l'ampleur du manque des éléments constitutifs de l'IDH à savoir la faible longévité, le manque d'éducation de base, l'absence d'accès aux ressources publiques, etc.

Cependant, malgré le succès des travaux de Sen, des insuffisances peuvent être trouvées à l'approche par les *capabilités*. Entre autres, Sen manque d'analyser des relations de pouvoir entre les organisations internationales et les pays en développement (Navarro, 2000). Alors que l'on peut douter de la possibilité d'agréger dans un indice unique les multiples *capabilités* (Roemer, 1996), Nussbaum (1988) reproche à Sen de ne pas avoir établi une liste précise des *capabilités*[22].

Tableau I-2 : L'extension progressive du champ thématique de la pauvreté

Période	**Composants de la pauvreté**
Jusqu'aux années 1970	Consommation
Milieu des années 1970 et 1980. Approches par les besoins essentiels	Consommation + Services sociaux
À partir du milieu des années 1980 : approche par les capacités et opportunités (Rawls et Sen)	Consommation + Services sociaux + Actifs Consommation + Services sociaux + Actifs + Vulnérabilité Consommation + Services sociaux + Actifs + Vulnérabilité + Dignité

Source : Inspiré de Razafindrakoto et Roubaud (2005).

22 Voir Farvaque N. et Robeyns I., 2005. Nussbaum M., 2000, propose une liste des *capabilités*. Voir aussi Nussbaum M., 1999, « Femmes et égalité : l'approche fondée sur les capacités », *Revue internationale du Travail*, Vol. 138 (3), p. 247-248.

3. La pauvreté de temps : frein au développement des capabilités

De nombreuses études ont été menées sur les déterminants de la pauvreté au Burkina Faso (Kaboré, 2002). Elles montrent que ceux-ci sont nombreux et variables selon plusieurs paramètres : le milieu géographique (urbain, rural), le milieu social, les caractéristiques du ménage, etc. Ces déterminants évoluent aussi selon le type de pauvreté dont il est question (pauvreté monétaire, pauvreté humaine). On remarque que la plupart des travaux de recherche sur les déterminants de la pauvreté ont trait à la pauvreté monétaire.

Lorsqu'il s'agit d'identifier les déterminants de la pauvreté, la plupart des études ciblent d'abord les déterminants de la pauvreté monétaire, ceux de la pauvreté des besoins essentiels viennent quelquefois après. Disons qu'il s'agit de causes classiques de l'état de pauvreté, et cela montre combien l'économie du développement est encore tributaire de la première conception de la pauvreté : la pauvreté monétaire.

Ceci étant, que dire des facteurs déterminant la pauvreté des *capabilités* ?

Les causes de la pauvreté des *capabilités* sont rarement énumérées. Cela est-il dû à la difficulté de compréhension du concept ? À son caractère abstrait pour les uns, ou non économique pour les autres ? Le constat est que l'on ramène souvent les *capabilités* aux droits humains (Bertin, 2008). Pourtant, si la pensée économique admet la pauvreté des *capabilités*, alors les causes de ce type de pauvreté doivent faire l'objet d'études approfondies.

L'un des déterminants majeurs constituant une des causes de la pauvreté de *capabilités* est le manque de temps, car le temps est une ressource qui sert à accumuler et développer les *capabilités*. On parlera de « pauvreté de temps ». Souffrir de pauvreté de temps, c'est effectuer un excès d'heures de travail, qu'il s'agisse d'une production marchande ou non marchande, pour garantir un niveau de consommation minimum, de sorte que l'on vienne à manquer de temps pour le repos et de loisir (Bardasi et Wodon, 2006). La pauvreté de temps est une explication de la pauvreté selon le genre. En effet, il existe une relation entre le temps, le genre et la pauvreté (Chen *et al.*, 2005). L'allocation du temps entre le travail rémunéré et le travail non rémunéré détermine en partie le revenu monétaire dont dispose un individu. Or, les femmes dans les pays en développement, surtout en zone rurale, consacrent plus de temps au travail non rémunéré qu'au travail rémunéré. Le volume important de travail de reproduction sociale qu'accomplissent les femmes sans aucune rétribution, ni une quelconque compensation en nature, n'est-il pas une des raisons de leur pauvreté ?

En consacrant plus de temps au travail non rémunéré qu'au travail rémunéré, les femmes sont privées de temps pour entreprendre des activités rémunératrices comme les petits commerces qui pourraient leur procurer un revenu. Elles s'exposent ainsi à une pauvreté monétaire engendrée par la pauvreté des temps.

Par ailleurs, l'importance du temps qu'elles consacrent au travail reproductif favorise une pauvreté de *capabilités*. En effet, elle empêche les femmes de développer leurs *capabilités*. Considérons que la santé et l'éducation soient les fondamentaux individuels pour être en mesure de saisir les opportunités. Or, dès leur plus jeune âge, les filles ont moins de chance de s'instruire, car elles accomplissent plus d'heures de travail domestique que les garçons, au détriment de leurs études scolaires lorsqu'elles ont la chance d'être scolarisées. Dans certains villages, elles sont encore privées de scolarisation car gardées à domicile pour aider leur mère dans les travaux domestiques.

Pour ce qui est de la santé, la lourdeur du travail non rémunéré affecte l'état de santé des femmes. Le Cadre stratégique de lutte contre la pauvreté (CSLP) du Burkina Faso évoque effectivement le « fardeau des activités domestiques » au titre des facteurs explicatifs de la mauvaise situation sanitaire des femmes (ministère de l'Économie et du Développement, 2004 : 21). Notons cependant que ce passage est la seule allusion faite par le CSLP au travail non rémunéré comme élément susceptible d'amoindrir le bien-être des femmes burkinabé.

En effet, le CSLP n'évoque pas la pauvreté de temps comme facteur explicatif de la pauvreté des femmes. Aussi, aucune donnée sur l'utilisation du temps n'a été collectée pour l'analyse préalable à la définition des stratégies de lutte contre la pauvreté au Burkina puisque celle-ci n'est pas considérée comme un déterminant de la pauvreté.

Par conséquent, le travail non rémunéré, à travers l'utilisation du temps n'est mentionné ni dans les stratégies de lutte contre la pauvreté envisagées par le CSLP ni dans le dispositif de suivi des politiques préconisées et on constate qu'aucun indicateur (de croissance, de pauvreté, de bien-être ou d'inégalité) n'a trait au travail non rémunéré.

Conclusion

La théorie économique a d'abord défini la pauvreté en termes de possession de ressources : dans un premier temps, les ressources financières avec l'approche monétaire de la pauvreté (Rowntree, 1901), et dans un second temps, les besoins essentiels comme l'alimentation, le logement, l'habillement (Streeten *et al.*, 1981). Ensuite, Rawls (1971) a introduit la notion de justice sociale à travers « les biens premiers » que devrait posséder tout individu pour échapper à la pauvreté. Ceux-ci sont essentiellement les libertés et droits fondamentaux qui permettent de juger du niveau de justice qui règne dans une société. Cependant, Rawls ne fait pas cas des moyens qui permettent d'atteindre la justice sociale. C'est ce que fera Sen (1985) avec l'approche par les *capabilités* qui révolutionne le discours sur la pauvreté. Pour lui, la pauvreté est une privation de liberté de choix. Cette liberté de choix se traduit par l'incapacité d'être en mesure de développer ses « *capabilités* » (potentialités) afin de prétendre à la vie que l'on a choisie. Ces *capabilités* renvoient à la liberté d'être et d'agir de l'individu, c'est-à-dire son contexte socio-économique et politique. Celui-ci détermine ses capacités à saisir les opportunités. On retiendra que ces multiples formes de pauvreté, loin de s'opposer, sont complémentaires.

Concomitamment aux causes classiques de la pauvreté, nous avons mis en lumière un nouveau déterminant omis dans les études sur la pauvreté, car il ne s'agit pas d'un déterminant de la pauvreté monétaire : le travail non rémunéré des femmes qui leur impose une pauvreté de temps. En effet, lorsqu'il s'agit de s'interroger sur les causes de la pauvreté, bon nombre de travaux restent encore tributaires de la conception monétaire de la pauvreté, négligeant les déterminants de la pauvreté des *capabilités*. Or, les femmes consacrent la majeure partie de leur temps aux travaux non rémunérés. Le fardeau de ces activités, à la faveur de la division sexuelle du travail, les empêche de développer leurs *capabilités* telles que s'instruire, pour pouvoir prétendre à un avenir meilleur.

Cela est regrettable, car les femmes jouent un rôle essentiel dans les politiques de développement et la réduction de la pauvreté, comme cela a été progressivement admis en économie du développement.

Chapitre 2

QUELLE RELATION ENTRE LA PAUVRETÉ, LES FEMMES ET LE DÉVELOPPEMENT ?

« La contribution productive des femmes à travers le travail non rémunéré est une illustration du potentiel de développement inexploité qu'elles représentent. »

Barbara KY

Le présent paragraphe établit le lien entre la femme, la pauvreté et le développement. Les politiques de développement expérimentées dans les pays en développement au sortir des indépendances présentent des résultats mitigés marqués par une augmentation du nombre de pauvres dans ces pays et un endettement massif des États. Comment ces politiques ont-elles progressivement fait place aux stratégies de lutte contre la pauvreté ? Alors que les milieux universitaires et les agences de développement parlaient initialement de développement, aujourd'hui celui-ci a fait place à la « lutte contre la pauvreté ». Une première section retrace le processus par lequel cette lutte contre la pauvreté a émergé sous l'impulsion des institutions de Bretton Woods.

Concomitamment à l'évolution du discours sur la pauvreté, le statut de la femme a été appréhendé différemment dans les diverses stratégies de développement. Le second sous-point porte un regard critique sur la place de la femme dans les politiques de lutte contre la pauvreté. Comment a-t-elle évolué ? Ces politiques ont-elles su tenir compte du rôle des femmes dans la production marchande aussi bien que dans la sphère de reproduction sociale ? Il convient de s'interroger d'une part sur les voies d'optimiser leur double contribution et réciproquement d'autre part, sur les moyens de faire de ces politiques des instruments d'amélioration du bien-être des femmes.

1. Émergence de la lutte contre la pauvreté

La reconnaissance actuelle de la lutte contre la pauvreté comme objectif premier des pays en développement est l'aboutissement d'un long processus linéaire initié depuis les années 1950. L'évolution progressive du discours politique sur la pauvreté s'inspire des avancées de la réflexion théorique sur le concept de pauvreté. Encore aujourd'hui il paraît clairement que le discours économique nourrit le discours politique.

1.1. Des politiques de croissance aux Programmes d'Ajustement Structurel (PAS)

Au sortir des indépendances, la pensée économique est dominée par les théories de la croissance (Rostow, 1963). On assimilait le développement à la croissance économique que l'on encourageait par l'industrialisation par substitution des importations. L'idée dominante en économie du développement était que la croissance économique réduirait la pauvreté et impulserait le développement des pays les plus pauvres. Pour les théoriciens du développement, une croissance maximale du PIB induirait une hausse de l'emploi productif. La redistribution de revenus qui en découlerait augmenterait alors le bien-être des classes sociales les plus démunies et réduirait par la même occasion la pauvreté.

Cette réflexion tombe sous le sens lorsqu'on se souvient qu'à cette époque, le concept de pauvreté ne faisait référence qu'à la pauvreté monétaire. Celle-ci étant mesurée par le seuil de pauvreté absolue. On considérait qu'il fallait un revenu minimum à l'individu pour satisfaire un certain nombre de besoins de base[23]. Ce revenu devait provenir de la croissance économique. Par conséquent, celle-ci demeurait l'objectif principal des politiques économiques et la réduction de la pauvreté n'était que son corollaire.

À la fin des années 1960, les progrès de la croissance réalisés çà et là ne sont pas venus à bout de la pauvreté. Il y a encore des pauvres et les inégalités profondes qui demeurent entre classes sociales montrent que la croissance à elle seule ne réduit pas la pauvreté. La question de la redistribution des fruits de la croissance au profit des plus pauvres se pose alors, faisant de la pauvreté en elle-même une préoccupation. En effet, l'apparition de l'approche par les besoins essentiels dans les années 1970 encouragea les institutions de Bretton Woods à mettre en place des programmes de réduction de la pauvreté au profit des plus pauvres et plus ciblés sur la santé, l'éducation, le logement, définis comme besoins fondamentaux (Streeten et Stewart, 1981).

Ceux-ci sont à peine initiés que les pays en développement sont rattrapés par la décennie de l'endettement.

Le premier choc pétrolier (1973) qui a déclenché la période de récession qu'a connue le monde en 1974 a induit des mutations économiques profondes. Le passage des changes fixes aux changes

---

[23] Même si Lautier (2002 : 145), en critiquant les méthodes d'évaluation de la pauvreté de la Banque mondiale fait remarquer à ses experts que « le pauvre de la lointaine banlieue de São Paulo a besoin de payer ses trois heures d'autobus quotidiennes, alors que le paysan du nord du Niger a certainement des soucis, mais pas celui-ci, et que 1 $ par jour n'a pas la même signification dans les deux cas ».

flottants, la détérioration des termes de l'échange qui s'en est suivie ont entraîné des déséquilibres des balances des paiements des pays en développement devenus insolvables et incapables de rembourser les emprunts contractés. Pour ces pays, les institutions financières internationales deviennent un passage obligé pour le financement du développement.

La crise de la dette oriente instantanément les institutions de Bretton Woods vers des politiques de stabilisation macroéconomique pour rétablir les équilibres financiers. Sur la base du consensus de Washington[24], les institutions de Bretton Woods imposent alors aux pays surendettés des Programmes d'Ajustement Structurel, PAS (dérivé du terme anglais *structural adjustment*). Ils consistent en un ensemble de mesures qui prônent le libéralisme économique. Il est alors systématiquement recommandé aux gouvernements une stricte discipline budgétaire par la réduction des dépenses publiques, la privatisation, la libéralisation du commerce extérieur, l'abolition des barrières à l'entrée sur le marché et la libéralisation des investissements internationaux, etc.[25] (Cling *et al.*, 2003).

---

[24] Le Consensus de Washington désigne le lot de réformes recommandées par les institutions de Bretton Woods (siégeant à Washington) aux pays en développement en proie à la crise de la dette à la fin des années 1980. Ce consensus est le fondement de la première génération des réformes, les PAS. L'appellation vient de John Williamson (1990). Cette « batterie » de mesures a été vivement critiquée par de nombreux économistes dont Joseph Stiglitz (2002) dans *La grande désillusion*. Faut-il le rappeler, Stiglitz a été vice-président et économiste en chef de la Banque mondiale de 1997 à 2000 et a reçu le prix de la Banque de Suède en sciences économiques en mémoire d'Alfred Nobel en 2001.

[25] John Williamson (1990) théorisa ce consensus sous 10 propositions :
1. Une stricte discipline budgétaire ; 2. La réorientation de la dépense publique vers des secteurs offrant à la fois un fort retour économique sur les investissements, et la possibilité d'améliorer les inégalités de revenu ; 3. La réforme fiscale (élargissement de l'assiette fiscale, diminution des taux marginaux) ; 4. La libéralisation financière : libéralisation des taux d'intérêt ; 5. L'adoption d'un taux de change unique et compétitif ; 6. La libéralisation du commerce extérieur ; 7. L'élimination des barrières à l'investissement direct étranger ; 8. La privatisation des entreprises publiques ; 9. La dérégulation des marchés pour assurer l'élimination des barrières à l'entrée et à la sortie ; 10. La sécurité des droits de propriété : protection de la propriété privée. Voir Williamson John (1990), "What Washington Means by Policy Reform" in *Latin American adjustment: how much has happened?*, Ed. John Williamson, Institute for International Economics, Washington, D.C., USA, p. 7-20.

La priorité de ces programmes est de rétablir rapidement l'équilibre des marchés financiers. Aussi, la stabilité économique relègue de nouveau la pauvreté au second rang.

Finalement, l'application des PAS dans ces pays, majoritairement du Sud, n'a pas produit les effets escomptés, bien au contraire. La croissance a été décevante, voire négative dans certains pays et les inégalités se sont accrues (Mosley, 2001). La pauvreté des couches sociales les plus vulnérables[26] a été exacerbée par l'austérité de ces réformes économiques. L'Afrique subsaharienne particulièrement connaît des niveaux de pauvreté sans précédent (Van der Hoeven et Van der Kraaij, 1995 : 299).

Les effets sociaux néfastes de l'ajustement ont permis de prendre conscience de la nécessité d'adjoindre une dimension sociale à ces mesures strictement économiques (Cornia *et al.*, 1987 :154).

C'est alors qu'on a parlé de « l'ajustement à visage humain » (*Adjustment with a Human Face*) du nom d'un rapport publié par l'UNICEF en 1987. Les auteurs, Cornia, Jolly, et Stewart, tout en reconnaissant la nécessité des politiques d'ajustement structurel, soutiennent qu'elles ne doivent pas être mises en œuvre dans le seul but de réduire les déséquilibres macroéconomiques, mais plutôt comme une partie intégrante des stratégies de développement à long terme (Cornia *et al.*, 1987). Ils attirent l'attention sur la nécessité de préserver aux ménages les plus vulnérables un niveau minimal alimentaire de revenu et de services de base.

De même, ils considèrent indispensable de restructurer les services sociaux éducatifs, de santé, etc. En d'autres termes, ce rapport « permet de mieux comprendre la nature des programmes susceptibles d'assurer des résultats positifs, c'est-à-dire l'ajustement à visage humain » (*ibid. :* 154). Il appelle en réalité à la prise en compte de la lutte contre la pauvreté dans les programmes d'ajustement structurel. Un appel qui trouve un écho favorable : en 1989, le Programme des Nations Unies pour le Développement (PNUD), la Banque africaine de développement (BAD) et la Banque mondiale initient le

---

[26] Cornia *et al.* (1987 : 130 à 151) font le résumé de dix expériences nationales de PAS pour : le Botswana (1980-1984), le Brésil (1981-1984), le Chili (1981-1985), le Ghana (1979-1985), la Jamaïque (1978-1985), le Pérou (1977-1985), les Philippines (1981-1985), la Corée du Sud (1979-1981), le Sri Lanka (1978-1983), le Zimbabwe (1980-1984).

programme « *Dimension sociale de l'ajustement* » pour soulager les populations les plus vulnérables des conséquences négatives de l'ajustement structurel. L'acceptation de l'ajustement à visage humain et des mesures d'accompagnement dont il est assorti marque une étape importante dans la perception de la pauvreté qu'ont les Institutions Financières Internationales. La lutte contre la pauvreté devient alors un objectif concourant au développement, mais distinct de celui-ci. Cela acquis, la décennie 1990 s'ouvre sur de nombreuses actions onusiennes en faveur de la réduction de la pauvreté.

1.2. Adoption de la lutte contre la pauvreté par les institutions financières

Les années 1990 symbolisent une période durant laquelle les Nations Unies ont fait montre de leur attachement réel à la lutte contre la pauvreté. Non seulement elle devient une priorité, mais elle cesse d'être perçue comme synonyme de pauvreté monétaire. Ce caractère unidimensionnel laisse place à la pauvreté multidimensionnelle conformément au discours théorique en cours représenté par les travaux d'Amartya Sen. La pauvreté n'est plus uniquement le manque de moyens, mais elle intègre aussi une dimension éthique, politique et sociale. Cette nouvelle dimension de la pauvreté ne se limite pas au cercle restreint de la recherche scientifique en économie du développement. Elle est officiellement reconnue par le PNUD en 1990, comme mentionné ci-dessus, à travers la publication de son premier *Rapport sur le développement humain*, fruit d'une collaboration avec Sen depuis les années 1980.

Il s'en est suivi une série de conférences des Nations Unies qui ont vraiment porté la lutte contre la pauvreté au sommet des préoccupations. La plus significative est sans doute le Sommet mondial sur le développement social tenu à Copenhague (Danemark) en 1995, pour avoir désigné la réduction de la pauvreté comme priorité du développement. C'est alors que l'Assemblée générale des Nations Unies proclame l'année 1996 « Année internationale de l'éradication de la pauvreté » et la décennie 1997-2006 « Première décennie des Nations Unies pour l'élimination de la pauvreté ».

Au cours de la même année, l'OCDE à travers son Comité d'aide au développement (CAD) fait également de la pauvreté un objectif fondamental qui orientera désormais son action. Les pays membres de l'Organisation formulent alors leur stratégie pour le XIXe siècle sous forme d'Objectifs internationaux de développement (OID). En septembre 2000, ceux-ci sont révisés puis rebaptisés *objectifs du Millénaire pour le développement* (OMD) (en anglais *Millennium Development Goals, MDG*) et adoptés par les États membres de l'ONU lors du Sommet du Millénaire des Nations Unies[27]. Ces objectifs, au nombre de huit, sont adoptés à l'unanimité par les membres de l'Assemblée générale des Nations Unies. Le premier, vise à réduire de moitié la pauvreté dans le monde d'ici 2015.

Contrairement aux autres institutions des Nations Unies, les institutions de Bretton Woods étaient restées quelque peu en marge de cet engouement pour la lutte contre la pauvreté. Celle-ci était absente de leurs politiques encore fidèles à la pure orthodoxie économique libérale. Mais face à l'échec global des Programmes d'ajustement structurel dans les pays du Sud, les institutions de Bretton Woods ont perçu la nécessité de changer d'optique et d'assouplir leurs politiques.

Les prémices du changement se situent d'abord dans la participation de la Banque mondiale au programme *Dimension sociale de l'Ajustement* élaboré en 1987 en collaboration avec le PNUD et la BAD. Ensuite, un autre pas est fait avec le *Rapport sur le développement dans le monde 1990* consacré à la pauvreté. Mais le véritable jalon est posé conjointement par le FMI et la Banque mondiale en 1999 lorsqu'ils introduisent la lutte contre la pauvreté au cœur des politiques de développement et de réduction de la dette. Cette mutation dans les stratégies de développement s'est opérée à travers l'Initiative de réduction de la dette des Pays pauvres très endettés dite « initiative » PPTE (en anglais *Heavily Indebted Poor Countries, HIPC*).

Le FMI, la Banque mondiale et le club de Paris ont initié cette démarche en 1996 pour rendre « soutenable »[28] la dette des pays à faible revenu très endettés (Jokung Nguena, 2005). Elle permet aux pays de bénéficier de prêts à taux concessionnels auprès des institutions de Bretton Woods et de prétendre à un allègement de leur

[27] Cf. Encadré I : Les Objectifs de Développement du Millénaire.

[28] La soutenabilité de la dette relève de l'analyse d'indicateurs financiers. Il s'agit pour les créanciers d'analyser et d'évaluer la capacité du pays concerné à dégager les ressources nécessaires au remboursement de sa dette extérieure ainsi que l'impact des remboursements sur la capacité financière de l'État.

dette à condition de remplir un certain nombre de critères d'éligibilité[29].

Les trois quarts des pays engagés dans le processus sont situés en Afrique subsaharienne.

Alors qu'elle ne faisait initialement aucune référence à la lutte contre la pauvreté[30], l'initiative est révisée en 1999. Au mois de septembre, le Comité de développement conjoint de la Banque mondiale et du FMI approuve une initiative dite « renforcée » qui est explicitement réorientée sur la réduction de la pauvreté (Bougouin et Raffinot, 2003). La rédaction d'un Document de Stratégie de Réduction de la Pauvreté, DSRP ou Cadre stratégique de lutte contre la pauvreté, CSLP (en anglais *Poverty Reduction Strategy Paper, PRSP*) devient une condition d'éligibilité à l'initiative PPTE[31]. Mieux, cela s'étend à l'ensemble des pays à bas revenus, qu'ils soient candidats à l'initiative PPTE ou non. Désormais, les DSRP conditionnent tout financement à taux concessionnels des institutions de Bretton Woods. Ils remplacent les Documents-cadre de politique économique (DCPE) et doivent reconnaître le caractère multidimensionnel de la pauvreté.

---

[29] Les conditions d'éligibilité sont (IMF, 1996) :

(1) n'être éligible qu'à une assistance concessionnelle de la part du FMI et de la Banque mondiale, c'est-à-dire être admissible à emprunter auprès de l'Agence internationale de développement de la Banque mondiale. Cette agence octroie des prêts sans intérêts et des dons aux pays les plus pauvres du monde par le biais de sa Facilité élargie de crédit, qui permet des prêts à des taux bonifiés aux pays à faible revenu ;

(2) être confronté à un niveau d'endettement insoutenable auquel le pays ne peut faire face qu'au moyen des mécanismes d'allégement de la dette traditionnelle ;

(3) avoir parfaitement mis en œuvre des réformes et de saines politiques économiques dans le cadre de programmes soutenus par le FMI et la Banque mondiale ;

(4) avoir formulé un document de stratégie pour la réduction de la pauvreté (CSLP). Cette condition a été imposée suite à la révision de l'initiative PPTE intervenue en 1999.

[30] Le Burkina Faso faisait partie des 7 premiers pays à bénéficier de l'initiative PPTE « originale » quand bien même Bourgoin et Raffinot (2003 : 297) trouvent qu'il n'était pas assez endetté. Il y avait en outre la Bolivie, Guyana, le Mali, le Mozambique, l'Ouganda et la Côte d'Ivoire.

[31] Il doit être approuvé par le Comité monétaire et financier du FMI et le Comité de développement de la Banque mondiale.

En établissant ce lien entre la réduction de la dette et la réduction de la pauvreté, les institutions financières internationales affichent clairement leur désir de faire de la lutte contre la pauvreté une priorité[32]. Ces avancées sont couronnées par la publication par la Banque mondiale du *Rapport sur le développement dans le monde 2000/2001*, intitulé « Combattre la pauvreté » qui matérialise réellement le changement de vision de la Banque. Dans ce rapport, la réduction de la pauvreté est désormais présentée comme la raison d'être de la Banque mondiale (World Bank, 2000b : v).

Et quelle pauvreté ! Celle de l'approche par les *capabilités*. En effet, elle est alors définie au-delà de la conception traditionnelle comme « englobant non seulement la privation matérielle (mesurée par le revenu ou la consommation), mais également des manques en termes d'éducation et de santé » (*ibid.* : 15)[33]. Amartya Sen y est même cité : « Ce rapport élargit également la notion de pauvreté pour y inclure la vulnérabilité et l'exposition au risque, ainsi que le manque de pouvoir (*powerlessness*) et l'absence, de fait, du droit à la parole

[32] Ceci dit, la lutte contre la pauvreté au Burkina Faso n'est pas qu'une simple imposition des bailleurs de fonds (ministère des Affaires étrangères, 2000). Elle a une longue expérience depuis 1983 avec « la politique d'autoajustement endogène » (Sawadogo, 1997). Face à l'austérité imposée par les PAS, des mesures ont été prises pour améliorer les conditions de vie des populations, précédant ainsi le CSLP :

le 2 juin 1994 marque la prise des six engagements nationaux pour la croissance économique.

1994 : la réalisation de la première Enquête prioritaire (EP 1) sur les conditions de vie des ménages et l'élaboration en 1996 du premier profil de la pauvreté au Burkina.

1995 : la formulation de la Lettre d'intention de politique de développement humain durable (LIPDHD), pour recentrer la stratégie de développement sur le concept de sécurité humaine afin d'associer la croissance économique au bien-être de la population.

1998 : la réalisation de l'EP II et l'élaboration en 2000 du deuxième profil de la pauvreté au Burkina.

1998 : la réalisation d'enquêtes participatives sur les perceptions des dimensions du bien-être, de la pauvreté et de l'accessibilité des services sociaux de base en milieu urbain et rural.

L'élaboration de documents de stratégie de politique sectorielle (agriculture, élevage, éducation de base, santé, eau, environnement, etc.).

1998 : l'adoption du plan national de bonne gouvernance par le gouvernement.

[33] [Notre traduction].

(*voicelessness*). Toutes ces formes de privation restreignent sévèrement ce qu'Amartya Sen appelle les "*capabilités*" d'une personne, c'est-à-dire les libertés réelles dont elle jouit pour mener la vie qu'elle valorise » (*op. cit.* : 15).

Ainsi, une décennie plus tard que le PNUD (en collaboration avec Sen), la Banque mondiale adopte à son tour le cadre d'analyse de l'approche par les *capabilités*. Sans toutefois parler explicitement de *capabilités* ou de « fonctionnements », elle souligne depuis une décennie l'importance d'un bon fonctionnement des institutions publiques dans la réduction de la pauvreté (*op. cit.* : 37). Alors que son approche de la pauvreté différait initialement de celle du PNUD (donc de celle d'Amartya Sen) dans la mesure où elle était davantage monétaire[34], on remarque que les causes explicatives de la pauvreté avancées par les deux institutions ne sont guère fondamentalement différentes tout comme les remèdes prescrits. L'une comme l'autre préconisent la bonne gouvernance et l'accès aux opportunités (Bénicourt, 2001 : 53). C'est dire à quel point l'approche par les *capabilités* s'impose dans l'analyse contemporaine du phénomène de pauvreté.

Encadré 2.1 : Les objectifs du Millénaire pour le développement (OMD)

OMD	CIBLES
1. Éliminer l'extrême pauvreté et la faim dans le monde	• Réduire de moitié le nombre de personnes vivant avec moins d'un dollar par jour • Réduire de moitié le nombre de personnes victimes de la faim
2. Assurer l'éducation primaire pour tous	• Donner à tous les enfants – garçons et filles – les moyens d'achever un cycle complet d'études primaires
3. Promouvoir l'égalité des sexes et l'autonomisation des femmes	• Éliminer les disparités entre les sexes dans l'enseignement primaire et secondaire, de préférence d'ici 2005, et à tous les niveaux en 2015 au plus tard
4. Réduire la mortalité infantile	• Réduire des deux tiers le taux de mortalité des enfants de moins de cinq ans
5. Améliorer la santé maternelle	• Réduire des trois quarts le taux de mortalité maternelle

[34] Voir Benicourt Emmanuelle (2001), « La pauvreté selon le PNUD et la Banque mondiale », *Études rurales*, 2001/3-4 – N°s 159-160, p. 35 à 53.

6. Combattre le VIH/SIDA, le paludisme et autres maladies	• Stopper la propagation du VIH/SIDA et commencer à inverser la tendance actuelle • Stopper et inverser l'incidence du paludisme et d'autres maladies
7. Garantir un environnement humain durable	• Intégrer les principes du développement durable dans les politiques et programmes des pays ; inverser la tendance à la déperdition des ressources • Réduire de moitié le nombre de personnes n'ayant pas accès de façon durable à l'eau potable • Améliorer sensiblement les conditions de vie d'au moins 100 millions d'habitants des taudis, d'ici à 2020
8. Mettre en place un partenariat mondial pour le développement	• Poursuivre la mise en place d'un système commercial et financier ouvert qui soit bien réglementé, prévisible et non discriminatoire. Ceci comprend un souci de bonne gouvernance, de développement et de réduction de la pauvreté – tant à l'échelle nationale qu'internationale • Répondre aux besoins particuliers des pays les moins avancés, notamment : l'exemption de tarifs douaniers et de contingents pour leurs exportations ; un allègement ultérieur de la dette pour les pays pauvres très endettés ; l'annulation de la dette bilatérale officielle ; et une aide publique au développement plus généreuse pour les pays résolus à réduire la pauvreté • Assurer les besoins spécifiques des pays enclavés et des petits États insulaires en développement • Traiter tous les problèmes de dette des pays en développement par des mesures nationales et internationales propres à rendre l'endettement viable à long terme • En coopération avec les pays en développement, créer des emplois acceptables et productifs pour les jeunes • En coopération avec l'industrie pharmaceutique, rendre les médicaments essentiels accessibles et abordables pour les pays en développement • En coopération avec le secteur privé, mettre les avantages des nouvelles technologies – en particulier celles de l'information et de la communication – à la portée de tous.

Source : Inspiré de Nations Unies (2000)

2. *Intégration progressive du genre dans les politiques de développement*

Aujourd'hui, la femme occupe une place privilégiée dans les politiques et stratégies de développement dans les pays pauvres. Cela n'a pas toujours été le cas (Degrave, 2000). En effet, les agences de développement ne marquaient initialement aucune différence de sexe dans leurs politiques de développement. Aussi, peut-on se demander comment la femme a-t-elle été insérée dans les considérations du développement ? Quel rôle joue-t-elle dans les stratégies actuelles de réduction de la pauvreté ? Le présent paragraphe fait état de l'évolution du statut de la femme dans les différentes stratégies de lutte contre la pauvreté depuis les années 1950.

Les premières politiques de développement issues de la Seconde Guerre mondiale ne faisaient pas cas du rôle productif de la femme. Et pour cause ! Jusqu'au début des années soixante-dix, les politiques économiques associées au modèle de la croissance accélérée ne considéraient guère le facteur humain comme un élément clé déterminant le développement[35].

2.1. L'Approche Intégration des Femmes au Développement, IFD (WID)

Un premier changement s'est opéré dans les années 1970 à la faveur de la publication de *Women's Role in Economic Development* d'Ester Boserup (1970) qui a amorcé la réflexion sur le rôle de la femme dans le développement économique. Boserup explore les caractéristiques du travail féminin dans les pays en développement[36], aussi bien en milieu rural qu'en milieu urbain et les mutations qui surviennent dans la répartition sexuée du travail lors du passage « du village à la ville ». Elle met en exergue l'important rôle productif des

---

[35] Seul comptait l'investissement en capital, car le développement était assimilé à la croissance économique, la croissance économique à l'industrialisation, et l'industrialisation aux investissements en capital physique.

[36] Une analyse comparative des systèmes de productions asiatiques, africains, latino-américains, orientaux, est menée, tout en conservant les spécificités historiques, culturelles et géographiques propres à chaque région. Elle souligne notamment que « l'Afrique est la région de l'agriculture féminine par excellence » (Boserup, 1983 : 15).

femmes en analysant la division sexuelle du travail d'abord dans les économies agraires, puis au fur à mesure de la modernisation des sociétés[37].

Au total, l'auteure montre que le rôle des femmes et leur contribution dans la production, que ce soit à travers les cultures vivrières, les activités de subsistance ou le travail domestique, avaient toujours été sous-estimés dans les théories du développement. Et pour cause ! La mesure de l'activité économique d'une part, sous-estimait leur travail effectué en dehors du secteur « moderne », et d'autre part, ne reconnaissait pas la valeur du travail non rémunéré des femmes (Woods, 1997).

L'œuvre de Boserup a été capitale dans le sens où elle fut la première à introduire la variable sexuée dans l'analyse. L'idée est ainsi née que les stratégies de modernisation et de développement peuvent avoir des effets différents sur les hommes et sur les femmes, et que celles-ci semblent s'opérer au détriment des femmes. De ce fait, elle a été de suite adoptée par les féministes libérales et les partisans de la prise en compte des femmes dans le développement car elle légitimait les efforts entrepris en vue d'adjoindre aux politiques de développement une combinaison d'arguments pour la justice et l'efficience (Tinker, 1990 : 30). Cela a impulsé l'approche « Intégrer les femmes dans le développement », IFD[38] (en anglais *Women in Development*, *WID*).

---

[37] Il s'avère que la modernisation de l'agriculture et l'exode des populations vers les villes ont induit une nouvelle répartition des tâches entre hommes et femmes qui s'est faite au détriment des femmes. Elles ont été exclues du processus de modernisation par manque d'éducation et leur statut s'est détérioré. En introduisant les techniques modernes de culture, les administrations coloniales ont favorisé la formation et l'apprentissage des hommes. Cela a créé un clivage, situant « les hommes du côté du progrès, les femmes du côté de la tradition » (Boserup, 1983 : 61), réduisant progressivement ces dernières au statut d'aide familiale agricole.

Dans les régions où l'agriculture se modernisait par l'introduction de technologies simples comme les charrues, les hommes accomplissaient plus de travail agricole. Par contre, dans les régions où l'agriculture est itinérante, utilisant très peu d'outillages, ce sont les femmes qui assumaient le gros des travaux agricoles.

[38] Renforcée par la collaboration entre Boserup et le Programme des Nations Unies pour le développement (PNUD). Voir Boserup E., Liljencrantz C., 1975, *Intégration de la femme au développement. Pourquoi ? Quand ? Comment ?*, Programme des Nations Unies pour le développement, 1975, 42 p.

Les actions menées dans ce sens, surtout par les féministes libérales, visaient des changements juridiques et administratifs pour une intégration des femmes dans le système économique par le développement de stratégies égalitaires (Rathgeber, 1994).

Sur le plan théorique, le concept WID est lié à la théorie de la modernisation[39] qui a dominé la pensée sur le développement international des années 1950 aux années 1970. On acceptait que les femmes aient jusqu'alors moins bénéficié du développement, et qu'il faille y remédier (Boserup, 1975). Aussi, les politiques de développement mises en œuvre adoptaient une approche en termes de bien-être (*welfare approach*), visant à « intégrer la femme dans le développement » dont on la trouvait exclue jusqu'alors. Notons que les femmes étaient encore reléguées à leur rôle reproductif, c'est-à-dire leur « fonction » d'épouse, de mère, et de ménagère.

Par conséquent, les projets prévoyaient un appui aux femmes, pour leur permettre d'assumer ce rôle reproductif. Ils privilégiaient des actions telles que des groupements coopératifs d'activité productive, l'apprentissage d'un métier, mais surtout un volet social d'éducation élémentaire, d'apprentissage de soins maternels, de planning familial, etc.

Cependant dans cette optique, les femmes étaient considérées comme des bénéficiaires passives des systèmes de protection et d'assistance sociale et non comme des actrices du développement. Malgré la contribution qu'elles pouvaient apporter par les activités de subsistance ou les petits commerces (Bissilliat et Verschuur, 2000, 2001), elles faisaient figure de simples récipiendaires (de l'État providence). Les actions entreprises à leur endroit n'ont guère amélioré leur sort, car elles ignoraient les obstacles endogènes au développement tels que la négation du rôle réellement productif des femmes, leur accès inégal aux ressources (terre, revenu).

La faiblesse de cette approche WID est de s'être fondée sur les structures existantes sans les remettre en cause. Elle cherchait à mieux intégrer les femmes dans le système économique sans savoir pourquoi

---

[39] La théorie de la modernisation soutient que les différences qui existent entre les pays du Nord et ceux du Sud sont liées principalement à des problèmes culturels. Elle explique le sous-développement des pays du Sud par leur incapacité d'appliquer des politiques adéquates, de sorte que leurs structures administrative, économique et politique souffrent d'un retard culturel (Rostow, 1963).

elles avaient été lésées. L'approche n'a pas remis en cause les rapports sociaux de genre, qui étaient pourtant l'une des sources du déséquilibre qu'elle se proposait de corriger.

2.2. L'Approche Femmes et Développement, FED (WAD)

L'Approche Femmes et Développement, FED (en anglais, *Women and Development, WAD*) date de la deuxième moitié des années 1970. Elle s'inscrit dans le cadre des réflexions critiques issues de la théorie de la dépendance des années soixante-dix qui remettait en cause la théorie de la « modernisation » comme unique source du développement.

Plutôt que « d'intégrer la femme dans le développement », l'approche FED considère que celle-ci a toujours fait partie du développement et s'intéresse plutôt au rôle qu'elle joue dans le processus de développement. Elle met en lumière le rôle productif de la femme qui avait été « oublié » et appelle à sa prise en compte. Désormais il est admis que « si le potentiel de travail que peuvent assumer les femmes est négligé, on verra que non seulement l'initiative de développement dans son ensemble en souffrira, mais aussi que les enfants et la famille en général seront soumis à des efforts et à des tensions inutiles. Étant donné que l'utilisation des ressources humaines – hommes et femmes –, et ce, de manière productive, est essentielle au développement, il faudrait accorder beaucoup plus d'intérêt au rôle que tiennent les femmes – ou que celles-ci pourraient tenir – dans le cadre du développement » (Boserup et Liljencrantz, 1975 : 25).

Sous l'influence des voix universitaires comme des groupements féministes marxistes, les États prennent conscience du rôle productif des femmes. Elles sont maintenant considérées comme des actrices du développement. Il n'est plus question de les « intégrer au développement » puisque de par leur contribution productive, elles constituent *de facto* une partie intégrante du processus de développement. Par conséquent, des stratégies innovantes de développement sont entreprises pour améliorer leur productivité dans une optique d'efficacité[40]. Aussi, les programmes de développement intensifient les actions portées sur les femmes par l'initiation

---

[40] Les Nations Unies créent en 1976 un Fonds de développement réservé aux femmes (UNIFEM).

d'activités génératrices de revenus, l'octroi de microcrédit, l'augmentation des investissements dans l'éducation et des transferts de technologie pour alléger leur charge de travail, etc.

Ce mouvement est appuyé par l'ONU qui décrète 1975 « année internationale de la femme » avec la première Conférence mondiale des femmes à Mexico. Celle-ci inaugure la première décennie des Nations Unies pour la femme, dite décennie « Femmes, Égalité et Paix » (1976-1985). Ensuite, la Convention sur l'élimination de toutes les formes de discrimination contre les femmes (*Committee on the Elimination of Discrimination against Women, CEDAW*) fut adoptée en 1979. Cette caution onusienne[41] institutionnalise les idées féministes promotrices de la femme en leur ouvrant les portes des agences internationales en charge du développement, qui les adoptent.

De plus, l'avènement des Politiques d'ajustement structurel dans les années 1980 met en lumière les efforts jadis invisibles réalisés au quotidien par les femmes, et ce, depuis toujours. En effet, dans les pays pauvres où les PAS ont entraîné des licenciements massifs, de nombreux foyers où le chef de famille perd son emploi survivent grâce aux activités entreprises par les femmes (petits commerces, groupements coopératifs…). Ces compensations apportées et supportées par les femmes symbolisent la dimension sociale et politique qu'ont omis d'intégrer les politiques macroéconomiques d'alors fondées sur la rentabilité économique, dictées par les institutions de Bretton Woods. Le désengagement de l'État dans les services sociaux publics induit un accroissement des tâches reproductives assumées par les femmes qui, en entravant l'accès des femmes aux programmes d'incitation économique et en freinant la redistribution des ressources, nuit finalement à l'efficacité des réformes économiques (Commonwealth Secretariat, 1990).

Jusqu'à la fin de la décennie 1980, le bilan de l'approche Femmes et Développement est peu reluisant. Les femmes sont encore marginalisées, écartées des sphères de décision. On comprend alors que l'échec des politiques de développement mises en œuvre jusqu'ici peut résider dans la cécité à une vision sexospécifique[42]. En réalité, les

[41] En 1973, l'USAID ouvre un bureau WID. En 1976, l'ONU crée l'INSTRAW (International Research and Training Institute for the Advancement of Women).

[42] L'échec de ces politiques dans les pays en développement était dû en partie à des conceptions erronées. D'une part, le ménage était identifié au ménage

stratégies mises en œuvre par les gouvernements et les agences de développement négligeaient la nature des relations de pouvoir entre hommes et femmes. Pourtant, ces relations accordent un accès limité des femmes aux ressources productives. A contrario, celles-ci sont en grande partie responsables de la survie de leurs familles. Cela perpétue leur état de pauvreté (Bisilliat, 2000). De plus, ces stratégies se préoccupent de ce que les femmes apportent au développement, mais toujours pas de ce que le développement peut apporter aux femmes (Razavi and Miller, 1995).

Ces insuffisances, notamment l'accès limité aux ressources et à la prise de décision, ont appelé la mise en place de l'approche « Genre et développement » depuis les années 1990. Contrairement aux deux approches précédentes promues par les agences internationales et calquées sur le mode de vie occidental, l'approche « Genre et développement » provient des revendications de pouvoir exprimées par les femmes des pays du Sud ; particulièrement celles regroupées au sein du réseau DAWN (*Development Alternatives with Women in a New Era*).

2.3. L'Approche « Genre et Développement », GED

L'approche « Genre et Développement » (*Gender and development, GAD*) parue à la fin ces années 1980, tire ses fondements théoriques du féminisme socialiste (Beneria and Bisnath, 2001). Le genre est un concept sociologique. Il est souvent employé à tort comme synonyme de « femme » ou de « sexe » alors qu'il désigne les rapports sociaux de sexe construits entre hommes et femmes, contrairement au sexe qui fait référence au caractère biologique, inné (Bisilliat et Verschuur, 2001). Si la vulgarisation du terme « genre » est récente, il est apparu depuis 1972 pour la première fois dans *Gender and Society* publié par Ann Oakley (1972), sociologue féministe anglaise.

---

occidental, c'est-à-dire la famille nucléaire composée du mari, de la femme et des enfants. D'autre part, la répartition des tâches dans le ménage était claire : le mari était le pourvoyeur de revenu tandis que la femme était chargée des tâches domestiques. Enfin, on considérait à tort que mari et femme avaient un contrôle égalitaire des ressources et le même pouvoir de décision (Moser, 1989 : 1812).

Contrairement aux deux approches précédentes, l'approche « Genre et développement » ne s'intéresse pas aux femmes exclusivement, mais fait référence à l'organisation d'une société donnée, c'est-à-dire à la répartition du travail, aux rôles, aux fonctions et responsabilités qui échoient aux individus selon leur sexe.

Il s'agit d'une approche holistique (Young, 1997) dans le sens où elle englobe toutes les sphères de l'organisation sociale : économique, politique et culturelle ; tout en établissant le lien entre les sphères productive et reproductive.

En effet, dans la perspective genre et développement, les femmes ne sont plus considérées comme des bénéficiaires passives mais plutôt comme des actrices du développement. L'accent est mis sur leur contribution productive dans la sphère marchande comme dans la sphère domestique. Par ailleurs, les hommes sont également considérés comme des agents du changement par l'influence qu'ils peuvent exercer sur les construits sociaux.

L'objectif de cette approche est d'appréhender les mécanismes qui déterminent la façon différenciée dont hommes et femmes à la fois, participent à la production des ressources, en bénéficient, et les contrôlent. Une stratégie de développement basée sur l'approche genre intègre ces différences de rôles, en vue d'une meilleure efficacité des politiques économiques car elle conçoit que les hommes et les femmes ont des apports différents au développement tout comme le développement se répercute de façon différente sur les hommes et sur les femmes (Dagenais et Piché, 1994).

En réalité, l'approche « Genre et développement » explique les inégalités entre hommes et femmes en partie par la subordination de ces dernières à la sphère reproductive. Puisque les femmes sont dévolues à la sphère reproductive et étaient jusqu'alors exemptes de pouvoir décisionnel, cette approche promeut l'*empowerment* des femmes à tous les niveaux, c'est-à-dire leur *accès au pouvoir* (économique mais également politique). Cela renvoie à l'autonomisation des femmes grâce à leur accès aux ressources, ainsi qu'à leur contrôle. Dans cette optique, les politiques de développement visent à assurer une répartition équitable des ressources productives (Locoh *et al.*, 1996) et des retombées de la production afin de réduire les inégalités entre les hommes et les femmes.

Puisque le genre traite de l'organisation des relations sociales entre hommes et femmes, et que l'économie traite du système de production et de redistribution des richesses produites par ces derniers, alors le genre et l'économie sont liés par les modèles du comportement humain. Ils ne peuvent être dissociés, car le comportement de l'« homo œconomicus » dépend de l'environnement social dans lequel il vit.

À son tour, le genre pénètre graduellement les agences et institutions financières internationales.

Le *Rapport sur le développement dans le monde 1990* de la Banque mondiale ne fait que succinctement référence à la dimension genre. Il reconnaît qu'une augmentation du revenu de la femme renforce son autorité et agit positivement sur les conditions de vie de la famille (World Bank, 1990 : 37). Il attire également l'attention sur les inégalités homme-femme dans l'alphabétisation (*ibid.*). En revanche, le *Rapport mondial sur le développement humain 1995* publié par le PNUD est consacré à l'analyse spécifique des inégalités. Il exhorte les gouvernements à réformer leurs politiques afin d'assurer aux femmes un accès constant aux ressources productives (PNUD, 1995).

En 2001, la Banque mondiale fait un véritable moratoire pour la prise en compte du genre dans son Rapport 2001 intitulé *Genre et développement économique : vers l'égalité des sexes dans les droits, les ressources et la participation.* Elle insiste sur le rôle de l'État dans la réduction des inégalités homme-femme concernant aussi bien l'instruction, les écarts salariaux que les droits juridiques. En pratique, l'approche genre a été consacrée par la Conférence internationale sur « Population et Développement » tenue au Caire en 1994 et la IVe Conférence mondiale sur les femmes à Beijing (Pékin) en septembre 1995.

Conclusion

La lutte contre la pauvreté n'a pas toujours été la priorité des agences financières et de développement international. Elle résulte de l'aveu tacite des institutions de Bretton Woods de l'inefficacité des PAS qu'ils ont imposés aux Pays pauvres très endettés. En effet, les institutions de Bretton Woods ont d'abord donné la priorité aux politiques de la croissance et de redistribution dans les années 1960, puis à la gestion de la dette avant de faire de la réduction de la pauvreté leur objectif principal depuis 1999.

Par ailleurs, nous venons de montrer comment l'idée d'intégrer la femme au développement, issue de la pensée féministe, a été récupérée et légitimée en dernier ressort par l'ONU et les institutions de Bretton Woods. Leurs stratégies ont donné une importance progressivement accrue à la femme, évoluant de l'intégration de la femme au développement à l'approche « Genre et développement ».

Celles-ci ont successivement évolué des approches *Intégration des femmes au développement* à *Femmes et développement*, puis à *Genre et développement* avant d'amorcer l'ère contemporaine du développement durable[43]. Les femmes y sont impliquées à travers l'approche *femmes, environnement et développement* (*Women, environment and development, WED*) (Degavre, 2000).

On peut alors se demander si le genre n'est pas quelque peu instrumentalisé par ces institutions compte tenu des résultats mitigés des politiques menées. A-t-on constaté un recul de la pauvreté féminine ? Celle-ci au contraire augmente (Medeiros et Costa, 2008). Il est alors légitime de s'interroger sur la place réelle de la femme dans les CSLP exigés par les institutions de Bretton Woods. Quelle importance les politiques de réduction de la pauvreté qu'ils préconisent accordent-elles au genre ?

---

[43] Depuis l'ouverture de l'ère contemporaine du développement durable consacrée en 2002 par le Sommet de Johannesburg sur « le développement durable » organisé par l'ONU, ces institutions conçoivent qu'il est essentiel d'impliquer les femmes si l'on veut atteindre un développement durable compte tenu de leur rôle dans l'agriculture et dans la gestion des ressources naturelles. Cela a engendré l'approche « Femme, environnement et Développement » (*Women, environment and Development*, WED).

Dans cette perspective, l'ONU et les institutions de Bretton Woods se font promotrices d'un développement qui allie les questions liées à la femme et à l'environnement, c'est-à-dire qui tient compte de la réalité socio-environnementale des femmes (surtout des pays en développement).

Chapitre 3
LA QUESTION DU GENRE DANS LES CSLP

Les institutions de Bretton Woods ont progressivement intégré la notion de genre dans leurs politiques, considérant que « promouvoir l'égalité des sexes s'avère être d'une importance capitale pour un pays : cette promotion, sa croissance, contribue à réduire sa pauvreté et lui permet de gouverner réellement. Ainsi, la lutte pour l'égalité des sexes devient partie prenante d'un programme général de développement visant à ce que *toutes les personnes* – tant les femmes que les hommes – puissent vaincre la pauvreté et améliorer leurs conditions de vie » (Banque mondiale, 2001 : 1).

Ceci dit, l'intégration du genre dans les stratégies de lutte contre la pauvreté est-elle pour autant complète ?

Dans le cadre de l'initiative PPTE (Pays pauvres très endettés), les institutions de Bretton Woods exigent des pays concernés un Document stratégique de réduction de la pauvreté (DSRP). Ce document décrit les politiques et les programmes macroéconomiques, structurels et sociaux, que le pays mettra en œuvre pendant plusieurs années pour promouvoir la croissance et réduire la pauvreté. Il expose également les besoins de financement extérieurs et les sources de financement connexes (International Monetary Fond, 1999).

Ces DSRP sont devenus les cadres de référence des politiques de développement des pays concernés. Ils sont établis par les gouvernements selon un processus participatif dans lequel s'impliquent à la fois les parties prenantes au niveau national et les partenaires extérieurs du développement, notamment le FMI et la Banque mondiale.

En réalité, le DSRP[44] sert de feuille de route à toute l'aide au développement financée par l'ensemble des bailleurs de fonds (Klugman, 2002). Il détermine les priorités en matière d'investissement au plan national, bilatéral et multilatéral.

Pourtant, les DSRP sont encore parsemés de nombreuses insuffisances. Des lacunes qui sont moins inhérentes à la qualité des analyses et des politiques macroéconomiques préconisées qu'au processus même d'élaboration de ces documents : ils demeurent

[44] On peut considérer que le DSRP (en anglais PRSP « Poverty Reduction Strategy Paper ») remplace l'ancien DCPE « Document-cadre de politique économique », en mettant plus l'accent sur la réduction de la pauvreté comme finalité de la croissance. On parle aussi de Cadre stratégique de lutte contre la pauvreté, CSLP.

toujours soumis en dernier ressort à l'appréciation des institutions de Bretton Woods (FMI et Banque mondiale).

Élaborés à partir d'un guide de la Banque mondiale[45] (World Bank, 2002), une phase préliminaire consiste pour chaque pays à dresser un état des lieux de la pauvreté. Ce bilan à la fois quantitatif et qualitatif donne les caractéristiques et les déterminants de la pauvreté du pays. Il sert alors de base à l'élaboration d'une stratégie nationale de réduction de la pauvreté bâtie autour de quatre axes :

1. Les politiques macroéconomiques et structurelles envisagées pour soutenir la croissance selon une orientation pro-pauvres ;
2. L'amélioration de la gouvernance, y compris la gestion financière du secteur public ;
3. Les politiques et programmes sectoriels appropriés ;
4. Une évaluation réaliste du coût des financements requis pour les principaux programmes proposés.

De plus, il présente les ressources budgétaires prévues pour la mise en œuvre de l'ensemble de ces stratégies. Le dispositif de suivi des progrès, qui seront réalisés pour l'atteinte des objectifs fixés, est également exposé.

C'est ce document final, DSRP, qui doit être validé par les comités d'évaluations (*Joint Staff Assessments, JSA*) des institutions de Bretton Woods. Aussi, les États ont intérêt à proposer des politiques conformes à la vision des institutions de Bretton Woods s'ils veulent franchir la phase de l'éligibilité et ainsi obtenir les financements dont ils ont besoin (Cling *et alii*, 2003). Cela explique que les politiques macroéconomiques proposées par les DSRP soient en réalité très proches de celles des PAS.

Dans ce cadre, se pose la question de l'intégration du genre dans les stratégies de lutte contre la pauvreté. On peut donc se demander ce que proposent les objectifs du Millénaire pour le développement et les DSRP en la matière puisqu'ils constituent aujourd'hui les principaux cadres de référence du développement. Plus précisément, les DSRP, qui sont finalement assez homogènes d'un pays à l'autre, proposent-ils des mesures concrètes pour réellement prendre en compte l'ensemble

[45] A Sourcebook for Poverty Reduction Strategies.

de la contribution économique des femmes et réduire les inégalités de genre ? Ce chapitre procède à un examen des questions sexospécifiques dans les CSLP, et plus particulièrement celui du Burkina Faso, afin de répondre à ces questionnements. Par ailleurs, il interpelle sur l'importance de la considération du travail non rémunéré dans les CSLP comme levier du développement humain.

1. Les CSLP : la nécessité d'un renforcement du lien entre inégalité de genre et pauvreté

Les DSRP et les OMD font référence au rôle économique des femmes à travers la question du genre. D'un côté, l'objectif 3 des OMD est de « promouvoir l'égalité et l'autonomisation des femmes », de l'autre, les DSRP recommandent d'intégrer le genre dans les politiques de réduction de la pauvreté. En effet, la Banque mondiale reconnaît et souligne dans le guide servant à leur élaboration (le *sourcebook*) qu'« à cause des différences entre leurs contraintes, leurs options, leurs motivations et leurs besoins, les femmes et les hommes ont fréquemment des priorités différentes concernant les programmes de réduction de pauvreté et ils sont affectés de manière différenciée par toutes sortes d'interventions pour leur développement » (Bamberger *et alii*, 2002 : 338).

La plupart des CSLP abordent effectivement la question de l'égalité de genre. Mais dans la pratique, nous relevons que cette égalité de genre n'est que partiellement considérée.

Tout d'abord, le lien entre les inégalités de genre et le développement n'est pas clairement établi. Même si Cling *et al.*, après avoir étudié les DSRP de quinze pays[46] dont le Burkina Faso, leur reprochent entre autres d'occulter le lien entre pauvreté et inégalité, ils reconnaissent que « les seules politiques de lutte contre les inégalités clairement formulées concernent le genre et les discriminations ethniques » (Cling *et al.*, 2003 : 213). Cependant, nous remarquons que cette intégration du genre dans les politiques dépasse difficilement le stade de la recommandation. De plus, il faut reconnaître que la perspective macroéconomique est complètement éludée.

[46] Albanie, Bolivie, Burkina Faso, Gambie, Guinée, Guyana, Honduras, Mauritanie, Mozambique, Nicaragua, Niger, Ouganda, Tanzanie, Vietnam et Zambie.

Des treize CSLP élaborés en 2002 qu'ils ont passés en revue[47], Zukerman et Garret notent qu'aucun n'évalue, par exemple, les répercussions des mesures d'ajustement structurel (Elson, 1995), comme la privatisation des entreprises d'État ou la libéralisation du commerce, sur la situation des femmes (Zukerman et Garret, 2003 : 7).

Seuls quelques-uns s'intéressent aux écarts salariaux, aux répercussions sur les femmes de la migration des hommes vers les villes pour y trouver du travail (Guinée, Malawi, Yémen) et aux taux d'emploi et de chômage dans le secteur structuré selon le sexe (Yémen). Rares sont ceux qui prennent en compte la charge inégale de travail des femmes et des hommes, notamment le travail féminin non rémunéré. Or, l'efficacité d'une politique économique dépend entre autres des interactions entre le secteur marchand et le secteur non marchand de l'économie. Il se trouve que les normes sexospécifiques influencent les productions respectives de ces deux secteurs. En effet, les pouvoirs de décision, la division sexuelle du travail au sein des ménages sont tributaires des rôles de genre attribués par la société selon le sexe. Dans la mesure où ces répartitions imposent des contraintes (de temps) ou offrent certaines libertés, elles déterminent les opportunités des uns et des autres à accéder et à participer au marché (Floro *et alii*, 2003 : 7).

Les contraintes imposées par les inégalités de genre vont des contraintes de temps à l'inaccessibilité des ressources productives. Au niveau microéconomique comme au niveau macroéconomique, les inégalités de genre entravent le développement des États africains comme le montrent Blackden et Canagarajah (2003) dans *Gender and growth in Africa : a review of issues and evidence.* Les combler, revient à jeter un pont entre la croissance et le développement durable[48]. Par exemple, Fontana et Wood (2000 : 1186) modélisent l'effet des politiques commerciales sur le travail dans le secteur structuré, le travail de reproduction et le loisir des femmes dans les pays en développement. En se basant sur les données du Bangladesh,

---

[47] Albanie, Éthiopie, Guinée, Gambie, Guyane, Malawi, Niger, Rwanda, Sénégal, Tadjikistan, Vietnam, Yémen, Zambie.

[48] Latigo Alfred, Ironmonger Duncan (2004), *The missing link in growth and sustainable development: Closing the gender gap*. An Issues Paper presented at the ADB/ECA Symposium of African Ministers of Finance, Planning and Economic Development, 24 May 2004, Kampala, Uganda, 30 p.

ils observent que l'exclusion du loisir et du travail de reproduction du modèle diminue l'élasticité de l'offre de travail sur le marché structuré dans l'ensemble, et davantage celle des femmes[49]. Ils montrent que la libéralisation du commerce peut avoir des impacts différents sur les hommes et sur les femmes de sorte que certaines politiques ne tenant pas compte des différences de sexe, qui a priori paraissent positives, ont en réalité des effets négatifs sur les femmes pauvres.

Ensuite, l'approche genre paraît rarement dans chacune des actions envisagées pour réduire la pauvreté comme devraient l'impliquer les multiples dimensions de la pauvreté pourtant acceptées par les CSLP. Cela n'est qu'une des matérialisations de la dichotomie qui se dégage entre la nature multidimensionnelle, reconnue comme telle, de la pauvreté et les politiques que cette reconnaissance devrait engendrer.

Les DSRP admettent volontiers le caractère multidimensionnel de la pauvreté[50]. En effet, le *sourcebook* prend en compte les dimensions suivantes : le manque d'opportunités, les faibles capacités, le faible degré de sécurité, l'autonomisation (Klugman, 2002 : 2-3). Cependant, cette nature multidimensionnelle de la pauvreté n'est prise en compte que formellement dans les stratégies envisagées pour réduire la pauvreté. Par exemple, celles-ci manquent de mesures concrètes pour améliorer chaque composante des *capabilités*, ou pour renforcer l'autonomisation des pauvres.

---

[49] Cela traduit que la quantité de loisir (pour les hommes surtout) et de travail de reproduction (surtout pour les femmes) influencent fortement l'offre de travail des femmes dans le secteur marchand. Voir Fontana Marzia et Wood Adrian (2000) "Modeling the Effects of Trade on Women, At Work and At Home", *World Development,* 28(7), July: 1173-1190.

[50] *Manque d'opportunités.* Niveaux de revenus et de consommation faibles par rapport au seuil de pauvreté national. Ce manque est souvent lié au volume du capital humain et des actifs sociaux et corporels, comme les terres, aux possibilités du marché qui déterminent les rendements de ces actifs, ainsi qu'à leur répartition. La différence de rendements entre les actifs est également jugée importante.

Faibles capacités. Amélioration faible, voire nulle, des indicateurs de santé et d'éducation dans un groupe socio-économique donné.

Faible degré de sécurité. Exposition aux risques et aux chocs monétaires susceptibles de se produire aux niveaux national, local, familial ou individuel.

Autonomisation. L'autonomisation est la capacité des pauvres et des autres groupes exclus à participer aux institutions ayant une influence sur leur bien-être, à négocier avec elles, à les changer et à les amener à assumer leurs responsabilités.

Le dénominateur commun à tous les CSLP concernant les données désagrégées selon le genre, porte sur l'éducation des filles[51] et la santé génésique. En effet, ceux-ci évoquent la nécessité de promouvoir le genre davantage dans un souci d'équité, de réduction des inégalités propice à plus de justice sociale, que comme moyen d'améliorer la productivité de tous les agents économiques en vue de réduire la pauvreté générale. Pourtant l'amélioration des capacités, de l'autonomisation de la femme ne consiste pas uniquement à améliorer des données sur l'éducation des filles et la santé maternelle ou le VIH/SIDA. Qu'en est-il de la gouvernance, de l'administration publique, des droits de la personne, de la situation juridique, de la participation politique ? Les États se contentent bien souvent de reconnaître les déséquilibres entre hommes et femmes (Helmfrid, 2004), sans pour autant proposer des mesures de politique susceptibles d'y remédier. Lorsque celles-ci sont envisagées, leur financement fait souvent défaut. Le CSLP du Rwanda est le seul des pays d'Afrique occidentale à hiérarchiser les dépenses destinées à atténuer les inégalités entre les sexes tandis que le CSLP du Niger est un des rares à comporter des données désagrégées selon le sexe concernant la formation des enseignants.

Cela dit, l'insuffisance des stratégies traitant des questions sexospécifiques, ainsi que l'absence de prévision budgétaire y afférente ne sont-elles pas, dans une certaine mesure, compréhensibles pour ces États pauvres ? Comment rendre compatibles la masse d'investissements nécessaires dans les politiques sectorielles (du développement rural, de l'éducation, de la santé…) et l'objectif de stabilité macroéconomique qui impose une austérité budgétaire ? Cela montre que le processus de désengagement de l'État, initié par les PAS et que les DSRP entendent poursuivre, n'est pas propice à l'instauration de politiques de redistribution « pro-pauvres ».

Pour ce qui est des OMD, l'Objectif 3 prône l'élimination des disparités de genre puisqu'il s'agit de « promouvoir l'égalité des sexes et l'autonomisation des femmes ». Néanmoins, la cible de cet objectif

---

[51] Conformément au troisième OMD, « Promouvoir l'égalité des sexes et l'autonomisation des femmes » qui vise à éliminer, de préférence d'ici 2005, les disparités entre les sexes dans l'enseignement primaire et secondaire, et à tous les niveaux en 2015 au plus tard.

et les indicateurs y afférents[52] appellent trois remarques : d'une part, rehausser le niveau et de nombre de filles dans l'éducation est certes une condition nécessaire, mais elle n'est pas suffisante pour assurer l'égalité des sexes et l'autonomisation des femmes sur le marché de l'emploi ou en politique. D'autre part, les inégalités de genre sont nombreuses et tellement multisectorielles qu'elles ne peuvent se réduire à l'enseignement. Enfin, il est sous-entendu que l'autonomisation des femmes passe uniquement par le salariat, c'est-à-dire avoir un emploi rémunéré. Quelle autonomisation peut alors être envisagée pour les femmes, aides familiales agricoles non rémunérées (au côté de leur époux) sachant qu'elles représentent le plus grand nombre ? Les CSLP devraient également proposer des voies d'autonomisation pour les femmes qui n'exercent qu'un travail non rémunéré en tant qu'aide familiale.

2. Les questions sexospécifiques propres au CSLP du Burkina Faso

Le Burkina Faso a été éligible à l'initiative PPTE en septembre 1997. À l'instar des 42 pays concernés[53] par cette initiative,

[52] Cible : Éliminer les disparités entre les sexes dans les enseignements primaire et secondaire d'ici à 2005, si possible, et à tous les niveaux de l'enseignement en 2015 au plus tard.

Indicateurs :

1. Taux brut de scolarisation des filles par rapport à celui des garçons dans l'enseignement primaire.
2. Proportion de femmes salariées dans le secteur non agricole.
3. Proportion de sièges occupés par des femmes dans les législatures uniques ou les Chambres basses des parlements nationaux.

[53] Au 30 janvier 2010, les pays qui remplissent les conditions requises pour bénéficier de l'aide au titre de l'initiative PPTE, et qui sont admissibles ou potentiellement admissibles, sont au nombre de 40.

- Vingt-huit (28) bénéficient de l'allègement intégral : Afghanistan, Bénin, Bolivie, Burkina Faso, Burundi, Cameroun, République centrafricaine, République du Congo, Éthiopie, Gambie, Ghana, Guyane, Haïti, Honduras, Madagascar, Malawi, Mali, Mauritanie, Mozambique, Nicaragua, Niger, Rwanda, São Tomé-et-Principe, Sénégal, Sierra Leone, Tanzanie, Ouganda, Zambie.
- Sept (7) reçoivent un allègement intérimaire : Côte d'Ivoire, Guinée, Guinée-Bissau, Liberia, Tchad, Togo, République démocratique du Congo.
- Cinq (5) sont potentiellement admissibles : Comores, Érythrée, République de Kirghizie, Somalie, Soudan (IMF, 2010).

il a élaboré un Cadre stratégique de lutte contre la pauvreté[54] (CSLP) en 2000[55].

Dans ce CSLP, le gouvernement affirme sa conviction que les hommes, tout comme les femmes, sont des vecteurs de diffusion du bien-être économique et social au sein de la société et qu'une planification selon le genre s'avère nécessaire. Seulement, cette intégration du genre reste insuffisante malgré des actions sur le plan institutionnel en faveur des femmes[56]. Certes, il faut « incorporer les préoccupations et les expériences des femmes aussi bien que celles des hommes dans l'élaboration, la mise en œuvre, la surveillance et l'évaluation des politiques et des programmes dans tous les domaines, politique, économique et social » (ministère de l'Économie et du Développement, 2004 : 68), mais comment le faire ? Quels sont ces préoccupations, ces programmes et politiques dont il est question, alors que le CSLP ne les définit pas précisément ?

Concernant le diagnostic de la pauvreté, une section est consacrée à l'analyse de la pauvreté selon le genre dans l'analyse préalable. Elle reconnaît une discrimination entre hommes et femmes au profit des hommes et relève un bon nombre d'inégalités subies par celles-ci. Ainsi, les femmes contribuent davantage à l'incidence globale de la pauvreté au niveau national que les hommes (52 % contre 48 %) et la sévérité de la pauvreté féminine est légèrement supérieure à celle des hommes.

En matière d'éducation, les disparités entre filles et garçons sont soulignées ; les femmes étant deux fois moins alphabétisées que les hommes. Il est ainsi reconnu que le retard de scolarisation féminine constitue un frein à la participation de la femme au secteur moderne. Ce retard se répercute au niveau de la représentation des femmes dans la vie publique, notamment politique. Bien que de nets progrès aient été réalisés, les femmes demeurent encore peu représentées au

[54] Il fut le deuxième pays africain (après l'Ouganda) dont le CSLP a été jugé acceptable par les institutions de Bretton Woods.

[55] En 2003, le ministère de l'Économie et des Finances a procédé à une révision du CSLP, publié en 2004 (ministère de l'Économie et du Développement, 2004).

[56] Un ministère de la Promotion de la Femme a été créé en juin 1997, ainsi qu'un autre chargé de la Promotion des Droits humains en 2002. Un manuel d'intégration du genre dans les politiques, les programmes et projets de développement, a été conçu en 2004, mais la démarche s'inspire encore de l'approche « intégration des femmes au développement ».

Parlement, au gouvernement, comme dans la haute administration centrale et communale (*ibid. :* 21).

Le CSLP attribue cela aux conditions socio-économiques et aux pesanteurs culturelles qui expliquent la faible participation des femmes à la vie économique. Le document note une insuffisance des mécanismes institutionnels mis en place pour octroyer des facilités de crédits aux femmes, celles-ci éprouvant par ailleurs des difficultés d'accès à l'emploi et à la terre (*ibid. :* 19).

De même, l'analyse déplore un accès limité aux soins de santé, si bien que la situation sanitaire des femmes se caractérise par une morbidité et une mortalité élevées.

Fort de ces constats d'inégalité, le CSLP conclut que, compte tenu du rôle déterminant des femmes dans la production, la santé, l'hygiène, la nutrition et l'éducation des enfants, il est impérieux d'accroître leur taux d'alphabétisation, car un gain d'une année de scolarisation additionnelle peut se traduire par un gain de 3 à 4 points de pourcentage du Produit intérieur brut (*ibid. :* 70). On peut se demander si une telle mesure sera suffisante. Le constat de ces nombreuses inégalités n'appelle-t-il pas à la mise en œuvre d'autres politiques ?

Le CSLP ne fait qu'un constat de l'état de pauvreté selon le genre. Il devrait s'interroger sur les causes de la pauvreté selon le genre. Ces analyses des déterminants de la pauvreté ne sont faites que de manière globale sans distinction entre les femmes et les hommes. Or, si l'on se propose d'intégrer le genre dans une stratégie de réduction de la pauvreté, on doit, par un souci de cohérence, faire ressortir dans l'analyse en amont, les causes de la pauvreté par genre. Et pour cause ! Les raisons qui appauvrissent les femmes peuvent différer de celles qui rendent les hommes pauvres ; par exemple, l'accès aux actifs et aux facteurs de production comme la terre. Les déterminants de la pauvreté ne sont distingués par genre que pour l'alphabétisation et la scolarisation des filles et des garçons.

Au niveau des stratégies de réduction de la pauvreté, l'engagement pour les questions sexospécifiques reste limité et vague. Pourtant, la prise en compte de la dimension genre figure bien parmi les onze principes directeurs sur lesquels le gouvernement burkinabé a choisi de faire reposer sa stratégie de lutte contre la pauvreté[57]. Quand bien même il est reconnu que « les femmes contribuent plus que les hommes à la création de la richesse nationale, notamment en milieu rural » et que « l'amélioration de leurs conditions de travail aura une incidence certaine sur l'accroissement de la production » (*ibid.* : 62), les stratégies envisagées dans le CSLP pour une prise en compte du genre se résument à « une planification adéquate selon le genre afin de garantir des résultats équitables pour les femmes comme pour les hommes ».

Même si l'intention du gouvernement d'accorder une attention particulière à l'amélioration des conditions de vie des femmes au regard de leur situation économique, de leur statut social précaire et de leur contribution primordiale aux productions agropastorales est affichée, les moyens pour y parvenir semblent encore flous, indéterminés. Alors que dans les perspectives du développement rural, il est prévu « la réduction de la charge de travail des femmes (charges liées à la reproduction, corvée d'eau, main-d'œuvre familiale, etc.) par la création de conditions qui leur permettent de se consacrer à leurs propres activités productives » (*ibid.*), le CSLP ne précise guère quelles sont ces conditions à créer, pas plus qu'il n'en évalue le coût.

De même, les autres actions prioritaires prévues en faveur des femmes sont dépourvues de prévisions budgétaires :

- L'appui à la recherche de débouchés pour les filières qu'elles exploitent (produits de cueillette comme le karité, le néré, le maraîchage…) ;
- La promotion d'un entreprenariat féminin, notamment par la promotion de petites unités de transformation, en mettant à leur disposition des technologies adaptées et peu coûteuses ;

[57] (1) L'adoption d'une posture résolument prospective ; (2) la promotion d'une bonne gouvernance ; (3) le développement du capital humain ; (4) la gestion durable des ressources naturelles ; (5) la prise en compte de la dimension genre ; (6) la promotion de l'emploi et des jeunes ; (7) l'inculturation et l'ouverture ; (8) la promotion des nouvelles technologies de l'information et de la communication ; (9) la réduction des disparités régionales ; (10) la prise en compte de la dimension sous-régionale ; (11) la promotion d'un nouveau partenariat avec les bailleurs de fonds (ministère de l'Économie et du Développement, 2004 : 67).

- Le renforcement des capacités des structures de financement afin d'augmenter le volume des crédits pour celles qui présentent des projets porteurs ;
- La facilitation de l'acquisition de moyens intermédiaires de transport (vélos, charrettes…) ;
- Le renforcement de leur implication dans les instances de décision des organisations professionnelles de producteurs, de transformateurs, de commerçants de produits agropastoraux et halieutiques, en lien avec le développement local (CVGT) (*ibid.*).

Cette imprécision budgétaire est par contre levée en ce qui concerne la santé maternelle et la scolarisation des filles et des garçons. Pour mettre l'accent sur l'éducation de base, des postes budgétaires sont, en effet, prévus en vue de renforcer la vulgarisation de l'éducation non formelle à travers les campagnes d'alphabétisation. De telles prévisions financières laissent à penser que les projets correspondants ont toutes les chances d'être effectivement mis en œuvre.

De même, le dispositif de suivi-évaluation des stratégies de réduction de la pauvreté n'intègre pas un suivi selon le genre. Sur les quarante-sept (47) indicateurs retenus, vingt-trois (23) couvrent les dix dimensions de la pauvreté humaine retenues par le CSLP. Ils concernent les domaines suivants : les revenus ; l'éducation ; la santé, la nutrition ; l'eau et l'assainissement ; l'emploi et le travail ; l'habitat ; l'accès aux actifs productifs ; l'accès aux marchés ; la paix et l'inclusion sociale (participation) (ministère de l'Économie et du Développement, 2004 : 120). Seuls les indicateurs relatifs à la dimension « paix et inclusion sociale » et « éducation » prévoient un taux de participation selon le genre.

Tableau 3.1 : Liste des 23 indicateurs couvrant la pauvreté humaine

Dimension	Libellés des indicateurs	Niveau de désagrégation
Revenus	Incidence de l'autosuffisance céréalière des ménages agricoles	Région, province
	Production céréalière / tête des ménages agricoles	Région, province
Éducation	Taux brut de scolarisation au primaire *Dont filles*	Région, province, sexe, niveau de scolarisation
	Taux brut d'admission au CP1 *Dont filles*	"
	Taux d'achèvement au primaire *Dont filles*	"
	Taux d'alphabétisation des adultes	"
Santé	Taux de couverture vaccinale par antigène	Région, district sanitaire
	BCG	
	DTCP3	
	Rougeole	
	Fièvre jaune	
	Taux d'accouchements assistés	"
	Taux de mortalité infanto-juvénile	"
	Taux de séroprévalence de l'infection à VIH/SIDA	Site sentinelle
Nutrition	Taux de faible poids à la naissance des nouveau-nés	"
	Prévalence de l'insuffisance pondérale chez les enfants de moins de 5 ans	"
Eau et assainissement	Taux de couverture en eau potable	Région, province
	Pourcentage des ménages ayant accès à des latrines fonctionnelles	Région, province
Emploi / travail	Taux de chômage	
	Pourcentage d'occupés exerçant un travail à la journée ou à la tâche – emploi précaire	
Cadre de vie	Taux d'électrification	Région, province

	Pourcentage des ménages utilisant un foyer amélioré	Région, province
	Pourcentage des ménages selon la nature des matériaux du toit et du plancher	Région, province
Accès aux actifs productifs	Pourcentage de ménages pratiquant la culture attelée	Région, province
	Taux d'équipement agricole des ménages	Région, province
	Taux d'accès au crédit	Région, province, sexe
Accès aux marchés	Temps d'accès (en minutes) aux infrastructures de marché les plus proches (Production alimentaire, transport public)	Région, province
Paix et inclusion sociale	Taux de participation selon le genre	Région, province

Source : Inspiré de ministère de l'Économie et du Développement (2004 :129)

Cette insuffisance d'actions concrètes en faveur du genre s'inscrit dans le cadre des « évaporations stratégiques » (Derbyshire, 2002 : 31) que subissent généralement les engagements pris par les gouvernements lorsqu'il s'agit de l'égalité des sexes. Lorsque le principe d'égalité arrive à susciter des engagements précis, ceux-ci semblent « s'évaporer » lors de la planification et de leur mise en œuvre. Derbyshire l'explique en partie par l'hostilité de certains responsables à la question du genre, mais surtout par l'insuffisance de ressources financières et humaines. Pour elle, la plupart des organisations du Nord comme du Sud n'ont pas encore de compétence et d'expertise réelles relatives aux questions sexospécifiques. En conséquence, seule une minorité est capable de comprendre et de déployer les moyens techniques nécessaires à la concrétisation d'engagements dans l'optique du genre (*ibid.*).

N'est-ce pas, en fait, ce que le gouvernement burkinabé exprimait en reconnaissant que « si la prise en compte de la dimension genre fait l'unanimité, il n'en est pas de même pour le contenu qu'on y met, toute chose rendant difficile l'appréhension du concept de genre et, surtout, son opérationnalisation à travers des actions concrètes. Ainsi, au regard des visions diversifiées des différents acteurs, la problématique de la prise en compte de la dimension genre dans les politiques de développement reste posée » (ministère de l'Économie et du Développement, 2004 : 115). Il est alors aisé de comprendre ce

« flou » qui a existé au niveau des actions à entreprendre au Burkina Faso pour l'égalité de genre. Pour pallier cet écueil, une Politique nationale genre (PNG) a été élaborée en 2009 afin de servir de cadre de référence, de concertation et d'harmonisation des points de vue et des actions au regard de tous les enjeux qui entourent le concept de genre, toujours dans le cadre de la stratégie de lutte contre la pauvreté.

La PNG, portée par le ministère chargé de la Promotion de la Femme et du Genre, dresse le cadre institutionnel des objectifs prioritaires du gouvernement en matière de genre selon huit axes stratégiques (cf. le tableau 3.1). Il prévoit la création au sein de l'INSD d'un Observatoire national du Genre à l'instar de celui de la pauvreté et du développement humain durable qui se chargera de la collecte des données désagrégées selon le genre (ministère de l'Économie et du Développement, 2009).

Tableau 3.2 : Les axes stratégiques de la PNG au Burkina Faso et leurs objectifs

Axes stratégiques	Objectifs
Axe stratégique 1 Amélioration de l'accès et du contrôle de manière égale et équitable de tous les Burkinabé, hommes et femmes aux services sociaux de base	1. Renforcer l'égalité et l'équité de genre dans l'accès aux services sociaux de base 2. Contribuer à l'élimination dans toutes les régions du Burkina, des pesanteurs socioculturelles liées à l'éducation des filles et des garçons, des femmes et des hommes et à l'utilisation des services de santé et d'Approvisionnement en eau potable (AEP) par les uns ou les autres 3. Promouvoir la prise en compte des besoins différenciés des filles, des garçons, des hommes et des femmes dans le secteur de l'éducation, de la formation et de l'alphabétisation 4. Contribuer à l'amélioration de la santé de la reproduction et à la réduction de la mortalité maternelle 5. Améliorer la prise en compte du genre dans la lutte contre le VIH-SIDA
Axe stratégique 2 Promotion des droits et opportunités égaux aux femmes et aux hommes en matière d'accès et contrôle des ressources et de partage équitable des revenus	1. Promouvoir l'accès équitable aux facteurs de production 2. Renforcer la formation professionnelle des hommes et des femmes à tous les niveaux

Axe stratégique 3 Amélioration de l'accès égal des hommes et des femmes aux sphères de décision	1. Améliorer la participation équitable des hommes et des femmes aux sphères de prise de décision à tous les niveaux 2. Promouvoir la participation équitable des hommes et des femmes à la gestion du pouvoir
Axe stratégique 4 Promotion de l'institutionnalisation du genre en termes de son intégration dans les systèmes de planification, de budgétisation et de mise en œuvre des politiques à tous les niveaux	1. Améliorer le niveau de compréhension et de connaissance en genre en lien avec les paramètres de développement 2. Promouvoir la prise en compte du genre dans les politiques et programmes de développement et la gouvernance à tous les niveaux 3. Améliorer l'impact des interventions en faveur de l'égalité et de l'équité de genre
Axe stratégique 5 Promotion du respect des droits et l'élimination des violences	1. Assurer un égal exercice des droits civiques et politiques 2. Améliorer la connaissance des droits humains et l'accès de tous à la justice 3. Éliminer les violences basées sur le genre
Axe stratégique 6 Promotion du genre pour un changement de comportements en faveur de l'égalité entre les hommes et les femmes dans toutes les sphères de la vie socio-économique	1. Mobiliser les différents acteurs au développement et les populations dans toutes les régions du pays, intégrer les enjeux de l'égalité des sexes dans tous les secteurs de la vie quotidienne 2. Créer un environnement favorable à l'appropriation du concept genre par les populations
Axe stratégique 7 Amélioration de l'accès équitable des hommes et des femmes aux services de santé de qualité et à la santé de la reproduction	1. Améliorer l'accès équitable aux services de santé de qualité pour tous 2. Contribuer à l'amélioration de la santé de la reproduction et à la réduction de la mortalité maternelle 3. Améliorer la prise en compte du genre dans la lutte contre le VIH-SIDA
Axe stratégique 8 Développement d'un partenariat actif en faveur du genre au Burkina Faso	1. Développer les échanges au niveau national, sous régional en faveur du genre 2. Renforcer le partenariat et les coordinations pour la mobilisation des ressources en vue du financement de la PNG.

Source : Inspiré de ministère de l'Économie et du Développement (2009)

Cependant, on constate que ce document, comme le CSLP, est surtout un ensemble de mesures et de recommandations juridiques et sociales, qui omettent le travail non rémunéré, quand bien même celui-ci est un élément fortement déterminant des inégalités de genre.

Malheureusement, cette omission est généralisée et n'est pas propre au seul CSLP du Burkina Faso.

3. L'occultation du travail non rémunéré dans les CSLP

Les DSRP ne font pas cas du travail non rémunéré comme une entité à quantifier. Et pourtant, le *sourcebook* de la Banque mondiale le recommande. De plus, il est souvent ignoré lors de l'élaboration du diagnostic préliminaire de la pauvreté aussi bien qu'en matière de recommandations. Si son absence, au compte des causes de la pauvreté, peut se justifier par le manque de données statistiques sur l'utilisation du temps[58], en revanche, il est incompréhensible qu'il ne figure pas dans les recommandations. Cette négligence montre que le travail non rémunéré et les TUS ne sont toujours pas considérés comme des variables capables d'agir sur la pauvreté. En revanche, certains pays concèdent volontiers ce statut à des variables d'ordre social. Si certains pays comme le Ghana, le Bangladesh, l'Azerbaïdjan donnent une grande importance au planning familial dans leur DSRP (Ashford, 2007 : 2), pourquoi le travail non rémunéré, variable économique importante, ne bénéficierait-il pas de la même attention pour d'autres pays (à défaut de tous) ?

En prélude à l'élaboration de son CSLP, le Burkina Faso a effectué une compilation significative de données statistiques afin de diagnostiquer la pauvreté, et d'en mesurer la dynamique. Pour collecter l'information statistique, de nombreux travaux ont été réalisés. Entre 1985 et 1998, deux recensements généraux de population et de l'habitation (RGPH) ont été menés, ainsi que deux enquêtes démographiques et de santé, et deux enquêtes prioritaires sur les conditions de vie des ménages (EP I, 1994 et EP II, 1998). Ce sont les Enquêtes prioritaires sur les conditions de vie des ménages qui permettent de capter l'information sur les modes et conditions de vie des populations. Elles ont porté en 1994 (respectivement 1998) sur 8 700 et 8 500 ménages burkinabé répartis sur tout le territoire national en 435 (respectivement 425) zones de dénombrement. On constate que dans cette collecte de données portant sur le vécu

[58] La quantification du travail non rémunéré s'obtient par le biais des statistiques sur l'utilisation du temps.

quotidien des hommes et des femmes, aucune donnée sur le travail non rémunéré n'a été recueillie. En effet, l'information collectée porte sur les caractéristiques socio-économiques des ménages, et notamment leurs possibilités d'accès aux services sociaux de base (éducation, formation professionnelle, santé, habitat – logement et assainissement, eau potable) (ministère de l'Économie et du Développement, 2001)[59].

Si les études préalables à l'élaboration du CSLP ne collectent aucune donnée sur le travail non rémunéré, celui-ci n'apparaît pas non plus dans les actions en vue de réduire la pauvreté. En effet, le CSLP du Burkina Faso (ministère de l'Économie et du Développement, 2004 : 11) définit comme priorités de s'attaquer à :

i) la réduction du déficit social ;

ii) la promotion du développement rural et de la sécurité alimentaire ;

iii) l'amélioration de l'accès des populations, notamment pauvres, à l'eau potable ;

iv) la lutte contre le VIH/SIDA ;

---

59 Les informations collectées ont porté sur les aspects suivants (ministère de l'Économie et du Développement, 2001) :
– l'identification du ménage et du chef de ménage ;
– la composition démographique des membres permanents du ménage ;
– la santé ;
– l'éducation ;
– l'alphabétisation et la migration pour les personnes âgées de plus de 10 ans ;
– l'emploi ;
– la qualité du logement et son équipement ainsi que sur le confort du logement (source d'eau et d'énergie) ;
– le bétail et l'exploitation agricole du ménage ;
– les entreprises et les activités non agricoles du ménage ;
– l'accès aux services de base (école primaire et secondaire, centre de santé, marché et point d'eau potable) ;
– les dépenses du ménage (éducation et santé, produits alimentaires et non alimentaires) ;
– le revenu du ménage (tiré de l'agriculture, de l'exploitation d'entreprises non agricoles, salaires et revenus non agricoles, transferts, versements et autres revenus) ;
– les avoirs du ménage (biens possédés) ;
– l'anthropométrie (mesure directe de taille et de poids des enfants âgés de 6 mois à 59 mois) (Koudougou, 2002 : 5).

v) la protection de l'environnement et l'amélioration du cadre de vie ;

vi) le développement des PMI/PME et de la petite mine ;

vii) le renforcement de la sécurité publique ;

viii) le renforcement des capacités nationales avec un accent particulier sur la promotion des nouvelles technologies de l'information et de la communication.

Pour réaliser ces objectifs, les programmes s'articulent autour de 4 axes stratégiques.

Le premier vise à accélérer la croissance et à la fonder sur l'équité. Il s'agit de maintenir un cadre macroéconomique stable, d'accroître la compétitivité de l'économie et de réduire le coût des facteurs tout en apportant un appui au développement du monde rural et à l'ensemble des secteurs productifs de l'économie.

Deuxièmement, la stratégie consiste à garantir l'accès des pauvres aux services sociaux de base et à la protection sociale. Cela concerne les services d'éducation, de santé et de nutrition, l'accès à l'eau potable et à l'amélioration du cadre de vie des pauvres par une amélioration de l'habitat.

Le troisième axe vise à élargir les opportunités en matière d'emploi et d'activités génératrices de revenus pour les pauvres dans une démarche d'équité. Cela implique de diminuer la vulnérabilité de l'activité agricole par son intensification et sa modernisation, et d'accroître et diversifier les revenus ruraux. De plus, le désenclavement des zones rurales doit être accompagné d'un soutien aux organisations de producteurs et du développement des infrastructures collectives.

Quant au quatrième axe, il vise à promouvoir la bonne gouvernance et la lutte contre la corruption (ministère de l'Économie et du Développement, 2004 : 12).

Encadré 3-1 : Les quatre axes stratégiques de lutte contre la pauvreté au Burkina Faso

Axe 1 : **Accélérer la croissance et la fonder sur l'équité**

- Maintenir un cadre macroéconomique stable
- Accroître la compétitivité de l'économie et réduire les coûts des facteurs
- Accélérer le développement du monde rural
- Appuyer les secteurs productifs

Axe 2 : **Garantir l'accès des pauvres aux services sociaux de base et à la protection sociale**

- Promouvoir l'accès des pauvres aux services d'éducation
- Promouvoir l'accès des pauvres aux services de santé et de nutrition
- Promouvoir l'accès des pauvres à l'eau potable et à l'assainissement
- Améliorer le cadre de vie des pauvres : l'habitat
- Garantir une protection sociale aux pauvres

Axe 3 : **Élargir les opportunités en matière d'emploi et d'activités génératrices de revenus pour les pauvres dans l'équité**

- Diminuer la vulnérabilité de l'activité agricole
- Intensifier et moderniser l'activité agricole
- Soutenir les organisations de producteurs et développer les infrastructures collectives
- Accroître et diversifier les revenus des ruraux
- Accélérer le désenclavement
- Promouvoir l'emploi et la formation professionnelle
- Améliorer les conditions de vie et de travail des femmes rurales

Axe 4 : **Promouvoir la bonne gouvernance**

- Promouvoir la gouvernance politique
- Promouvoir la gouvernance administrative
- Promouvoir la gouvernance économique
- Promouvoir la gouvernance locale

Source : Inspiré de ministère de l'Économie et du Développement, 2004 : 12

Si l'on peut considérer le travail non rémunéré comme faisant partie du deuxième objectif, dans la mesure où celui-ci prévoit comme action prioritaire la réduction de la charge de travail des femmes afin de leur permettre de se consacrer à des activités productives et génératrices de revenus, on remarque qu'aucune mesure n'envisage sa quantification statistique, encore moins sa valorisation. Pourtant, valoriser le travail non rémunéré peut permettre de lutter contre la pauvreté. De même, réduire le temps qui y est consacré (par les femmes), tout en augmentant parallèlement sa productivité, contribue à réduire la pauvreté.

4. Valoriser le travail non rémunéré des femmes : un moyen de lutter contre la pauvreté

Le travail non rémunéré des femmes dans les pays en développement peut se révéler être un moyen efficace de lutte contre la pauvreté pour peu que l'on veuille entériner sa reconnaissance et sa valorisation. Particulièrement en zone rurale où les activités domestiques se confondent en grande partie avec la production de subsistance, les femmes sont à l'origine d'une production inestimable.

En 2007, elles produisaient environ 90 % de la nourriture en Afrique subsaharienne en constituant 70 % de la main-d'œuvre agricole. Sur l'ensemble du continent, elles fournissent près de 90 % du bois destiné à la consommation des ménages et 70 % du bois collecté pour la vente (FAO, 2007). On peut alors se demander ce que serait l'agriculture africaine sans cette force de travail féminine. De plus, la question ne s'adresse pas uniquement au secteur agricole puisque les femmes accomplissent 80 % des travaux domestiques ruraux, notamment la collecte d'eau et de bois de feu, la préparation des repas, la transformation et le stockage des aliments, et les achats pour le ménage (*ibid.*).

Mais cette importante production fournie majoritairement grâce à du travail non rémunéré n'est pas sans coût pour les femmes (Cagatay, 1998). En effet, dès leur plus jeune âge, celles-ci y investissent de nombreuses heures de travail fournies gratuitement alors qu'elles pourraient les mettre au profit du développement de leurs *capabilités* pour espérer prétendre à un niveau supérieur de bien-être.

Ce travail non rémunéré est donc la source d'une production abondante, mais constitue un frein au développement des *capabilités* des femmes. C'est pourquoi sa connaissance, et surtout sa reconnaissance et sa valorisation sont un moyen efficace de lutter contre la pauvreté.

4.1. Le travail non rémunéré : une illustration du potentiel de développement inexploité des femmes

Le travail des femmes est pour les États africains un potentiel productif inexploité. En effet, la production générée par le travail non rémunéré des femmes s'avère très importante. Et les femmes arrivent à ce niveau de production malgré les inégalités dont elles sont victimes. Elles représentent donc une force de travail considérable pour les économies africaines, majoritairement agricoles. Cette main-d'œuvre ne mérite-t-elle pas de rétribution en contrepartie de sa forte contribution économique ? À défaut d'être salariée, ne mérite-t-elle pas au moins d'être entretenue ? De plus, sa prise en charge en termes d'éducation, de soins et de formation serait bénéfique pour une économie, car elle se traduirait par un gain de productivité. Ainsi, *Can Africa claim for the 21st century*, une étude conjointe de la Banque mondiale, la Commission économique pour l'Afrique et de la Banque africaine de développement, reconnaît que l'Afrique détient des réserves cachées de croissance dans un partenariat possible entre les gouvernements et les ménages, particulièrement concernant les femmes au sein de ces ménages (World Bank, 2000a).

L'importance du montant en volume du travail non rémunéré devrait attirer l'attention des décideurs sur la pertinence des fondamentaux économiques censés refléter les économies africaines, car il y a là une entité qui échappe à la comptabilisation macroéconomique (comptabilisation statistique) malgré son importance. Du fait qu'elle n'est pas soumise au salariat, elle n'apparaît pas dans les flux des transactions financières et est donc exclue du circuit économique. Ne pas la quantifier, c'est ignorer toute une partie de la production économique qui contribue pourtant au bien-être des ménages[60] et qui, dans des économies plus monétisées, est bien comptabilisée. En effet, les travaux correspondants sont traditionnellement assurés par les femmes comme tâches domestiques dans les pays en développement et pourraient être commercialisés. La plupart de ces services domestiques n'ont-ils pas pénétré le marché des services dans les pays industrialisés ? Par exemple, les soins aux personnes, les gardes d'enfants, les gardes de personnes âgées ou des malades, les femmes de ménage… En étant rétribués, ils intègrent de ce fait le circuit

[60] Comme était initialement ignorée la contribution productive du secteur informel.

économique, contrairement aux pays en développement où ils sont laissés pour compte.

Cela est d'autant plus regrettable que c'est justement dans les pays en développement que le travail non rémunéré est le plus important. De ce fait, les agrégats macroéconomiques des pays africains reflètent-ils bien la réalité de ces économies ? Comment les politiques économiques qui en résultent peuvent-elles être considérées comme pertinentes ? Les objectifs macroéconomiques tels que la stabilité des prix ou l'emploi sont projetés en fonction de modèles macroéconomiques qui ne font aucune distinction entre hommes et femmes et qui, de ce fait, ignorent l'économie de la reproduction sociale. Les projections sont-elles pertinentes lorsqu'on considère qu'au Bénin en 1998, le PNUD estimait la production attribuée au travail « invisible » des femmes à l'équivalent de 48 % du PIB national ? (OCDE, 2007).

Il est vrai que la prise en compte du travail non rémunéré se heurte à l'inexistence d'outils statistiques appropriés pour le quantifier et à l'absence d'indicateurs pour le décrire. Il faut donc investir dans la conception de ces derniers. Or, cette démarche d'investigation dans la connaissance du travail non rémunéré ne pourra être initiée tant que celui-ci ne sera pas reconnu pour sa contribution économique, comme une variable économique capable d'influencer les politiques économiques et qui doit être intégrée dans les modèles. Dans cette optique, Sinha et Latigo (2003) discutent la validité de différentes alternatives de politique fiscale pour juger de la pertinence de modèles macroéconomiques intégrant le genre[61].

Notons cependant que des efforts pour intégrer la question de l'égalité de genre dans les modèles macroéconomiques sont actuellement perceptibles[62]. Il existe en effet des analyses de données

---

[61] Sinha Anushree et Latigo Alfred (2003), *Pro-Poor growth Strategy in Africa: A Proposed Gender-aware Macroeconomic Model to Evaluate Impacts of Policies on Poverty Reduction*, Economic Commission for Africa and Economic Policy Research Center, document présenté à la réunion du Groupe des Experts en Politiques Économiques, Kampala, Uganda, 23-24 June 2003, 25 p.

[62] La Commission économique des Nations Unies pour l'Afrique (UNECA) finance actuellement de nombreuses études dans des pays africains pour l'élaboration de modèles macroéconomiques prenant en compte l'égalité des genres. Voir Blackden Mark et Bhanu Chrita (1999), *Gender, Growth, and Poverty Reduction: special*

sexospécifiques pour ce qui est des habitudes de consommation, des rémunérations ou du taux d'épargne. D'autres auteurs subdivisent l'économie en activités productives et en activités de reproduction sociale afin d'analyser les interactions entre ces deux sous-ensembles (Organisation de coopération et de développement économique, 2007 : 6).

4.2. Le travail non rémunéré : un potentiel levier du développement humain

Du point de vue du développement humain, le travail non rémunéré exerce un frein au développement des *capabilités* des femmes, car il restreint leur liberté de choix. En milieu rural, elles y consacrent la majeure partie de leur temps compte tenu de l'utilisation d'outils rudimentaires et de l'éloignement des distances pour le portage de l'eau et du bois. Ces nombreuses heures consacrées aux tâches domestiques sont autant d'heures « perdues » pour elles qui auraient pu être consacrées à des activités susceptibles d'augmenter leur bien-être : de l'instruction, des activités lucratives, le loisir, du temps de repos. La « pauvreté de temps » dont souffrent les femmes implique une pauvreté des *capabilités* qui aboutit finalement à une pauvreté monétaire.

Pour permettre aux femmes de disposer de davantage de temps pour s'instruire et ainsi d'être capables de saisir les opportunités, il est nécessaire de leur procurer une technologie et des infrastructures (aménagements en eau) qui leur permettent de gagner du temps. Ce gain de temps est bénéfique pour la femme, car il lui permet d'améliorer ses potentialités. Celles-ci à leur tour sont bénéfiques pour le ménage et pour l'économie dans son ensemble (à travers les soins prodigués aux enfants, leur futur capital productif, une meilleure productivité, entreprenariat féminin…). Mais pour ce faire, il faut d'abord reconnaître que le travail non rémunéré peut biaiser le développement humain féminin.

S'il était ainsi reconnu par les DSRP/CSLP comme essentiel pour l'économie, il pourrait alors mériter un semblant de rémunération (ne serait-ce qu'en nature ou en avantages sociaux) et devenir un levier du

---

program of assistance for Africa, 1998, status report on poverty in Sub-Saharan Africa, World Bank Technical Paper No. 428, World Bank, 138 p.

développement humain féminin. Mais avant de le valoriser en nature, le travail non rémunéré doit d'abord être valorisé socialement.

Conclusion

Conçus sur la base d'un guide « Sourcebook » de la Banque mondiale, les Cadres stratégiques de lutte contre la pauvreté reprennent les stratégies de développement envisagées par les États (politiques sectorielles et macroéconomiques). Cependant ces documents présentent plusieurs insuffisances. Le « Sourcebook » mentionne bien la nécessité d'incorporer le genre dans les politiques préconisées. Cependant, dans la réalité, on constate que le genre est associé de manière encore superficielle dans la plupart des CSLP, y compris celui du Burkina Faso.

En effet, le lien entre genre et réduction de la pauvreté n'y est pas clairement établi. Il est nécessaire de mieux le préciser, pour qu'il ne se limite pas à des mesures sociales et juridiques qui peinent à dépasser le stade de la recommandation ou qui sont dépourvues des prévisions budgétaires correspondantes assorties.

Pourtant, dans la mesure où les CSLP sont des programmes conçus pour le long terme et valables à l'échelle nationale, ils fournissent le cadre privilégié où l'analyse selon le genre devrait prendre racine. Parce qu'ils déterminent le montant des investissements des bailleurs de fonds, il est primordial qu'ils soient élaborés en considérant les disparités sexospécifiques. Par ailleurs devraient intégrer des prévisions budgétaires selon le genre pour les politiques publiques préconisées.

De plus, le genre ne peut pas être évoqué que pour la mise en œuvre des mesures sociales (éducation, santé maternelle, droits de la femme) ou lors de la simple description des caractéristiques de la pauvreté. Il doit se refléter aussi (et surtout !) dans les indicateurs qui mesurent l'activité économique. La sphère où se manifeste le plus l'apport des femmes (notamment les plus pauvres), c'est bien le travail non rémunéré, zone gigantesque de l'économie qui est exclue du salariat et de toute forme de rétribution. Comment alors intégrer véritablement la question du genre en économie si les CSLP négligent le travail non rémunéré des femmes ?

Si on peut saluer cette intégration (même superficielle) du genre dans les stratégies de réduction de la pauvreté, on ne peut néanmoins s'en contenter, car elle ne va pas jusqu'au bout de l'analyse puisqu'elle est dépourvue de données statistiques entre autres sur le travail non rémunéré. La prise en compte du genre dans les politiques économiques de développement se heurte à la barrière de la quantification statistique. Mais il faut admettre que cette défaillance est due au fait que la science économique n'arrive toujours pas à introduire le genre dans ses modèles économiques. D'où l'importance d'approfondir la recherche en ce qui concerne la modélisation macroéconomique intégrant le genre (*Gender-aware macroeconomics models*), car elle est un moyen privilégié d'introduire le genre dans les politiques économiques (Cagatay et *alii*, 1995).

Serait-ce un tel manque qui explique l'indulgence des institutions de Bretton Woods ? En effet, l'approbation des CSLP par les institutions de Bretton Woods conditionne les prêts consentis. Et l'on peut noter que la prise en compte superficielle du genre n'est pas un obstacle à l'adoption des CSLP par ces institutions financières. Cela ne traduit-il pas une dichotomie ou une hypocrisie de la part des institutions de Bretton Woods ? En effet, celles-ci prônent l'intégration du genre alors qu'elles s'en tiennent encore pour l'essentiel aux fondamentaux de l'économie néoclassique. Elles peinent à se défaire de l'orthodoxie économique qui ignore la contribution productive des femmes à travers le travail non rémunéré. Outre les recommandations qu'elles adressent aux États pour la prise en compte du genre, elles devraient aussi exiger l'élaboration d'indicateurs économiques mesurant le travail non rémunéré des femmes.

De tels indicateurs sont nécessaires à l'évaluation de l'activité économique dans son ensemble. Ils attesteraient alors que le travail non rémunéré est une bonne illustration du potentiel de développement inexploité des femmes, et qu'on peut en faire un levier pour le développement humain.

Chapitre 4

LE TRAVAIL NON RÉMUNÉRÉ ENTRE MÉCONNAISSANCE ET SOUS-ESTIMATION

« Le temps de travail peut aussi se référer aux activités au-delà du domaine de la production du SCN, telles que les services produits et consommés au sein d'un même ménage et les activités des travailleurs bénévoles au sein des ménages, qui produisent des services pour l'usage final du ménage. »

(OIT, 2008 : 45)

Au fond, qu'est-ce que le travail ? Les dictionnaires de la langue française en donnent des définitions bien différentes, mais toutes expriment l'idée d'une action humaine souvent pénible, entreprise pour atteindre un but. Le dictionnaire Larousse (2000 : 1606) le définit comme l'activité d'un homme, ou d'un groupe d'hommes, accomplie en vue d'un résultat utile, qu'il s'agisse d'un travail manuel ou d'un travail intellectuel. Tandis que le dictionnaire Grand Robert de la langue française (Le Robert, 1996 : 454) le définit comme « l'état d'une personne qui souffre, qui est tourmentée, une activité pénible ».

Pour le Nouveau Petit Robert (Le Robert, 2008 : 2609), le travail est « un ensemble d'activités humaines coordonnées en vue de produire quelque chose ». Toutes ces définitions sont, en fait, englobées par celle de Marx (1948 : 180) dans *Le Capital* pour qui le travail est tout simplement « de prime abord, un acte qui se passe entre l'homme et la nature ». Adam Smith (1776) va plus loin en précisant qu'il s'agit d'une activité qui exige de son auteur qu'il renonce à sa tranquillité et à sa liberté. Il est difficile de donner une définition unique du travail[63] qui engloberait les multiples facettes de ce concept.

Georges Friedman (1963 : 14) exprime cette complexité en soulignant qu'il « convient de se méfier des définitions métaphysiques ou seulement générales du travail, détachées de l'histoire, de la sociologie et de l'ethnographie, sans référence à la variété de ses formes concrètes selon les sociétés, les cultures, les civilisations, sans considération suffisante de la manière dont le travail est vécu et ressenti par ceux qui l'effectuent ».

Cette difficulté est due au fait que le travail est un concept à la fois économique, philosophique et sociologique, qui comporte deux dimensions indissociables : d'une part, il est essence pour l'homme dans le sens où il est source d'identité, de dignité et moyen d'existence (Dereymez, 1995). D'autre part, en tant que facteur de

---

[63] Étymologiquement, le mot « travail » est issu du bas latin *trepalium* (VIe siècle) désignant un instrument de torture à trois pieux auquel on attachait les esclaves pour les punir, ou les animaux pour les ferrer ou les soigner. La racine « trav » vient de *trabis*, signifiant « poutre ». C'est ce qui a conféré au travail le sens premier de « tourment, souffrance » lorsqu'il apparaît dans l'ancien français, au XIe siècle (1080). Le travail comme « femme en travail », utilisé pour la parturiente apparaît au XIIe siècle (1130). Jusqu'en 1200, travailler est synonyme d'exécuter une activité qui demande un effort et de la peine. C'est au XVIIe siècle que le sens « d'exercer une activité régulière pour assurer sa subsistance » est communément admis.

production économique, il s'inscrit aussi dans le système de distribution des revenus, des droits et des prestations. En d'autres termes, il est un moyen d'insertion sociale (Friedman et Naville, 1964). Pourtant, en ce qui concerne les femmes et le travail domestique, il semble que le travail conserve sa dimension laborieuse sans pour autant remplir sa fonction de rétribution qui permettrait à la femme de prétendre à une identité sociale. Pourquoi un tel dysfonctionnement ?

Probablement, parce que le travail non rémunéré peine à être reconnu comme un véritable travail. Alors que certains mettent en cause sa nature propre, d'autres évoquent son caractère domestique ou encore affectif (lorsqu'il s'agit du *care* ou soin). En fait, tout ceci résulte d'une méconnaissance aiguë de ce travail et de son incidence sur les femmes et sur l'économie.

Ce chapitre se propose de lever le voile sur le travail non rémunéré des femmes. En premier lieu, il apporte un éclairage en termes de définition afin de mieux appréhender l'objet d'étude (section 1).

Il a souvent été question dans la littérature économique de la sous-estimation du travail des femmes dans les pays les moins développés (Boserup, 1983 ; Beneria, 1999 ; Charmes, 2005a ; Antonopoulos et Hirway, 2010). On peut alors se demander quelle en est l'origine et pourquoi cela perdure de nos jours malgré la révision régulière du Système de comptabilité nationale (SCN) de l'ONU dont la dernière version est apparue en 1993.

Cette sous-estimation et cette invisibilité, dont souffre le travail non rémunéré des femmes particulièrement, relèvent-elles de lacunes conceptuelles ou statistiques (section 2) ?

1. La production non marchande des ménages : définition du travail non rémunéré

Au sens de la comptabilité nationale, la production non marchande comprend les services non marchands fournis par les administrations et la production des ménages pour usage final propre. La présente analyse s'intéresse aux activités non marchandes des ménages[64], car le travail non rémunéré désigne une partie de la production non marchande des ménages pour leur usage final propre. C'est là que se situe le cœur du travail non rémunéré accompli par les femmes.

1.1. Préambule de définition

Il n'existe pas de définition unanimement reconnue du travail non rémunéré. Alors que certains auteurs ne considèrent comme tel que le travail domestique (Goldschmidt-Clermont, 2000), d'autres y incluent le travail bénévole et les soins apportés aux enfants ou aux personnes âgées (Budlender, 1999 ; Benéria, 1999 ; Ironmonger, 1994 ; Sonius, 1989).

Quelques autres enfin, y incorporent également la production de subsistance autoconsommée par les ménages (Ironmonger, 1987, 1989). On peut dire plus généralement qu'il regroupe l'ensemble des activités dites de reproduction sociale. L'inconstance de la définition traduit, en fait, le désaccord conceptuel qui caractérise cette notion ; une situation qui est exacerbée par le fait que chacune de ces composantes est elle-même variable et que le caractère « domestique » d'une activité peut varier selon le niveau d'industrialisation des pays concernés. Dans les pays en développement en particulier, la frontière entre les travaux domestiques et la production de subsistance est floue. Par exemple, l'embouche quotidienne du petit bétail dans la concession familiale doit-elle être considérée comme de l'agriculture de subsistance ou comme une activité domestique ? De manière générale, la littérature socio-économique regroupe sous le terme de « travail non rémunéré » l'ensemble des activités produisant des biens et services qui ne sont pas échangés sur le marché.

---

[64] Un ménage est un « petit groupe de personnes qui partagent le même logement, qui mettent en commun une partie ou la totalité de leur revenu et de leur patrimoine et qui consomment collectivement certains types de biens et de services, principalement de la nourriture et des services de logement » (§ 4.132 SCN 93).

C'est selon ce critère que des activités de services telles que la lessive, la préparation des repas, le travail bénévole tombent dans le domaine général de la production parce qu'ils peuvent donner lieu à des échanges entre différentes unités ; tandis que des activités humaines fondamentales comme se nourrir, boire, dormir, faire de l'exercice, les loisirs, etc. en sont exclues (§ 6.16).

Cela dit, le mieux est de se référer au Système de comptabilité nationale des Nations Unies (SCN) qui est l'outil de référence pour la comptabilisation de l'activité économique et qui, de ce fait, impose ses nomenclatures d'activités et leurs définitions.

Alors que dans la plupart des domaines d'étude comme la philosophie ou la sociologie on peut définir le travail pour ce qu'il est, en sciences économiques toute définition du travail, qu'il soit rémunéré ou non, est dérivée d'une définition préalable du concept de production et d'activité économique.

Il en est de même pour la définition du travailleur et de celle de la population active car, à l'origine, les premières statistiques du revenu national aussi bien que de la main-d'œuvre ont été conçues dans le but de renseigner sur l'activité économique, symbolisée alors par le marché. Travailler signifiait participer à l'activité économique, c'est-à-dire avoir un emploi, par le biais duquel on contribue à l'action de produire, et, en échange duquel, on est rémunéré (BIT, 1956). C'est ainsi que de la comptabilisation statistique sont issues les différentes définitions plaçant la production au cœur de l'activité économique. Depuis lors, la situation n'a guère évolué. Le Système de comptabilité nationale des Nations Unies 1993 (SCN) entend par travail toute activité contribuant à la production de biens ou de services dans les limites de la production telles que définies par le Système (§ 17.9).

1.2. Le concept de la production selon le SCN 1993

Les frontières du concept de production ont évolué suivant les courants de pensée économique. Pour Piriou (2005 : 14) : « de Quesnay aux économistes dits "néoclassiques" en passant par Adam Smith, Ricardo ou Marx, les problématiques de la production sont nombreuses et contradictoires ».

C'est ainsi que lors de la 4e révision du SCN intervenue en 1993[65] le concept de production a été élargi au travail ménager[66].

---

[65] Son adoption a été recommandée à l'unanimité par la Commission de Statistique des Nations Unies au Conseil économique et social des Nations Unies lors de sa vingt-septième session tenue à New York du 22 février au 3 mars 1993.

[66] Cette extension est l'une des innovations majeures du dernier SCN comme l'élaboration de comptes satellites de l'environnement et du tourisme.

Le SCN 93 définit le domaine général de la production économique ou production au sens large (ou élargie) comme l'ensemble des activités « exercées sous le contrôle et la responsabilité d'une unité institutionnelle, qui met en œuvre des entrées (travail, capital, biens et services) dans le but de produire des sorties (biens ou services) [...] qui peuvent être vendues sur le marché ou au moins, être fournies à d'autres unités institutionnelles gratuitement ou non » (§ 6.15 et 1.20).

Dans cette définition, la production est en somme l'ensemble des activités humaines qui satisfont à deux exigences : la responsabilité et la cessibilité.

1. La responsabilité : c'est le fait d'être initié sous la responsabilité d'une unité qui est donc propriétaire des biens produits.
2. La cessibilité : elle exige du bien ou service produit qu'il soit juste cessible, que la cession soit effective ou non. De ce fait, elle implique la prise en compte de la production pour compte propre des ménages, c'est-à-dire les biens et services que peuvent se procurer mutuellement les membres d'un ménage.

Par ailleurs, elle exige le respect du critère de la tierce personne selon lequel une activité peut être considérée comme économiquement productive seulement si elle peut être exercée par une autre personne que celle qui en bénéficie[67].

Ceci dit, on distingue la production au sens large de la production au sens SCN (production SCN). Seule cette dernière est comptabilisée dans les comptes conventionnels du produit de la nation.

1.2.1. La production dans le cadre central du SCN

La production SCN regroupe un lot d'activités qui seules sont admises dans le cadre central des comptes de productions, c'est-à-dire qu'elles sont comptabilisées dans le calcul du produit de la nation par des indicateurs tels que le PIB.

---

[67] C'est selon ce critère que des activités de services telles que la lessive, la préparation des repas... ou le travail bénévole tombent dans le domaine général de la production parce qu'ils peuvent donner lieu à des échanges entre différentes unités ; tandis que des activités humaines fondamentales comme se nourrir, boire, dormir, les loisirs, etc., en sont exclues (§ 6.16).

Pour la première fois[68], le Système retient dans ce cadre central de la production, tous les biens produits par les ménages pour leur propre usage[69] dans la mesure où ceux-ci peuvent se voir attribuer une affectation marchande.

La production SCN des ménages pour leur usage propre comprend donc la production des biens suivants :

- la production et le stockage de produits agricoles ; la cueillette et le ramassage de baies et d'autres produits non cultivés ; la sylviculture ; l'abattage d'arbres et la collecte de bois de chauffage ; la chasse et la pêche ;
- la production d'autres produits primaires comme le sel gemme ; l'extraction de tourbe ; l'approvisionnement en eau, etc. ;
- la transformation des produits agricoles, le battage des céréales, la mouture de grains, le séchage de peaux et la fabrication de cuir, la production et la conservation de la viande et du poisson ; la conservation des fruits par dessiccation, mise en conserve, etc. ; la production de produits laitiers comme le beurre ou le fromage ; la production de bière, de vin ou d'alcool ; la fabrication de paniers ou de nattes, etc. ;
- les autres formes de transformation telles que le tissage ; la confection et la fabrication de vêtements sur mesure ; la fabrication de chaussures ; la fabrication de poteries, d'ustensiles de ménage ou de biens durables ; la fabrication de meubles ou de mobiliers ; etc. (§ 6.24).

La liste n'est pas exhaustive, mais couvre les types de production les plus courants.

Cette innovation du SCN 93 est lourde de conséquences pour la prise en compte du travail féminin[70] dans les pays en développement et pour la mesure de leurs PIB puisqu'une grande partie du travail « domestique » quotidiennement accompli par les femmes doit

[68] La précédente révision du SCN, antérieure à celle de 1993, date de 1968.

[69] Antérieurement à la révision de 1993, le SCN 68 comptait comme productions pour usage final propre uniquement la production des produits primaires et l'auto-construction.

[70] Cela est valable pour la prise en compte de la production non marchande en général y compris dans les pays industrialisés.

dorénavant être comptabilisé dans le PIB tel que l'approvisionnement en eau, la collecte de bois de chauffage, etc.

1.2.2. La production au sens large

À partir de la production au sens SCN, le Système élargit la frontière de la production. Ainsi, le domaine général de la production des ménages, ou production au sens large, englobe l'ensemble des activités productives au sens économique du terme. Outre les biens produits par les ménages pour leur usage final propre[71], elle inclut également les services domestiques et personnels fournis par ces ménages pour leur autoconsommation, de sorte que la production élargie des ménages résulte en un large éventail d'activités de production, notamment :

1) les productions agricoles que les ménages destinent à leur propre consommation finale ;

2) la production des ménages d'autres biens destinés à leur propre consommation finale : construction d'habitations, production d'aliments et de vêtements, etc. ;

3) la production par les propriétaires-occupants de services de logement destinés à leur propre consommation finale ;

4) la production par les ménages de services domestiques et personnels destinés à leur propre consommation : préparation des repas, soins et éducation des enfants, nettoyage, réparations, etc. (§ 1.21).

Contrairement aux biens qui, eux, sont comptabilisés dans la production au sens strict (production SCN), tous les services produits par les ménages pour leur propre consommation restent exclus[72] de la production SCN[73] à l'exception des services de logements produits par

[71] Précédemment cités comme production SCN et comptabilisés dans le PIB.

[72] Les services étaient exclus depuis le SCN 68 sans justification. En revanche, les motivations de l'exclusion sont énoncées dans le SCN 93.

[73] Sauf si ces services sont rendus par les personnes employées et rémunérées par le ménage.

les propriétaires qui occupent eux-mêmes leur bien immobilier et des services fournis par des domestiques rémunérés. (§ 1.22).

Ce sont plus précisément :

• le nettoyage, la décoration, et l'entretien du logement occupé par le ménage, y compris les petites réparations habituellement effectuées par les locataires ou les propriétaires ; le bricolage ;

• le nettoyage, l'entretien et la réparation des biens de consommation durables ou d'autres biens, y compris les véhicules utilisés pour les besoins du ménage ;

• la préparation des repas et le service à table ;

• la garde, l'éducation et la formation des enfants ;

• la garde de malades, d'infirmes ou de personnes âgées ;

• le transport des membres du ménage ou de leurs biens (§ 6.20).

À l'instar de ces services, le SCN 93 exclut également les activités bénévoles de la production au sens strict sauf dans le cas de constructions collectives ou communautaires où elles sont considérées comme formation de capital. Il s'agit d'activités telles que la construction de petits barrages, de pistes ou de canaux d'irrigation (§ 10.78).

Le SCN n'exclut pas ces services pour raison d'improductivité. Au contraire, il reconnaît que les services domestiques ou personnels non rémunérés produits et consommés par les ménages contribuent au bien-être, mais il justifie leur exclusion du cadre central de la production par des arguments discutables[74] (Caillavet, 1998 ; Chadeau, 1992) :

1. Ils ont peu de répercussions sur le reste de l'économie, car isolés et indépendants du marché.
2. Il est extrêmement difficile de faire des estimations économiques significatives de leur valeur monétaire.
3. Ils amoindriraient l'utilité des comptes pour l'analyse macroéconomique et la politique économique (inflation, chômage…). Puisque l'OIT définit comme actives les personnes qui participent à la production, inclure ces services dans le cadre strict de la production

[74] Nous y reviendrons.

SCN (cf. figure 3.1) reviendrait à annuler le chômage, car toute la population adulte serait économiquement active (§ 6.21 ; 6.22).

Cependant, comme alternative à cette exclusion du cadre central, le SCN propose que ces données soient enregistrées dans des comptes satellites (§ 21.4). Ceux-ci ont pour but de faire apparaître dans les comptes nationaux certains aspects de la vie économique et sociale importants pour la communauté, mais qui sont soit occultés, soit insuffisamment mesurés dans le cadre central. Ce dernier se retrouverait surchargé ou bouleversé si on y incluait ces activités (Blades, 2000). Ces comptes peuvent couvrir diverses réalités économiques. Dans le cas de la production domestique, les comptes satellites peuvent comprendre des comptes nationaux d'utilisation du temps (*National Time Accounts*) et/ou des comptes nationaux satellites de production domestique (*National Satellite Accounts of Household Production*).

1.3. Extension du travail non rémunéré

La distinction entre les activités du cadre strict de la production selon le SCN (activités SCN) et les activités de la production au sens large (activités hors SCN) induit la définition des notions relatives à la main-d'œuvre et à l'emploi. En effet, la treizième Conférence internationale des statisticiens du travail (BIT, 1982 : 5) entend par population active « toutes les personnes des deux sexes qui fournissent, durant une période de référence spécifiée, la main-d'œuvre disponible pour la production de biens et services, comme définis par les systèmes de comptabilité, et bilans nationaux des Nations Unies ». En outre, elle permet de répartir le travail non rémunéré en activités SCN et en activités hors SCN.

1.3.1. Le travail non rémunéré non-SCN

Le travail non rémunéré correspond théoriquement à celui investi dans la production exclue du cadre central du SCN, c'est-à-dire les activités de services des ménages pour leur usage final propre qui ne sont pas prises en compte dans le calcul du PIB. Il s'agit du travail domestique (préparation des repas, lessive, repassage, l'achat de biens et services, faire le ménage… les travaux d'entretien de la maison), du travail de soin apporté aux enfants, aux malades et aux personnes âgées, de la construction et la réparation de maison par les propriétaires-occupants, ainsi que le travail bénévole fourni à d'autres ménages ou à la communauté.

Cependant, dans la pratique, lorsque l'on considère la production au sens du SCN, bon nombre d'activités y figurant ne sont pas saisies lors des collectes de données statistiques par les recensements, les enquêtes sur la population active, etc. C'est particulièrement vrai dans les pays en développement où le secteur agricole est encore important (40 % du PIB au Burkina Faso), et les activités en milieu rural, relatives à l'agriculture de subsistance, ne sont pas capturées par les enquêteurs. De même, les femmes qui les accomplissent ne sont pas comptées dans la main-d'œuvre, ainsi que celles qui travaillent gratuitement dans des entreprises familiales.

Ces réalités du terrain et la présentation ci-dessus détaillée de la production au sens du SCN nous permettent de comprendre que, pour des raisons soit conceptuelles, soit statistiques (lacunes dans la collecte), le travail non rémunéré est présent aussi bien dans les activités incluses dans le SCN que dans les activités exclues du SCN. Par conséquent, définir le travail non rémunéré peut être quelque peu litigieux ; d'autant plus que le SCN reconnaît que « même si les services personnels et domestiques produits pour leur propre consommation par les ménages tombent hors du domaine de la production du Système, il n'en demeure pas moins utile de formuler des recommandations supplémentaires pour le traitement de certains types d'activités des ménages qui, notamment dans les pays en développement, peuvent être particulièrement importantes » (Groupe de travail inter secrétariat sur la comptabilité nationale, 1993 : § 6.23 : 133).

1.3.2. Le travail non rémunéré dans le SCN

Cette catégorie compte d'une part, le travail accompli gratuitement dans des entreprises familiales agricoles ou non par des aides familiaux non rémunérés. Initialement appelés « travailleurs familiaux non rémunérés » (*unpaid family workers*), ils sont actuellement désignés comme « travailleurs familiaux contributeurs » (*contributing family workers*), pour mieux traduire leur contribution effective à la production.

D'autre part, elle compte aussi le travail consacré à la production de subsistance comprise dans le SCN mais destinée à l'autoconsommation : il s'agit de la collecte du bois de chauffe, l'approvisionnement en eau, la préparation des sols, les semis, planter, les récoltes, la cueillette des fruits et de certaines plantes, la chasse, garder le bétail, l'élevage (pour la production de viande, de lait, de peau…), la transformation des produits de base, la traite des vaches. Cette agriculture de subsistance fait partie de la production domestique lorsque les biens produits au sein d'un ménage sont consommés par le ménage lui-même. Il y a aussi les grands travaux de construction dans une maison occupée par son propriétaire… (Ironmonger, 2001a).

En somme, le travail non rémunéré des femmes au sens large englobe leur production non marchande autoconsommée au sein du ménage ou destinée à la communauté. Il s'agit de la production de services domestiques (hors SCN) et des productions agricole et informelle en tant qu'aide familiale non rémunérée (dans le SCN). Cependant, pour notre étude, nous nous tiendrons au sens strict du travail non rémunéré tel qu'il est défini par le SCN 93 : à savoir, les services domestiques produits par les ménages pour usage final propre[75].

Figure 4.1 : Le PIB et les services domestiques

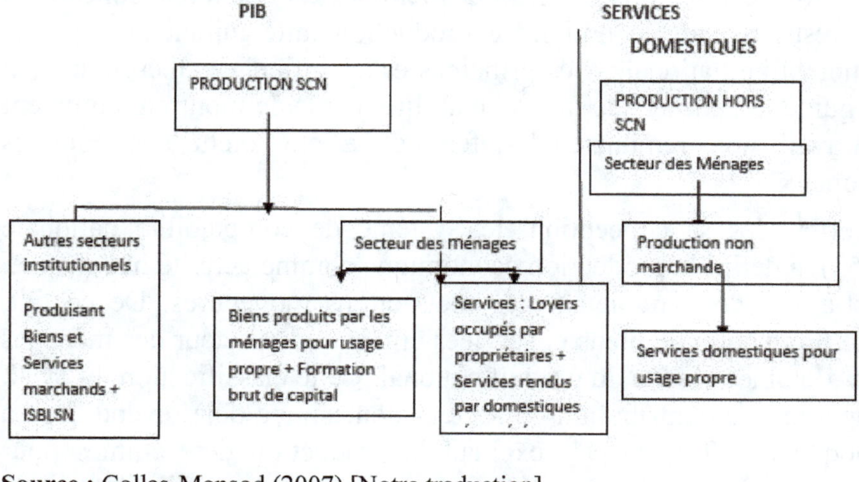

Source : Collas-Monsod (2007) [Notre traduction]

[75] Il s'agit d'une définition restrictive adoptée par souci de clarté. Elle permet de se rendre véritablement compte de l'importance de cette production puisque la valorisation sera alors basée sur une estimation minimaliste du travail non rémunéré.

2. La sous-estimation et l'invisibilité du travail des femmes

La participation des femmes à l'activité de production économique reste encore largement sous-estimée de par le monde lorsqu'elle n'est pas, pour ainsi dire, invisible. Cela s'explique par des raisons d'ordre conceptuel, mais est aussi dû à des difficultés méthodologiques.

2.1. Raisons conceptuelles : le travail et le Produit national initialement biaisés

À l'origine, la théorie économique et les normes comptables ont donné une définition du travail, de la population active et du produit national, qui sous-estime l'activité productive des femmes dans toutes les économies et particulièrement dans les pays en développement. Non seulement leur production est sous-estimée dans la comptabilisation du produit national, mais leur nombre est aussi sous-estimé dans les statistiques de la main-d'œuvre.

2.1.1. Une conception restrictive de la production dans le SCN

La sous-estimation du travail des femmes est due à une conception trop restrictive de la notion de production faite initialement par la Comptabilité nationale. Les principes et les influences théoriques qui ont guidé la genèse[76] de la Comptabilité nationale montrent comment le travail non rémunéré des femmes a été exclu des comptes nationaux.

En effet, dès sa conception, le Système de comptabilité nationale (1953), a défini la production économique comme activité marchande, c'est-à-dire donnant lieu à des transactions monétaires. De ce fait, toute production de biens et services émanant du secteur des ménages était d'emblée exclue du produit national. Cette classification du SCN, en ignorant la contribution du secteur domestique déjà revendiquée à l'époque par Reid (1934) excluait la production des femmes pour l'autoconsommation. Ce schéma amoindrissait considérablement la valeur du Produit national des États pour lesquels la production de subsistance des ménages est abondante. Cela fait partie des nombreuses insuffisances du PIB décriées depuis une décennie.

[76] Cf. Encadré 4.1. et 4.2.

Celles-ci ont notamment suscité en partie l'élaboration du Rapport Stiglitz[77] qui recommande (en recommandation N° 5) d'élargir les indicateurs de revenus aux activités non marchandes en élaborant des indicateurs plus larges des activités économiques des ménages (Stiglitz *et al.*, 2009).

En effet, force est de reconnaître que le SCN, tout comme le PIB, a été conçu davantage en adéquation avec le modèle des économies industrialisées. Ce système est moins adapté aux économies africaines marquées par un secteur informel important, et essentiellement agricoles où une part importante de l'activité économique, ne faisant pas l'objet d'échange monétaire, échappe à la comptabilisation du Produit ou du Revenu national.

Boserup, en distinguant dans une économie le revenu monétaire (salaires), les revenus en nature issus du troc, et les revenus en nature consistant en biens et services produits par les ménages pour l'autoconsommation, remarquait que seul le revenu en argent augmentait avec le niveau de développement du pays. Il représentait pour des pays comme « la Haute-Volta et la République du Niger, [...] environ un tiers du revenu total, contre 75 % au Kenya, dont le niveau de développement est élevé pour ce que l'on trouve en Afrique » (Boserup, 1983 :183).

C'est dire combien ces pays sont lésés dans les comparaisons internationales des PIB qui classent les pays selon leur niveau de richesse. N'est-ce pas ce qui avait motivé les recommandations d'un groupe de travail de statisticiens africains en 1960. Il préconisait qu'en plus des activités non monétaires telles que l'agriculture, la foresterie et la pêche, il serait utile de comptabiliser les « services domestiques ruraux » (Waring, 1988 : 64). Entre autres, la construction de maison pour usage propre, la transformation, le stockage et le transport des produits primaires, la fabrication de vêtements, d'équipements

---

77 La Commission sur la mesure des performances économiques et du progrès social, dite « Commission Stiglitz » a été installée à l'Élysée en février 2008 par l'exécutif français, avec pour mission d'identifier les limites du produit intérieur brut (PIB) comme indicateur de performance économique et de progrès social. Commission sur la mesure des performances économiques et du progrès social.
Elle comptait 22 membres, parmi lesquels quatre prix Nobel d'économie : Amartya Sen, Kenneth Arrow, Daniel Kahneman et James Heckman qui ont contribué à cette réflexion sur les moyens de développer de nouveaux instruments de mesure de la richesse des nations.

ménagers, le désherbage, le port d'eau, les travaux domestiques, la collecte du bois (*ibid.*). Certaines de ces recommandations ont été admises dans la frontière de production lors de la révision du SCN en 1968 (la production de subsistance). Par contre, la plupart des travaux féminins (le port de l'eau, la collecte de bois…) en sont restés exclus jusqu'au SCN 93 qui continue d'exclure du PIB les services domestiques.

Toutefois, les justifications de cette exclusion avancées par les statisticiens ne sont plus d'ordre théorique, mais pratique. Pourtant, elles sont contestables. Si la production non marchande de biens des ménages pour usage propre est prise en compte au moyen d'instruments approximatifs (loyers fictifs, imputations…) pourquoi les services domestiques ne bénéficieraient-ils pas des mêmes procédés ? Qu'est-ce qui les différencie du reste de la production non marchande ? Visiblement, rien d'autre n'eût été le fait que ces services touchent majoritairement aux activités de reproduction (majoritairement exécutées par les femmes). La réalité est que l'analyse économique n'a jamais reconnu les fonctions de reproduction comme étant du travail. Puisque « la comptabilité nationale […] emprunte à la science économique les concepts qui lui permettent de penser » (Fourquet, 1980 : 4), on comprend qu'elle ne les ait pas intégrés dans l'architecture des comptes nationaux.

L'ensemble de ces observations remet en cause la pertinence du PIB en tant qu'indicateur adéquat de l'ampleur de la production réelle d'un pays. L'exclusion du travail domestique, du travail bénévole et de soins montre qu'il présente bien des limites[78]. Fort de ce constat, le fait de faire évoluer de la frontière de production vise à diminuer les

[78] Le PIB calcule essentiellement la production marchande. Il omet la production non marchande réalisée par les ménages ou par des bénévoles et la production de l'économie souterraine qui échappe au regard de l'État. Par ailleurs, il comptabilise ces **activités rémunérées** quelle que soit leur nature, positive ou négative. La destruction d'un monument historique pour construire un parking souterrain augmente le PIB. Ou encore, la hausse du nombre d'accidents de la route augmente le PIB (hausse de la production de services de secours, de services de réparation automobiles, etc.). Mais cette croissance ne traduit pas une amélioration de la situation des individus. Le PIB ne mesure que le produit des activités génératrices de flux monétaires, sans considérer leur contribution au bien-être. Ainsi, la production d'armes contribue au PIB, au même titre que celle d'écoles, de routes ou de logements.

difficultés que l'on éprouve à comparer les revenus de pays ayant divers niveaux de développement. Ces difficultés persisteront tant que la mesure de l'économie domestique (Boserup, 1983) et du secteur informel (Charmes, 1989) demeurera incomplète.

Dans ce sens, le SCN 93 peut être qualifié de révolution pour les économies africaines, car la modification de la frontière de la production est un pas de géant dans l'appréhension de l'activité économique dans sa globalité. En plus d'élargir la production SCN aux biens domestiques tels que le ramassage du bois, le transport de l'eau, etc. ; il suggère d'adopter, et ce, dans les comptes satellites, un autre concept du produit intérieur brut (PIB) reposant sur une frontière élargie de la production qui fait intervenir des estimations de la production par les ménages de services destinés à leur propre usage.

Cette innovation est capitale pour les pays en développement. Le PIB incorpore désormais une part importante de la production des ménages pour usage final propre. Par conséquent, l'agrégat « PIB » et les indicateurs qui en sont dérivés gagnent en pertinence pour la comparabilité avec les pays industrialisés. La prise en compte d'une partie de l'économie domestique apportera quelques points de redressement au PIB des pays à forte production non marchande comme ce fut le cas lors de la prise en compte du secteur informel (*ibid.*). Par ailleurs, le SCN 93 accroît la visibilité de la production féminine de ces pays où les femmes passent encore de nombreuses heures à des activités productives engendrant une production qui demeurait invisible (Charmes, 2005a).

Encadré 4.1 : Historique du SCN : Les précurseurs

Les travaux précurseurs des comptes nationaux ont été initiés en Angleterre par le mercantiliste William Petty[79] en 1664. Il se préoccupait d'estimer le revenu anglais de manière à réformer le système de prélèvement fiscal. Il qualifia ses travaux *d'arithmétique politique*[80], travaux qui furent repris en 1698 par Gregory King[81] pour comparer le Revenu national anglais à celui de la France et de la Hollande alors puissances économiques rivales (Vanoli, 2002).

---

79 Médecin, chimiste, ingénieur maritime (1623-1687), conseiller de Cromwell.

80 Petty publia ses travaux en 1676 sous le titre de « Political Arithmetick ».

81 Contrôleur des comptes de l'armée britannique (1648-1712).

En France, P. de Boisguillebert[82] (en 1697) et le Maréchal Vauban[83] (en 1707) furent les premiers à s'adonner à cette « arithmétique politique » que l'on nomma *statistiques* au XVIIIe siècle.

Ces calculs de revenus avaient pour but d'évaluer les richesses respectives des nations. Les questions qui étaient alors posées, portaient sur : qu'est-ce qui est productif et créateur de valeur ? Quelles sont les classes productives ? Qu'est-ce qui est à l'origine de la création de richesse dans une nation ?

Le physiocrate français François Quesnay sera le premier à apporter une réponse à cette interrogation avec son tableau économique (en 1758) sur l'agriculture. Seuls les agriculteurs constituent la classe productive. Cependant, à la faveur de la révolution industrielle, la composition de la production s'est progressivement élargie. Adam Smith avec *La richesse des nations* (1776) dépassa cette conception restrictive, en considérant que l'activité économique compte outre l'agriculture, la fabrication des biens, le commerce et les transports associés. Les services en sont exclus, fussent-ils produits par le clergé, les juristes, les domestiques à domicile... car Smith les considère comme du travail non productif. Diverses estimations ont lieu au cours du XVIIIe siècle en Russie par A.N. Radischev (1794) et en France par A. L. Lavoisier. Pendant un siècle après la parution de son ouvrage sur la richesse des nations, tous les travaux s'inspirent de la vision restrictive de l'activité économique d'Adam Smith, adoptée par les économistes classiques du XIXe siècle comme David Ricardo et John Stuart Mill. Elle est reprise par Karl Marx dans *Le Capital* (1860 et 1870) tout en laissant subsister la question de la productivité du travail. Le travail productif est-il celui qui crée des biens de consommation ou celui qui rapporte du profit au capitaliste ? Dans l'un et l'autre cas, les services sont occultés. Ils ne seront acceptés comme part du revenu national que lorsque Alfred Marshall, économiste de l'école de Cambridge, affirmera dans *Principles of economics* (1880) que « l'agrégation nette des commodités, matérielles et immatérielles, incluant les services de toute nature est le revenu réel net d'une nation »[84]. Il va sans dire que pour Marshall il ne s'agit que des services échangés sur le marché puisque le revenu est un concept marchand.

Source : Inspiré de Vanoli (2002) et Piriou (2005)

[82] Boisguillebert, lieutenant-gouverneur de Rouen (1646-1714) publie *Le Détail de la France* en 1697.

[83] Vauban, ingénieur militaire à la retraite (1633-1707) publie *La Dîme Royale* en 1707.

[84] Cité par Marilyn Warring (1988 : 51) [Notre traduction].

Encadré 4.2 : Histoire du SCN : Vers la Normalisation internationale

Puis surviennent la crise de 1929 et la grande dépression. Le Sénat américain instruit une série de recherches sous la direction de Simon Kuznets[85], dans le but d'estimer le déclin de l'économie américaine entre 1929 et 1932. Les résultats seront publiés en 1934 et le terme « produit national brut » sera utilisé pour la première fois entre 1932 et 1934 par Warburton (Vanoli, 2002 : 37). Dans la même période, en Angleterre, John Maynar Keynes (1883-1946) publie *La Théorie générale de l'emploi et la monnaie* (1936) où il formule l'identité du Produit et du Revenu qui offre aux comptables un cadre d'enregistrement méthodique des opérations tout en favorisant la mesure de ce qui deviendra les agrégats macroéconomiques : la consommation, l'investissement, l'épargne.

Il faut attendre la fin de la Seconde Guerre mondiale pour que James Meade[86] et Richard Stone[87] sur demande du Parlement britannique[88] présentent dans un livre blanc un ensemble structuré de tableaux publiés le 7 avril 1941, présentant les ressources de l'Angleterre et leur utilisation en consommation, dépenses publiques en biens et services, subventions, investissements à l'intérieur et à l'extérieur (Friboulet, 2004). En collaboration avec Keynes, les bases de ces tableaux seront reprises quelques mois plus tard dans "The construction of Tables of National Income, Expenditure, Savings and Investment" publié par *The Economic Journal* (juin, septembre 1941). Ce jeu de tableau représente des comptes mettant en jeu les entreprises, les ménages, les administrations publiques et le reste du monde. Quand bien même il est encore incomplet[89], il constitue l'ossature du premier cadre de Comptabilité nationale. Dans un souci de comparabilité et d'harmonisation internationale, le Comité des statisticiens chargés du Revenu national au sein de la SDN entreprend de l'améliorer dès 1945. Les recommandations du comité sont publiées en 1947 sous le titre « Définition et mesure du Revenu National et totaux connexes ». De 1950 à 1953, les États de l'OECE (Organisation européenne de coopération économique, devenue depuis OCDE) poursuivent la normalisation. L'ONU finalise ces travaux en publiant en 1953 le premier *Système de comptabilité nationale* des Nations Unies (SCN).

---

[85] Simon Kuznets (1901-1985), est un économiste et statisticien américain d'origine russe et lauréat du Prix Nobel d'économie en 1971 pour son interprétation de ses travaux sur la croissance. Il a été à l'origine du PIB.

[86] James Meade (1907-1995), prix Nobel 1977.

[87] Richard Stone (1913-1991), prix Nobel 1984.

[88] Ils étaient tous deux fonctionnaires du bureau de guerre et travaillaient en collaboration avec Keynes sur les méthodes de financement de la reconstruction.

[89] Les opérations financières, et la structure du système productif n'y figurent pas. Les comptes des secteurs ne sont pas clairement présentés (Vanoli, 2002).

Dans ce SCN, la production ne compte que les biens et services échangés sur le marché.

Depuis lors, le SCN, d'inspiration keynésienne, a subi trois (3) révisions, en 1968, 1993 et 2008 pour s'adapter à l'évolution des économies et aux besoins d'informations pratiques qu'elle requiert. Cependant, il continue d'exclure les services pour usage final propre.

Source : Inspiré de Vanoli (2002) et Piriou (2005)

2.1.2. Une conception restrictive de la population active

À l'origine, les États ont élaboré les statistiques de la main-d'œuvre et du revenu national pour jauger l'activité économique et servir d'outils de planification à la politique économique.

L'activité économique était symbolisée par le marché et limitée au marché de sorte que la définition du travail était biaisée puisqu'il se réduisait à l'emploi rémunéré. Ainsi, tout travail non rémunéré, entre autres celui des femmes dépourvues d'emploi, n'apparaissait pas dans la comptabilisation du Produit national, qu'il s'agisse de production de subsistance[90], de production domestique, encore moins de travail fourni gratuitement dans certaines structures informelles ou du travail bénévole (Beneria, 1999).

De même, les travailleurs qui exerçaient ces activités ne comptaient pas dans les statistiques de la main-d'œuvre. La population des détenteurs d'emploi était alors comptabilisée par le biais de recensement de population, jusqu'à ce que le Comité d'experts statisticiens de la Société des Nations propose une définition de l'activité rémunérée en 1938 (BIT, 1976), afin de pouvoir comptabiliser l'ensemble des travailleurs et procéder à des comparaisons transnationales. Cela a permis une harmonisation internationale de la collecte des données statistiques sur ce que la Commission de Statistique de l'ONU nommera en 1966 la « population active ». Celle-ci désigne « toutes les personnes des deux sexes qui fournissent la main-d'œuvre disponible pour la production de biens et services » (*ibid.* : 33)[91].

[90] La production de subsistance a été admise dans la frontière de production par le SCN 1968.

[91] Cité par Beneria, 1999 : 319.

Ainsi, la population active est définie par rapport au produit national. Réciproquement, le produit national ne compte que les biens et services produits par la population active. Tout comme cette définition exclut toute personne qui ne travaille pas en échange d'une rémunération, de même, le produit national ainsi défini exclut toute activité productive domestique qui n'est pas rémunérée. On comprend donc aisément pourquoi les femmes actives dans l'agriculture de subsistance étaient considérées comme inactives. De même, leur production n'était pas comptabilisée dans le Produit national.

Cette définition sera complétée en 1982 lors de la treizième (13e) Conférence internationale des Statisticiens qui entendra par population active « toutes les personnes des deux sexes qui fournissent [...] la main-d'œuvre disponible pour la production de biens et services, comme définis par les systèmes de comptabilité et bilans nationaux des Nations Unies. Selon ces systèmes, la production[92] de biens et services comprend toute la production et la transformation des produits primaires, que ceux-ci soient destinés au marché, au troc ou à l'autoconsommation, ainsi que la production pour le marché de tous les autres biens et services et, dans le cas de ménages produisant de tels biens et services pour le marché, la production correspondante qui fait l'objet d'autoconsommation » (BIT, 1982, § 5).

D'où le caractère capital de la définition de la production dans le Système de comptabilité nationale car il détermine la composition de la population active.

À ce propos, la frontière de production définie par le SCN 93 ne devrait-elle pas engendrer une amélioration du concept de population active ? Comment nommer les personnes qui participent à la production non-SCN, celle qui figure dans les comptes satellites ? Le SCN manque de précision à ce sujet. Pourtant, il devient nécessaire de définir cette catégorie d'agents économiques producteurs, acteurs de la production domestique.

Malgré les progrès conceptuels réalisés dans la définition de la production et de la population active, de nombreuses insuffisances statistiques persistent. C'est pourquoi le Programme d'action de Beijing recommandait aux statisticiens d'approfondir les connaissances générales de toutes les formes de travail et d'emploi (Nations Unies, 1995).

---

92 Production au sens du SCN 1968 qui est celui alors en vigueur.

En désignant le travail non rémunéré comme secteur clé d'intervention politique des Nations Unies, ce Programme d'action de Beijing exige des gouvernements d'« … acquérir une connaissance plus détaillée de toutes les formes de travail et d'emploi en améliorant la collecte de données sur le travail non rémunéré, par exemple dans l'agriculture, en particulier l'agriculture de subsistance, et dans d'autres types d'activités de production non marchande, qui est déjà prise en considération dans le Système de comptabilité nationale de l'ONU » (Nations Unies, 1995 : 93). Il requiert également qu'ils élaborent « des méthodes d'évaluation quantitative, du travail non rémunéré qui n'est pas pris en considération dans la comptabilité nationale, par exemple, la garde des personnes dépendantes et la préparation de la nourriture… » (*ibid.*)[93].

Ce sont là autant de progrès réalisés pour combler les lacunes conceptuelles qui ont contribué à la non-prise en compte du travail non rémunéré.

Au final, l'ensemble de ces efforts, en vue de la reconnaissance du travail non rémunéré, a été couronné par une contribution majeure de l'OIT (2008) puisque l'organisation a officiellement reconnu le travail non rémunéré lors de sa dix-huitième Conférence internationale des statisticiens du travail[94]. Recommandant que chaque État s'efforce d'élaborer un système complet de statistiques du temps de travail, la récente résolution concerne la mesure du temps de travail[95] et mentionne que « le temps de travail peut aussi se référer aux activités au-delà du domaine de la production du SCN, telles que les services produits et consommés au sein d'un même ménage et les activités des travailleurs bénévoles au sein des ménages, qui produisent des services pour l'usage final du ménage » (OIT, 2008 : 45).

[93] Ces recommandations sont énoncées dans le cadre de l'Objectif stratégique H.3. du Programme d'action de Beijing qui est de « Produire et diffuser des données et des informations ventilées par sexe aux fins de planification et d'évaluation » (Nations Unies, 1995 : 92).

[94] Tenue à Genève du 24 novembre au 5 décembre 2008.

[95] Résolution adoptée le 5 décembre 2008. Elle se substitue à la résolution concernant les statistiques des heures de travail de 1962.

2.2. Raisons statistiques : une méthodologie lacunaire

La mesure du travail des femmes dans les pays en développement (particulièrement en Afrique) souffre encore de difficultés d'ordre méthodologique lors de la collecte de données, notamment, parce que d'une part, les femmes sont soumises à la pluriactivité et, d'autre part, parce qu'elles restent des « aides familiales » qui travaillent gratuitement.

2.2.1. La pluriactivité

Dans les pays en développement, une part importante des femmes mène d'autres activités productives parallèlement à leur emploi, compte tenu de la précarité des salaires. Ces activités connexes échappent souvent aux collectes de données effectuées par les enquêtes classiques sur la main-d'œuvre.

Lors des recensements de population ou des enquêtes spécifiques sur la main-d'œuvre, les femmes, tout comme les hommes, ne déclarent généralement que leur occupation principale. Pourtant bon nombre d'entre elles entreprennent des activités secondaires[96], mais elles ne jugent pas utile de les mentionner. Il appartient à l'agent enquêteur qui collecte les données de poser des questions spécifiques à ce sujet. En procédant ainsi lors du recensement de la population en 1985 au Burkina Faso, 25 % des actifs ont alors déclaré une activité secondaire (Charmes, 1996). Si cela n'a pas changé le taux d'activité féminine[97], en revanche la structure du secteur informel s'en est trouvée modifiée, passant d'une « dominante urbaine, masculine et tertiaire lorsqu'on s'en tient à l'analyse de l'activité principale [...] à une dominante rurale, féminine et manufacturière lorsqu'on tient compte de la pluriactivité » (*ibid.* : 41).

Lorsqu'il s'agit d'activités hors SCN admises dans la production au sens large, alors la pluriactivité est encore plus fréquente, car dans la sphère domestique les femmes exécutent toujours plusieurs tâches simultanément. Ainsi, la préparation des repas se fait souvent en même temps que la garde d'enfants. On parle aussi « d'activités

[96] Ces activités relèvent souvent du secteur informel pour lesquelles elles peuvent percevoir un revenu monétaire.

[97] Le SCN alors en vigueur était le SCN 68. Ce taux aurait changé avec la nouvelle définition de la production du SCN 93.

simultanées, de chevauchement d'activités, d'activités concurrentes ou parallèles… » (Ironmonger, 2003b). La capture de toutes ces activités simultanées relève de la vigilance de l'enquêteur ou des acteurs de l'intelligence économique nationale (chercheurs, économistes).

2.2.2. Un statut d'aide familiale

La sous-estimation du travail des femmes est aussi due à leur statut d'aide familiale (*unpaid family workers*) dans les campagnes aussi bien qu'à la ville. Tandis que dans les campagnes, cela se traduit par le rôle d'aides agricoles qu'elles jouent pour le champ familial qui appartient officiellement au mari, chef de ménage ; en ville, elles peuvent travailler gratuitement dans une entreprise familiale.

Quand bien même le SCN reconnaît ces activités agricoles dans le cadre strict de la production, à titre d'agriculture de subsistance, ces femmes ne sont pas toujours comptées comme actives pour ces activités SCN qu'elles exécutent. C'est le cas, par exemple, pour les activités de transformation des produits agricoles, le battage des céréales, la mouture de grains, le transport de l'eau, la collecte du bois… les ménagères qui les pratiquent quotidiennement sont-elles pour autant comptées pour actives ? Si elles l'étaient, cela augmenterait de plusieurs points le taux d'activité féminin au Burkina Faso, car la quasi-totalité des femmes en âge de travailler dans les villages s'adonnent à ces activités qui, pour elles, font naturellement partie du travail domestique exigé dans leur concession (Blades, 1975).

Il est d'ailleurs intéressant de noter que ces femmes ménagères n'ont pas toujours eu un statut d'improductives. En effet, dans les premiers recensements en Angleterre et aux USA, en 1800, elles étaient considérées comme des travailleuses productives. Leur statut a changé au cours du XIXe siècle, de sorte qu'elles ont progressivement été reléguées au rang de « dépendantes » au début du XXe siècle[98] (Folbre, 1991).

---

[98] Voir Folbre Nancy (1991), "The Unproductive Housewife: Her Evolution in Nineteenth Century Economic Thought", *Journal of Women in Culture and Society*, vol. 16 (3), p. 463-484.

Conclusion

Le SCN 93 recommande de compter désormais dans le PIB les biens produits par les ménages pour leur propre consommation. Par contre, les services que ceux-ci produisent pour eux-mêmes sont exclus du cadre central de la production. Ceux-ci comprennent les travaux ménagers, le bricolage, les soins aux personnes, etc. Ils constituent le travail non rémunéré. Il s'agit d'une production que le SCN reconnaît comme production économique au sens large et qu'il recommande de comptabiliser dans des comptes satellites de production des ménages, exclus du calcul du PIB.

Ceci dit, il n'existe pas de définition unique du travail non rémunéré. Pour les uns, il ne comprend que le travail domestique. Pour d'autres, il comptabilise aussi les activités de soin. Enfin, certains y incluent également les services rendus à d'autres ménages au titre du bénévolat. La présente étude retient cette composition tripartite du travail non rémunéré.

Tel qu'ainsi défini, on comprend que la participation des femmes à l'activité économique dans le cadre de la production non marchande soit sous-estimée. Cela est dû aussi bien à des raisons conceptuelles que statistiques.

D'une part, les auteurs du Système de comptabilité nationale, héritiers du courant de pensée néoclassique, ont eu une conception restrictive de la production : elle ne comptait que les biens faisant l'objet d'échange marchand, c'est-à-dire la production marchande. Il s'en est déduit une conception tout aussi restrictive de la population active : elle ne compte que ceux qui participent à la production (marchande). De ce fait, la production domestique, dont les femmes assurent la majeure partie, a été exclue du champ de l'analyse économique tout comme les travailleuses domestiques ont été exclues des statistiques de la main-d'œuvre.

D'autre part, il est statistiquement difficile de mesurer le travail non rémunéré des femmes. Non seulement elles accomplissent plusieurs tâches simultanément, mais aussi elles ont souvent un statut d'aide-ménagère et agricole. Quand bien même le SCN préconise la comptabilisation des productions domestiques, le fait que la méthodologie demeure lacunaire, a pour conséquence qu'une partie de leur production, qui aurait dû être comptabilisée dans le PIB, échappe aux enquêteurs.

Par ailleurs, la lenteur des instituts statistiques nationaux à établir les comptes satellites de production des ménages laisse toujours invisible l'activité productive des femmes.

Chapitre 5

ENJEUX DE LA VALORISATION DU TRAVAIL NON RÉMUNÉRÉ

« La prise en compte du travail non rémunéré est une question économique mais aussi une question de justice sociale et d'équité. »

Ky, 2013

Ce chapitre aborde les nombreux enjeux de la valorisation du travail domestique. La production non marchande des ménages pour leur propre usage est importante en volume et a pour effet d'augmenter considérablement leur base de consommation, surtout dans les pays en développement. De même, le travail non rémunéré qui sert à sa production représente de nombreuses heures que les statistiques conventionnelles ne prennent pas en compte. Or, il est primordial pour les économies africaines de quantifier cette part de travail des femmes et des hommes qui échappe à toute comptabilisation statistique.

Pour quelles motivations ? Quel rôle joue-t-elle dans les équilibres macroéconomiques et en matière de lutte contre la pauvreté ? Ces questionnements feront l'objet d'un premier point.

Dans un deuxième point, le chapitre explorera les questions théoriques que soulèvent la quantification et la valorisation monétaire de ce travail, car celle-ci est controversée. Quelle théorie de la valeur permet-elle de considérer les travaux domestiques comme du travail ? L'analyse néoclassique justifie-t-elle l'exclusion du travail domestique de la comptabilité nationale ? Il existe pourtant un « visa » théorique à la valorisation du travail non rémunéré. C'est pourquoi, malgré les divergences théoriques, on assiste, de par le monde, à de nombreux essais, cas de quantification et de valorisation de ce travail, surtout dans les pays développés. Aussi, un troisième point discutera les méthodes de valorisation.

1. Pourquoi mesurer le travail non rémunéré

Le travail non rémunéré revêt une importance capitale aussi bien dans l'équilibre du système économique que dans les politiques socio-économiques, mais cela ne peut être mis en évidence sans sa quantification. Aussi, mesurer le travail non rémunéré des femmes permet, d'une part, de se rendre compte de l'importance du volume de la production non marchande qui s'opère au sein des ménages. Puisque l'économie marchande et l'économie domestique sont interdépendantes, ne pas connaître ce volume place l'économiste dans l'incapacité de prévoir et de contrôler son impact sur la croissance économique.

D'autre part, la quantification permet de donner une mesure plus juste des statistiques de la main-d'œuvre et du revenu et d'amorcer une analyse macroéconomique intégrant les spécificités de genre.

1.1. Comptabiliser une production domestique abondante mais « invisible »

Comme précédemment vu, les auteurs du Système de comptabilité nationale, héritiers du courant de pensée keynésien, ont eu une conception très restrictive de la production puisqu'elle ne comptait que les biens faisant l'objet d'échange marchand, autrement dit la production marchande. Pour Clark (1971 : 759), « il faut exclure de l'estimation du produit national la valeur de tout service que les individus se rendent à eux-mêmes, à leur famille, à leurs amis »[99].

Compte tenu de ce biais initial de la Comptabilité nationale, le travail au sein des ménages a toujours été écarté lors de la comptabilisation du produit national jusqu'au SCN 93. Pourtant, il représente, partout dans le monde, une part importante du travail total accompli pour l'économie (Ironmonger et Hill, 1999 ; Hill, 1979).

L'importance de cette production se reflète aussi bien par le temps qui lui est dévoué que par la valeur monétaire du produit qu'il engendre.

Encore faudrait-il reconnaître et admettre que dans l'économie, les ménages jouent aussi un rôle de producteur concomitamment au rôle de consommateur et de pourvoyeur de main-d'œuvre qui leur est traditionnellement attribué. Margaret Reid (1934), précurseur de la comptabilisation du travail domestique déplorait dans *Economics of Household Production* que bien que l'économie domestique soit l'institution économique la plus importante, les économistes dans leur ensemble n'avaient d'intérêt que pour cette partie du système économique basée sur les prix (*ibid.*).

En ignorant la production domestique au profit exclusif de l'économie marchande, les planificateurs se cantonnent à une vue partielle de l'économie. Ils sont par ailleurs limités par le manque de données statistiques sur une partie pourtant volumineuse de la production économique. Cette vision étriquée ne peut que déboucher sur des politiques inadéquates et de portée limitée, dont les résultats peinent à améliorer le sort des populations. C'est pourquoi il est impératif que

---

[99] [Notre traduction].

les politiques publiques tiennent compte des interactions entre la production marchande et la production domestique non marchande, voire qu'elles octroient également à cette dernière des ressources à la hauteur de son importance économique.

1.1.1. Importance du travail non rémunéré en volume

Dans toute société, le nombre d'heures de travail consacré au travail domestique rivalise avec le nombre d'heures de travail consacré à la production marchande lorsqu'il ne l'excède pas. Quelques exemples contemporains illustrent cet état de fait.

En France, l'INSEE évalue à 38 milliards d'heures le travail rémunéré effectué pour l'année 2010. Sur la même période, 42 à 77 milliards d'heures ont été consacrées au travail domestique, soit près du double[100] (Roy, 2012). Des estimations similaires pour 1998, donnaient 38 milliards d'heures de travail rémunéré alors que le volume de travail domestique représentait une à deux fois celui du travail rémunéré (entre 38 et 78 milliards d'heures[101]) soit 155 % à 205 % du volume de travail rémunéré (Roy, 2011). Ces tendances sont les mêmes depuis plus de deux décennies puisqu'en 1985 et 1975, le temps de travail domestique valait respectivement 128 % et 110 % du temps de travail rémunéré (Chadeau, 1992[102]).

Notons que le temps consacré par les femmes au travail domestique est souvent supérieur au temps professionnel, alors que la tendance est inversée pour les hommes. En 2010, les femmes accomplissaient 3 h 55 mn de travaux domestiques et 2 h 39 mn de travail professionnel, alors que les hommes accomplissaient 3 h 52 mn de travail professionnel et 2 h 24 mn de temps de travail domestique (INSEE, 2011).

En Suisse, le volume horaire total de travail non rémunéré est également supérieur à celui du travail rémunéré. En effet, l'Office Fédéral Suisse (OFS) fait état pour l'année 2010 d'un volume de

[100] Selon la définition retenue du travail non rémunéré et pour les personnes âgées de 11 ans et plus.

[101] Selon que l'on y inclut ou non les activités de semi-loisir comme le bricolage et le jardinage, ou encore les trajets.

[102] Son évaluation était restreinte à la population urbaine âgée de 18 ans et plus.

travail de 7,5 milliards d'heures rémunérées, et de quelque 8,2 milliards d'heures de travail non rémunéré[103] (OFS, 2012).

De plus, lorsqu'on distingue les hommes et les femmes, on remarque que ce sont systématiquement les femmes qui assument la plus grosse part du travail domestique.

Au cours des années 80 et 90, elles consacraient deux fois plus de temps que les hommes aux tâches non rémunérées dans les pays développés, assumant la quasi-totalité de ces travaux (jusqu'à 75 %) (Nations Unies, 1995).

Les rares études faites en Afrique révèlent des inégalités encore plus marquées. Charmes (1998 ; 1999) montre qu'en milieu rural béninois, les hommes consacrent 50 minutes au travail domestique sur une journée de 24 heures alors que les femmes y consacrent 3 h 15 mn, soit près de quatre fois plus de temps. L'étude comparative qu'il a menée dans d'autres pays d'Afrique subsaharienne donne des résultats similaires (Charmes, 2006). Pour l'Afrique du Sud (2010), Mali (2008), Tunisie (2005), Madagascar (2001) et le Maroc (1998), le travail domestique occupe de 50 % à deux tiers du temps de travail des femmes.

Ces disparités ne sont pas l'exclusivité du continent africain. Au Japon, Fukami (2000) estime que les femmes consacrent par jour 3 h 50 min au travail non rémunéré alors que les hommes y consacrent une demi-heure (31 minutes), soit près de 7 fois moins.

Les tendances européennes s'opèrent également « au détriment » des femmes. En Suisse, les femmes en 2007 consacraient 30 heures par semaine au travail non rémunéré et les hommes 18 h 06 mn (Office Fédéral de la Statistique, 2012). Une baisse s'est opérée en 2010, tout en maintenant la « suprématie » des femmes : elles consacrent 27 h 36 min par semaine au TNR et les hommes 16 h 12.

Quant aux femmes de France en 2010, leur contribution au travail domestique s'élevait en moyenne à 3 h 52 mn contre 2 h 24 mn pour les hommes (INSEE, 2011). En 1999, le temps dévoué au travail domestique était de à 4 h 23 mn pour les femmes et 2 h 24 mn pour les hommes (Charmes & Unni, 2004 : 21). Pour les couples de salariés[104] même lorsque les deux conjoints travaillent à temps complet, les

[103] Population âgée de 15 ans et plus.

[104] Estimations basées sur les données recueillies en 1998-1998.

tâches domestiques occupent les femmes 4 heures par jour en moyenne, contre 2 heures 1/4 pour les hommes (Ponthieux et Schreiber, 2006). En réalité, les écarts homme-femme sont variables. De l'étude « Les femmes » réalisée en 2011 dans 26 pays de l'OCDE, ainsi que dans trois pays émergents (Chine, Inde et Afrique du Sud), il ressort qu'en Turquie, au Mexique, et en Inde, les femmes consacrent 4,3 à 5 heures de plus par jour que les hommes au travail non rémunéré, alors que l'écart n'est que légèrement supérieur à une heure dans les pays nordiques.

1.1.2. Importance du travail non rémunéré en valeur

Cela dit, l'abondance de la production domestique s'illustre mieux lorsqu'on valorise les heures de travail qui lui sont consacrées. Les valeurs monétaires obtenues représentent alors de fortes proportions de la production marchande.

De nombreux exemples peuvent être cités à travers le monde pour mettre en évidence l'importance en valeur du travail non rémunéré dans l'économie. Les études sont plus nombreuses dans les pays industrialisés, car les systèmes statistiques y sont plus performants et la mise en œuvre du SCN 93, qui recommande l'établissement des comptes satellites, y est plus avancée. Cet avancement traduit également une certaine prise de conscience de ces pays vis-à-vis de l'importance du travail non rémunéré qui est, d'ailleurs, bien antérieure au SCN 93.

En France, la première évaluation[105] du travail domestique aboutissait à 44 % du PIB en 1975 (Chadeau et Fouquet, 1981 : 45). De 1995 à 2006, il s'élevait à 30 % du PIB (Stiglitz, Sen et Fitoussi, 2009), alors que pour 1998, il valait[106] 27 % du PIB (Roy, 2011) et 33 % du PIB pour 2010 (Roy, 2012)[107].

Ces chiffres sont inférieurs à ceux de la production domestique britannique que Short (2001) estimait à 50 % du PIB pour l'année 1999. Cependant, ils restent dans l'intervalle moyen des évaluations.

[105] Toutes les estimations citées dans ce paragraphe ont été faites par la méthode du coût de remplacement généraliste.

[106] Sur la base des enquêtes emploi du temps 1998 de l'INSEE.

[107] Le volume horaire total de travail non rémunéré valorisé au Smic net (6,95 euros de l'heure au 1er janvier 2010).

Les résultats de longue période obtenus en Finlande le corroborent. De 1980 et 2001, la valeur du travail non rémunéré y représentait 41,7 % du PIB en 1980, 45,1 % du PIB en 1990 et 46,4 % du PIB en 2001 (Varjonen et Aalto, 2006), soit une moyenne de 40 % du PIB (Stiglitz *et al.*, 2009) entre 1995 et 2006. Un tel résultat est proche de la production domestique de la Suisse[108] estimée à 41,2 % du PIB pour l'année 2000 (OFS, 2004). Ceci dit, l'Australie atteint des sommets puisqu'en 1992, la production domestique australienne représentait 98 % du PIB (Australian Bureau of Statistics, 1994) et près de 80 % du PIB marchand en 2000 (Ironmonger et Soupourmas, 2002).

L'étude menée par l'OCDE en 2011 permet des comparaisons spatiales plus étendues, mais dont les résultats sont proches des précédents malgré de fortes variations. Dans les 25 pays de l'OCDE, la valeur[109] du travail non rémunéré oscille entre 19 % du PIB en Corée et 53 % du PIB au Portugal (Miranda, 2011).

Si les pays développés multiplient les essais de quantification de la production domestique, c'est loin d'être le cas dans le monde en développement où de telles initiatives demeurent rares. C'est d'autant plus regrettable que c'est précisément là que la production domestique est la plus abondante.

Sur le continent africain, quelques rarissimes ébauches peuvent être citées. Sans pour autant élaborer officiellement des comptes satellites de production des ménages, quelques pays ont déjà procédé à des estimations de la valeur du travail non rémunéré.

En Afrique du Sud, cette valeur pouvait atteindre 50 % du PIB en 2000 (Budlender et Brathaug, 2002). Alors qu'à Maurice, elle valait 30 % du PIB en 2003 (Central Statistics Office, 2005) ; la Tunisie l'évaluait à 43 % du PIB en 2006 (ministère des Affaires de la femme, 2011)[110].

---

[108] Étude faite par l'Office Fédérale Suisse (OFS) dans le cadre d'un projet pilote d'élaboration de comptes satellites de la production domestique.

[109] Valeur évaluée au coût que représenterait une personne embauchée pour réaliser ce travail domestique.

[110] L'Afrique a connu quelques estimations à l'époque où les méthodologies étaient individualistes et peu harmonisées. Ainsi, le travail domestique camerounais en 1974 était évalué à 52 000 FCFA. D'autres expériences, restreintes à certaines activités domestiques en particulier, ont été faites pour le Botswana en 1984, le Lesotho en 1976, le Nigéria en 1953 et la Tanzanie en 1975 (Goldschmidt, 1987).

Il ressort que la production domestique est si volumineuse qu'elle peut mériter l'appellation « d'économie domestique ». En réalité, l'économie peut être conçue comme un iceberg ayant différentes strates qui vont de l'économie formelle à l'économie domestique et de soin. Le degré de monétarisation et, par conséquent, de quantification statistique de cet iceberg diminue au fur à mesure qu'on va vers le bas. En effet, l'économie formelle quantifiée par le Système de comptabilité nationale et les agrégats économiques traditionnels ne représente que la part visible de l'économie dans sa globalité. Elle correspond aux biens et services commercialisés sur le marché par des unités institutionnelles régulièrement répertoriées. C'est la partie émergée de l'iceberg.

Dans le bloc immergé de l'iceberg, il existe cependant une autre catégorie de biens échangés contre monnaie, mais qui ne fait l'objet d'aucune annotation dans les statistiques officielles : c'est l'économie informelle. Pourtant ces deux catégories, économie de marché et économie informelle, font l'objet de flux monétaires. Ce qui n'est pas le cas pour l'économie de subsistance ni pour l'économie de soin et de reproduction sur lesquelles elles reposent et qui sont essentiellement produites grâce au travail non rémunéré. Elles constituent les strates les moins visibles (les plus immergées) de l'iceberg car ayant lieu au sein des ménages.

Aussi, quantifier le travail non rémunéré contribue à une meilleure connaissance d'une bonne partie de cet « iceberg » qu'est l'économie (cf. figure 5.1).

Figure 5.1. : La vision « en iceberg » de l'économie

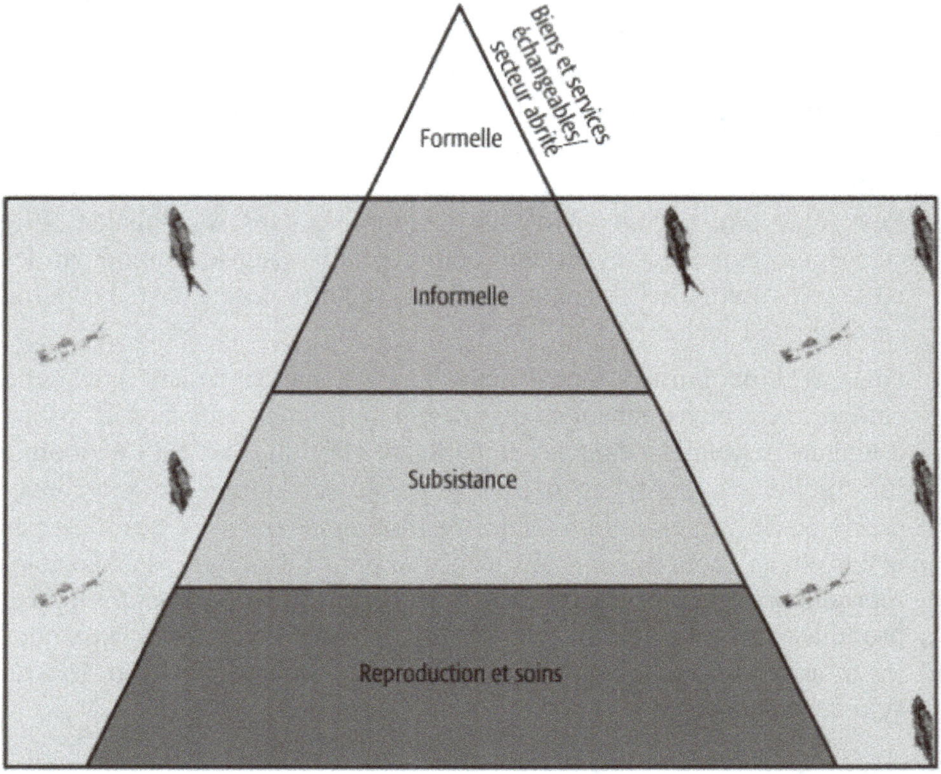

Source : Kabeer (2005 : 35)

1.2. Améliorer les statistiques de la main-d'œuvre et du revenu

De par le monde, rares sont les pays où le travail féminin est entièrement retracé par les statistiques officielles entrant dans l'élaboration des comptes nationaux. En moyenne, celles-ci excluent au moins les deux tiers du travail et de la production fournis par les femmes sous forme de travail non rémunéré (Ironmonger, 2001a). Dès lors que les femmes représentent la moitié de la population totale, comme c'est fréquemment le cas dans le monde entier, une part non négligeable du produit national est ainsi exclue. Ceci dit, le fait d'inclure dans le cadre strict du SCN – par comptabilisation dans le PIB – certaines activités qui s'apparentent à des activités domestiques quotidiennes du monde rural – comme le port de l'eau – induit un biais dans le dénombrement de la population active car les femmes qui les exercent ne sont pas pour autant comptées comme actives.

En effet, dans les pays en développement, les statistiques omettent de nombreuses femmes productrices de biens et services, compris dans le cadre strict de la production SCN. Ces femmes restent « invisibles » dans la population active alors que celle-ci est censée regrouper, par définition, toutes les personnes qui participent à la production SCN. Cette situation se rencontre fréquemment pour des activités telles que la transformation des produits agricoles, la mouture artisanale des céréales, ou d'autres comme le ramassage du bois de feu, le port de l'eau, etc. Le fait que ces activités se déroulent loin du marché, dans la sphère domestique des concessions villageoises, a pour effet de rendre les femmes « invisibles » pour le statisticien.

Il en ressort qu'en moyenne seulement 60 % de la production réelle des économies africaines, et seulement 50 % du travail réellement accompli sont couverts par les statistiques officielles (Latigo et Neijwa, 2005). Par conséquent, mesurer le travail non rémunéré correspondant permettrait de combler, en partie, ces lacunes statistiques qui biaisent la réalité de la main-d'œuvre, et celle du produit qu'il engendre. La correction n'est pas uniquement recherchée pour obtenir des chiffres exacts, mais plutôt parce que ces données statistiques sont nécessaires à la planification. Elles entrent notamment dans l'élaboration des agrégats macroéconomiques qui sont les véritables instruments de la politique économique des États.

1.3. Vers une analyse macroéconomique intégrant le genre

La macroéconomie étudie l'économie dans son ensemble à travers divers agrégats tels que le Produit national, le revenu, la consommation, les finances publiques, l'épargne et l'investissement, etc. Elle constitue le cadre d'élaboration et d'analyse des politiques économiques. Ces dernières devraient intégrer le travail non rémunéré dans leur formulation puisqu'il est, lui aussi, une variable de niveau macroéconomique (Hirway, 2005 ; United Nations, 2003). Une variable certes mal connue, mais dont l'influence sur les autres variables de l'économie est indéniable (Young, 2000). On peut se demander si le travail domestique n'influence pas l'offre de travail féminin. Ainsi, par exemple, la décision pour une femme d'entrer sur le marché du travail dépend, certes, de la rémunération qu'elle pourrait y gagner, mais aussi de la charge de travail domestique qu'elle assume déjà dans son foyer (Becker, 1965). En fait, l'économie domestique joue un rôle d'amortisseur des chocs économiques de plusieurs manières (Elson, 1996).

En fait, les politiques macroéconomiques ont un impact aussi bien sur la production SCN que sur la production hors SCN. Ironmonger (1989) montre qu'en fonction de la conjoncture économique, la production du marché et celle des ménages évoluent en sens cyclique inverse. Snooks (1994) le confirme par une étude faite sur le long terme en Australie.

Ainsi, l'augmentation de la production marchande et du revenu est compensée par une diminution de la production non marchande et du travail non rémunéré des ménages. Un tel résultat se comprend dans la mesure où en période de croissance économique, une augmentation du revenu et de l'emploi amène certains services domestiques à pénétrer le marché, comme les gardes d'enfants, la préparation des repas, le fait de faire les courses, etc.

À l'inverse, en période de récession, on assiste au transfert de nombreux services marchands vers la sphère domestique. Pour mieux comprendre le processus de compensation qui s'opère entre le secteur rémunéré et le secteur non rémunéré, il est essentiel d'avoir la mesure de ce dernier pour pouvoir anticiper l'effet d'une option de politique économique sur chacun des secteurs. C'est ainsi qu'une réduction des dépenses publiques peut paraître efficace, alors qu'en réalité elle ne se traduit que par un transfert des coûts du secteur rémunéré vers celui des ménages, et est alors supportée davantage par les femmes. L'exemple de l'activité de soin est bien représentatif de cette situation. Lorsque l'État réduit ses dépenses de santé en supprimant une partie des subventions en milieu hospitalier, on assiste à un transfert de certaines activités de soin du milieu hospitalier (devenu trop cher à cause du désengagement de l'État) vers la sphère domestique. Le malade est renvoyé prématurément à domicile pour une convalescence précoce ou pour des soins dits « légers ». Et ces soins sont généralement prodigués par les femmes (Ironmonger, 1994, 2001b).

Dans les pays industrialisés, de nombreuses personnes âgées seraient ainsi à la charge de leurs familles si l'État ne subventionnait pas des structures d'accueil dévolues aux personnes âgées.

Pour ce qui est de l'Afrique, les soins médicaux étant onéreux, car peu ou pas subventionnés, un malade est maintenu au maximum à domicile, où il est soigné par les femmes tant que son état ne nécessite pas une hospitalisation. S'il est hospitalisé, le retour à domicile est souvent effectué prématurément, en comptant sur les soins complémentaires qui seront prodigués gratuitement à domicile par un parent de sexe féminin (épouse, mère, sœur…).

L'exemple de la pandémie du sida est flagrant dans les pays d'Afrique australe où les femmes sont obligées de quitter tantôt leurs activités agricoles, tantôt leur emploi rémunéré, à défaut de pouvoir en diminuer les heures de présence, pour s'occuper d'un membre de la famille atteint de la maladie (Budlender, 2004 ; ONUSIDA *et al.*, 2004). C'est dans ce sens que Palmer (1997) voit en l'activité de soin l'équivalent d'une taxe majoritairement payée par les femmes. Par leur travail non rémunéré, les femmes « subventionnent » en quelque sorte l'économie mondiale (Kome, 2000). Elson (1996) observe que les politiques macroéconomiques des pays en développement ont, de fait, présumé de la souplesse du travail des femmes et de ce rôle d'amortisseur de chocs qu'elles peuvent jouer au sein du ménage. Finalement, nous constatons que ceci s'avère également valable pour les pays industrialisés, comme le confirment plusieurs études menées aux États-Unis, en Australie et au Royaume-Uni (Folbre, 1994 ; Bittman et Pixley, 1997 ; McDowell, 1991).

Weinrobe (1974 : 99) s'est employé à montrer l'importance de la production des femmes mariées aux USA dans la décennie 60. Son étude a alors révélé que le taux de croissance de l'économie américaine avait été sous-évalué de 1960 à 1970 du fait de la non-prise en compte de la production domestique qui pouvait être estimée à 30 % du Produit national brut et presque 40 % du Revenu national.

Ces exemples montrent combien il est primordial de connaître les variables qui représentent les activités hors SCN afin de trouver les moyens de les inclure dans la politique économique. L'analyse macroéconomique ne peut plus continuer à faire abstraction de la « sexospécificité » des rôles de ceux et celles qui contribuent à la croissance économique. Les politiques macroéconomiques se doivent donc d'intégrer les spécificités de genre. Plus généralement, les décideurs doivent se préoccuper des répercussions des politiques qu'ils préconisent en distinguant leurs effets respectifs sur les hommes et sur les femmes (Elson, 2002). Comme le souligne le Programme d'Action de la conférence de Beijing : « il faut repenser et reformuler les politiques macroéconomiques… » (Nations Unies, 1995 : 18) et « l'analyse sexospécifique de toutes sortes de politiques et de programmes est essentielle au succès de la lutte contre la pauvreté » (*ibid.*).

Les économistes dits adeptes d'une macroéconomie « sexospécifique » orientent leurs recherches dans cette voie. Un des objectifs est de pallier cette tendance à l'omission du travail non rémunéré des femmes pour l'intégrer dans l'analyse macroéconomique. D'autant plus que cet oubli n'est pas uniquement attribuable à la complexité des mesures spécifiques mises en œuvre. Il s'agit plutôt d'hypothèses initiales qui, dans les modèles économiques, excluent le temps consacré par les femmes au travail non rémunéré en tant que facteur de production (Bakker, 1998 : 3).

Sur cette base, on peut remédier, a posteriori, à ce manquement éthique de l'analyse macroéconomique qui a été commis lors de la conception du SCN, par le fait d'ignorer la production domestique qui se trouve être, de plus, majoritairement féminine.

Notons qu'à l'ensemble de ces raisons économiques qui justifient la comptabilisation du travail non rémunéré des femmes, s'ajoutent des motivations d'ordre éthique[111]. Elles portent sur la question de la liberté et de la capabilité des femmes, la promotion de l'équité économique et la justice sociale, la reconnaissance de la contribution sociale des femmes, l'abandon de cette évaluation inéquitable de la production globale, etc.

2. Controverse sur la valorisation

L'ampleur incontestable du travail non rémunéré et de la production domestique qu'il engendre au sein des ménages a été précédemment montrée, de même que le rôle essentiel qui en résulte dans la politique macroéconomique. Aussi, la production domestique doit être quantifiée pour qu'elle devienne visible et puisse ainsi jouer son rôle de variable économique.

[111] Voir Ky Barbara, 2013 « Enjeux éthiques et économiques de la Comptabilisation du travail non rémunéré des femmes », *Revue éthique économique – Ethics and Economics*, vol. 10, (2), 87-109.

Cependant, la quantification du travail domestique non rémunéré pose des questions théoriques qui suscitent de multiples controverses. En effet, le travail domestique peut-il être considéré comme du travail au même titre que le travail pour lequel on reçoit une rémunération ? Plusieurs courants s'affrontent. En sciences économiques, quels seraient les fondements théoriques permettant de considérer ou pas le travail domestique comme créateur de valeur et alors de le valoriser ?

2.1. Évolution de la valeur dans la pensée économique

Le concept de valeur a évolué dans l'histoire de la pensée économique (Lertaille, 1993). Il pose la question de savoir ce qui détermine la valeur d'un bien ou d'un service.

Pour les physiocrates, premiers penseurs de la science économique au cours des XVIIe et XIIIe siècles, la source de la valeur était la terre. Dans une économie essentiellement agricole à l'époque, la richesse et la croissance étaient assimilées à une abondante production agricole. Aussi, pour eux, l'élément déterminant pour produire de la richesse était évidemment la terre nourricière. Cette conception apparemment simpliste est devenue obsolète avec l'avènement de la révolution industrielle qui a dû rapidement voir comment intégrer le travail.

2.1.1. Les économistes classiques (fin du XIXe siècle)

Les économistes classiques de la fin du XIXe siècle ont mené une analyse objective de la valeur tout en se plaçant du côté des producteurs, car pour eux, la valeur est déterminée par les coûts de production. Le travail est l'élément déterminant, d'où le développement d'une théorie de la valeur-travail.

Pour Adam Smith (1723-1790), la valeur d'un bien dépend des intrants nécessaires à la production. Dans une économie primitive où le travail est le seul facteur de production, la valeur d'un bien est donc déterminée par la quantité de travail nécessaire à sa production[112]. Par ailleurs, il distingue la valeur d'usage de la valeur d'échange (Smith, 1776). En d'autres mots, c'est le pouvoir d'achat potentiel que confère la possession du bien. Une confusion alors surgit : la valeur dépendrait

---

[112] Tandis que la valeur d'usage représente l'utilité du bien en question, la valeur d'échange renvoie à la quantité de marchandises que l'on pourrait obtenir en échangeant ce bien.

tout à la fois de la quantité de travail incorporée dans la production du bien et de celle que ce bien permettrait d'acquérir. Cette explication reste floue et laisse irrésolues certaines questions qu'illustre bien le paradoxe de l'eau et du diamant[113]. Ricardo (1772-1823) améliore la pensée de Smith en élargissant les facteurs de production au capital tout en reconnaissant cependant que le travail reste l'élément principal dans la mesure où le capital n'est perçu que comme une autre forme de travail : celui qui a servi à produire les machines et équipements.

Karl Marx, ici considéré comme le dernier des classiques, s'inspire de l'analyse ricardienne en reconnaissant que la valeur d'une marchandise dépend du travail incorporé. En revanche, il conteste l'idée qu'elle puisse dépendre de l'utilité, conférant exclusivement au travail, la seule source créatrice de valeur. Cependant, cette valeur selon Marx ne s'applique qu'au travail fourni pour la production de marchandises échangeables sur le marché. De ce fait, le travail fourni dans le cadre de la production domestique n'a aucune valeur pour Marx. Il est même doublement improductif puisqu'il ne produit ni marchandises ni plus-value.

Cette conception objective de la valeur selon les classiques reste tout de même insuffisante et confuse. Elle laissera place à une conception plus subjective à la faveur de la révolution marginaliste de la fin du XIXe siècle.

2.1.2. L'avènement du marginalisme

Alors que Smith et Ricardo expliquaient la valeur d'une marchandise en fonction de la quantité de travail nécessaire pour la produire (valeur-travail), trois économistes de pays pourtant différents vont développer quasi simultanément un nouveau concept : l'utilité marginale.

William Stanley Jevons (1835-1882) en Angleterre, Léon Walras (1834-1910) en Suisse et Carl Menger (1840-1921) en Autriche, définissent l'utilité marginale d'un bien ou d'un service comme l'utilité (ou la satisfaction) que procure la consommation d'une unité

---

[113] L'eau qui a une grande valeur d'usage (indispensable à la vie) a une valeur d'échange insignifiante. On ne peut pas la changer contre une grande quantité de bien. Par contre, le diamant, qui a une faible valeur d'usage, a une extraordinaire valeur d'échange, car on peut l'échanger contre quantité importante de biens.

supplémentaire de ce bien ou ce service[114]. Ils fondent ainsi l'école marginaliste à partir des années 1870 pour qui la valeur d'un bien ou d'un service ne dépend pas de son coût de production, mais plutôt de son utilité, c'est-à-dire de la satisfaction qu'il procure. Ils distinguent alors l'utilité totale de l'utilité marginale. Cette dernière dépend de la rareté du bien (ou service) et c'est elle qui fonde la valeur[115] et en détermine le prix.

L'avènement du marginalisme introduit un changement de paradigme dans la pensée économique conduisant au passage de l'économie classique au courant néoclassique[116]. Désormais, la valeur d'un bien ou d'un service a aussi une composante subjective, la valeur-utilité. Elle dépend à la fois de sa rareté, de ses coûts de production et de l'utilité qu'il procure. Ce n'est pas tant la quantité totale de bien consommée qui procure de la valeur, mais plutôt la consommation d'une unité supplémentaire. Le paradoxe de l'eau et du diamant est ainsi levé : l'utilité marginale du diamant est beaucoup plus élevée que celle de l'eau et ceci explique que le diamant coûte plus cher que l'eau.

Ce développement succinct que nous venons de faire au sujet de l'évolution de la valeur explique, sans pour autant convaincre, pourquoi certains auteurs comme Shivakumar (1997) contestent les évaluations monétaires du travail non rémunéré par le temps de travail. Pour eux, celles-ci ne reposent sur aucune base théorique. Elles découleraient de la conception objective de la valeur-travail de Ricardo et Marx qui leur semble anachronique.

Ces auteurs restent, en fait, tributaires des transactions monétaires comme gage de valeur. On peut donc se demander si la valeur proviendrait exclusivement de l'échange marchand. Même si tel était le cas, on pourrait alors dire que les services domestiques produits par le travail non rémunéré ont bien une valeur économique. Ils font, de

---

[114] Cité par Moutoussé et Waquet (2008 : 12).

[115] Plus l'utilité totale est faible (ce qui est le cas d'un produit rare disponible en faible quantité), plus l'utilité marginale est forte, et plus le produit coûtera cher.

[116] Dans le courant néoclassique, l'individu devient un « *homo-economicus* », c'est-à-dire un être rationnel. On passe également à un raisonnement microéconomique où cet *homo-economicus* cherche à maximiser sa satisfaction sous contrainte du revenu. Cette optimisation de la fonction d'utilité entraîne une approche quantitative par l'usage incontournable de l'outil mathématique utile au calcul différentiel.

plus, preuve d'une certaine rareté, car disponibles en quantité limitée. Ils ont des coûts de production quantifiables et procurent une utilité certaine aux membres du ménage. Voilà pourquoi bon nombre d'entre eux ont pénétré l'économie marchande et font l'objet maintenant d'échanges marchands.

2.2. Le travail domestique dans la théorie du choix du consommateur

En sciences économiques, le travail domestique reste un défi théorique. Il représente une part importante de l'effort humain qui, parce qu'il est hors du circuit marchand, échappait à la loi de la valeur. Par conséquent, il a longtemps été ignoré par les différents courants de la pensée économique. En effet, la production domestique était exclue du champ d'analyse de la théorie économique. Le travail domestique apparaît explicitement dans les modèles économiques à travers le développement de la théorie des choix du consommateur. En effet, cette dernière introduit la production domestique dans le cadre de l'analyse économique en assignant au ménage non seulement un rôle de producteur au-delà de celui de consommateur, que lui attribuait déjà la théorie économique traditionnelle, mais aussi en mettant en évidence la nécessité d'une allocation optimale du temps.

2.2.1. La théorie traditionnelle : assimilation du « non-travail marchand » au loisir

La théorie traditionnelle du choix du consommateur cherchait à expliquer uniquement le comportement du consommateur, celui-ci pouvant être un ménage. Elle considère que sa fonction d'utilité dépend du niveau de sa consommation et de son revenu. Le consommateur est censé maximiser sa satisfaction grâce à la consommation (l'achat) des biens et services sous contrainte de son revenu. Effectivement, il ne peut acquérir de biens que dans la limite que lui permet son budget. Ce faisant, l'analyse économique, avec cette optique, se cantonne aux barrières du marché. Elle ne pénètre pas la sphère domestique. De ce fait, elle occulte tout le processus de transformation opéré par l'individu au sein du ménage avant la consommation. De même, elle ignore les biens et services produits par le ménage pour sa propre consommation et qui contribuent aussi à la fonction d'utilité du consommateur[117].

La limitation de l'analyse économique aux frontières de la sphère domestique prévaut aussi lorsqu'on applique la théorie traditionnelle du choix du consommateur à un bien particulier : le travail. En effet, pour proposer une fonction de l'offre de travail, on suppose que la fonction d'utilité du consommateur dépend de deux facteurs : le travail et les loisirs. La satisfaction émanant du travail est traduite par le revenu, qui permet l'achat de biens et services. Cela sous-entend que l'on considère comme travail exclusivement le travail rémunéré puisque lui seul procure un revenu permettant l'acquisition des biens et services. De ce fait, l'individu arbitrera entre son temps de travail rémunéré et son temps de loisir en fonction, d'une part, du taux de salaire, qui est un déterminant de sa capacité à consommer, et, d'autre part, de l'utilité que lui procurent les loisirs.

Cette conception pèche par le fait que tout le temps qui n'est pas consacré au travail rémunéré est considéré comme étant voué aux loisirs, ce qui est indéniablement faux.

2.2.2. La nouvelle théorie : une prise en compte de travail domestique

Ce défaut sera corrigé par Becker (1965) qui introduit dans l'analyse économique un temps de « non-travail marchand ». En effet, la question de l'allocation optimale du temps sera à la base des réflexions de Gary Becker (1965) qui va impulser une nouvelle théorie du choix du consommateur permettant de prendre en compte le travail domestique. Becker, en s'inspirant des travaux précurseurs tels que ceux de Jacob Mincer sur l'offre de travail, marquera une avancée notable avec son article « A Theory of the Allocation of Time ».

Partant du constat de la diminution progressive au fil des années du temps dévolu au travail rémunéré, Becker remarque que celui-ci n'occupe plus qu'à peine le tiers du temps disponible d'un agent économique. Par conséquent, il lui a paru évident que l'allocation optimale du temps de « non-travail » prenait plus d'importance dans le niveau de bien-être que celle du temps consacré au travail rémunéré.

[117] Becker (1965) et Lancaster (1966) mettront cette production en lumière à travers l'étude de l'utilisation du temps.

Bien que les économistes aient toujours porté plus d'attention à ce dernier qu'au temps de « non-travail ». Le fait de l'intégrer à la théorie traditionnelle du choix du consommateur permet de donner une vision nouvelle du rôle des ménages.

Avec cette nouvelle approche théorique, le temps devient une ressource économique à la disposition des ménages qui, du coup, deviennent aussi des producteurs. Ils « combinent le temps et les biens marchands pour produire plus de marchandises qui s'inscrivent directement dans leur fonction d'utilité » (Becker, 1965 : 495). Sans toutefois utiliser le terme de « travail ou production domestique », Becker compare le ménage à « une petite entreprise » qui « combine des biens d'équipement, des matières premières et du travail, d'une part pour nettoyer, alimenter, procréer, et d'autre part, pour produire des marchandises utiles » (Becker, 1965 : 496).

Le modèle de Becker a le mérite d'intégrer le temps hors travail salarié dans le champ de l'analyse économique. Ceci dit, dans la formulation de Becker, la différence n'est pas bien faite entre le temps de non-travail et le loisir quand bien même Mincer (1962) soulignait le premier que cette distinction s'avérait nécessaire en particulier pour le cas des femmes (Gronau, 1977). Cela sera explicitement dans le modèle que Gronau (1977, 1980) élaborera à partir du cadre analytique de Becker pour formaliser la trichotomie entre travail rémunéré, travail domestique et loisir.

3. Des méthodes de valorisation du travail non rémunéré

Quantifier la production domestique des ménages soulève des questions d'ordre méthodologique non encore résolues (Douglass *et al.*, 1990). On peut cependant mesurer la production non marchande des ménages, soit en termes physiques, soit en termes monétaires.

Dans les deux cas de figure, lorsqu'on évalue les prestations non rémunérées fournies par les ménages, ces derniers sont considérés comme des unités de production dont le produit peut être estimé de deux manières différentes : par la méthode de l'output et par la méthode de l'input (Aslaken *et al.*, 1998). Tandis que la première quantifie le résultat obtenu en utilisant le travail non rémunéré, c'est-à-dire le produit (l'output) ; la seconde quantifie les facteurs de production utilisés comme intrants (input) pour obtenir ce produit, entre autres les heures de travail non rémunéré.

Évaluer physiquement la production domestique est une démarche plutôt aisée. En effet, cela revient à compter les quantités physiques de chaque bien et service produit par le ménage lorsqu'on utilise l'approche par les outputs. L'approche par les inputs, quant à elle, procède de la comptabilisation de la quantité de facteur travail utilisé dans la production : le nombre d'heures de travail ou le nombre de travailleurs.

Ces mesures physiques qui sont des approches en termes de volume constituent le premier jalon dans la quantification du travail non rémunéré. En effet, elles permettent de faire des comparaisons de genre, entre secteurs marchands et secteurs non marchands de manière temporelle et spatiale. Cependant, elles ne donnent pas de valeur monétaire. Or, pour satisfaire aux objectifs macroéconomiques, une quantification monétaire est plus utile car elle permet une intégration dans la comptabilité nationale. Or, cette dernière représente la deuxième étape dans la mesure de la production non marchande et consiste à la valoriser, en attribuant une valeur monétaire aux quantités physiques.

Comment peut-on attribuer une valeur monétaire à une production qui n'est pas vendue sur le marché ? Il est vrai que les services produits par les ménages se réfèrent à un système de valeur différent de celui du marché qui a pour étalon la monnaie. Mais puisque ceux-ci ont des substituts sur le marché, on peut « emprunter des valeurs au marché : des salaires pour l'évaluation du facteur travail, des prix pour l'évaluation du produit » (Goldschmidt-Clermont, 1990 : 289). On parlera alors de valorisation respectivement par l'approche input et par l'approche output. Ces approches n'ont pas été inventées par pure commodité. Elles se basent sur des principes comptables. Ainsi, en comptabilité nationale, lorsqu'un produit n'est pas vendu au consommateur, il est convenu de le comptabiliser, soit au prix auquel il pourrait être vendu, soit à la valeur de ses facteurs de production (SCN 93 § 6.85).

3.1. Valorisation du travail non rémunéré par la méthode de l'output

Comme son nom l'indique, cette méthode apprécie la valeur du travail domestique à partir des biens et services (output ou extrants) qu'il a permis de produire.

Elle consiste à imputer une valeur monétaire à l'ensemble de la production des ménages en se référant aux biens et services semblables produits sur le marché. On attribue comme valeur à chaque bien ou service produit, le prix que coûte ce bien, ou service équivalent, vendu sur le marché. En déduisant les consommations intermédiaires, les impôts indirects nets et la consommation de capital fixe, on obtient ainsi la valeur du travail domestique non rémunéré.

La méthode de l'output offre l'avantage d'estimer la valeur des produits directement en se basant sur le prix du marché. Sa méthode de calcul est similaire à celle utilisée en comptabilité nationale pour le calcul du Produit national brut : on multiplie les quantités produites par les prix de marché correspondants.

Ainsi, elle prend en compte la valeur ajoutée de tous les facteurs de production autres que le travail. De ce fait, elle donne à la production domestique une valeur monétaire plus juste et supérieure à celle obtenue par la méthode des inputs[118].

De plus, puisqu'il s'agit de compter les quantités de biens et services produites, la valorisation par l'output ne pose ni le problème de production simultanée en un même laps de temps, ni celui de la productivité. Cependant, on peut s'interroger sur les différences de qualité et de capital input entre des biens de même type (Shivakumar, 1998). Si l'on considère un kilogramme de linge lavé, peut-on dire que celui-ci a la même valeur monétaire lorsqu'il est lavé à la machine plutôt que lavé à la main dans un ruisseau ? Par ailleurs, appliquer un prix marchand à un bien ou à un service similaire produit à domicile sous-entend que ceux-ci sont exactement de la même qualité, ce qui est irréaliste (Hirway, 2005).

---

[118] Les deux approches ont été expérimentées par Fitzgerald et Wicks (1990) pour la ville de Missoula dans le Montana (USA). Il est avéré que la valeur de la production domestique trouvée par la méthode de l'output était supérieure de 44 % à celle trouvée par la méthode des inputs.

Ceci étant, l'application de la méthode de l'output se heurte à un manque de données car la méthode nécessite de répertorier tous les types de biens et services susceptibles d'être produits par les ménages : le nombre de repas préparés, le nombre de vêtements lavés, la quantité de linge repassée, l'étendue des surfaces lavées dans le domicile, etc. La difficulté est alors de définir une unité de mesure adéquate pour chaque produit. Encore faudrait-il disposer de leur équivalent sur le marché. Les équivalents ou « substituts marchands » (Chadeau, 1992) ne sont pas toujours disponibles selon les contextes socioculturels. Il existe des sociétés où certains services, qui ont une valeur affective, ne sont pas commercialisés. C'est le cas, par exemple, des soins aux personnes âgées. En Afrique noire, la garde de personnes âgées, par exemple, n'a pas d'équivalent en tant que service marchand, car il n'est pas dans les mœurs de faire garder les personnes du troisième âge contre rémunération.

D'autre part, la valeur de certaines productions domestiques n'est facturée que par rapport au temps, y compris sur le marché. C'est le cas de nombreux services de réparation facturés à l'heure : la plomberie, le ménage, les courses en taxi, les réparations d'auto dans les garages, les soins prodigués aux personnes (Goldschmidt-Clermont *et al.*, 1998).

Enfin, il est difficile d'évaluer la Consommation de capital fixe et les Consommations intermédiaires dans les ménages, car ils ne servent pas exclusivement à la production non marchande.

Compte tenu de toutes ces difficultés et contraintes, la méthode de l'output s'avère très peu utilisée. Aucun institut de statistique national n'a procédé à une collecte de données sur la production domestique des ménages à l'échelle nationale excepté celui de Finlande en 1980 (Goldschmidt-Clermont, 2000).

Ce manque effectif de données sur la production des ménages et le capital qu'ils utilisent pour cela explique qu'on ait plutôt recours à la méthode de quantification et de valorisation par les inputs.

3.2. Valorisation du travail non rémunéré par la méthode de l'input

La méthode de l'input comptabilise l'activité productive des ménages à partir du temps investi dans le travail non rémunéré à l'exception de quelques études anciennes qui ont plutôt comptabilisé le nombre de travailleurs. Elle procède à une valorisation monétaire de ce temps. Cela revient à rémunérer, en quelque sorte, le travail qui a servi à produire les services domestiques en lui imputant un salaire[119] fictif.

Cette démarche vient d'une analogie avec la production de services non marchands des institutions publiques telle qu'on l'inscrit dans les comptes nationaux en évaluant la valeur du facteur travail qui l'a engendrée. En effet, la comptabilité nationale préconise (§ 6.85 du SCN 93) qu'un produit qui n'a pas de prix puisse être comptabilisé à la valeur de ses facteurs inputs. Dans le cas des biens produits par les administrations publiques, seules sont comptabilisées les prestations salariales des employés qui les ont produits.

Cela ne signifie pas pour autant que les ménages produisent les biens et services à partir du seul facteur travail comme intrant. Loin s'en faut. La valeur de la production non marchande des ménages s'obtient en additionnant le coût du travail non rémunéré, les Consommations intermédiaires (CI), la Consommation de capital fixe (CCF), et les Impôts indirects nets.

Cependant, pour obtenir un ordre de grandeur de la production des ménages, on s'en tient à l'évaluation du coût du facteur travail car, d'une part, il constitue l'intrant majeur et l'essentiel de la valeur ajoutée du travail domestique. D'autre part, on suppose que la quantité en durée de travail nécessaire pour une production donnée intègre implicitement les CI et la CCF. De plus, dans les zones rurales d'un pays en développement comme le Burkina Faso, les ménages disposent de très peu d'équipement, ce qui minimise la Consommation de capital fixe.

De ce fait, une évaluation rigoureuse du temps mis pour les différentes activités est nécessaire pour obtenir une évaluation monétaire crédible. Ce temps est statistiquement saisi par le biais d'enquêtes spécifiques

---

[119] Notons que cette méthode ne permet pas de prendre en compte une amélioration de la productivité.

sur l'emploi du temps encore appelées « enquêtes budget-temps » (*Time Use Survey, TUS*).

Ceci dit, pour ce qui est de la valorisation monétaire, on peut aboutir, pour un même nombre d'heures de travail, à une valeur monétaire différente selon le concept de salaire retenu pour valoriser l'heure de travail (Harvey, 1996 ; Hawrylyshyn, 1976, 1977).

Dans ce cadre, les deux options les plus appropriées sont : la méthode des coûts de remplacement par le marché (*market cost*) et celle des coûts d'opportunité (*opportunity cost*).

3.2.1. La méthode des coûts du marché (*Market cost*)

Le prix du travail non rémunéré (TNR) est le salaire qui serait octroyé à une personne de substitution que l'on emploierait pour accomplir ce travail si celui-ci n'était pas assumé par un membre du ménage. En d'autres termes, ce salaire représente un « manque à dépenser » pour le ménage correspondant à « ce que ça coûterait de faire faire le travail par quelqu'un d'autre ». Cette « tierce personne » est le substitut. Il peut être polyvalent ou spécialisé.

Pour un substitut polyvalent : son salaire correspond à celui d'un employé de maison standard : le taux horaire de rémunération est le même quelle que soit la tâche qu'il accomplit. C'est la méthode dite du substitut polyvalent, encore appelée, méthode du substitut global, ou du coût de remplacement généraliste. Dans ce cas, la valeur du travail non rémunéré V est la suivante :

$$\mathbf{V = \sum_{i} T_i S}$$

où V = Valeur du travail non rémunéré (TNR)

Ti = Nombre d'heures annuel de TNR effectué par la personne i (moyenne)

S = Salaire horaire d'un employé de maison

Une alternative consiste à opter pour la méthode du substitut spécialisé (ou coût de remplacement spécialisé) qui considère que chaque tâche est confiée à un spécialiste. Le temps passé à jardiner est évalué au taux de salaire horaire d'un jardinier tandis que celui mis à la préparation des repas sera valorisé au taux de salaire horaire d'un cuisinier.

Généralement, cette optique conduit à des calculs quelque peu complexes, car plusieurs corps de métiers entrent en ligne de compte, sans compter qu'il n'est pas toujours évident de trouver les substituts adéquats sur le marché du travail. D'autre part, ce procédé fait fi des différences de productivité qui existent entre un spécialiste expérimenté et un quelconque travailleur domestique dont les qualifications sont probablement moindres. En conséquence, ce dernier passera davantage de temps que le spécialiste à accomplir le même travail. Et paradoxalement, le fait d'appliquer le taux de rémunération du spécialiste au temps correspondant fait que son travail sera surévalué.

Alors que certains auteurs reprochent au coût de remplacement généraliste de sous-estimer la valeur du travail non rémunéré, car les employés de maison ont souvent de bas salaires (Beneria, 1992), d'autres estiment que le coût de remplacement spécialiste la surévalue (Hirway, 2000). Aussi certains auteurs proposent-ils une combinaison adaptée des deux méthodes (Blades, 1997).

La méthode du coût de remplacement offre l'avantage de se conformer au principe d'élaboration des comptes nationaux puisqu'elle applique des prix observés sur le marché à toutes les activités. En revanche, le résultat des évaluations monétaires est tributaire à la fois des concepts de temps et de salaire retenus. En effet, les durées de temps relevées lors des TUS varient selon que l'on considère uniquement les activités principales ou que l'on intègre également les activités secondaires exécutées simultanément, telles que la garde d'enfant effectuée pendant que l'on prépare un repas.

3.2.2. La méthode des coûts d'opportunité ou méthode du gain potentiel (*Opportunity cost*)

Cette méthode évalue le coût d'opportunité supporté par une personne qui accomplit un travail non rémunéré au lieu de se consacrer à un travail lucratif. En d'autres mots, il s'agit de quantifier le « manque à gagner » auquel une personne renonce lorsqu'elle travaille gratuitement dans la sphère domestique au lieu de consacrer les mêmes heures de travail à une activité lucrative, d'où l'idée de « gain potentiel ».

Le salaire de référence considéré pour une personne inactive est celui auquel pourrait prétendre cette même personne selon ses qualifications et ses compétences. Pour un individu actif, le salaire retenu est celui qu'il perçoit dans son emploi du moment (salaire net, déduction faite des cotisations sociales et des impôts).

La méthode des coûts d'opportunité présente plus d'inconvénients que d'avantages. Théoriquement, elle s'inspire de la théorie microéconomique de l'allocation du temps qui pose comme hypothèse que les individus soient rationnels, parfaitement informés des choix et conditions qui prévalent sur le marché du travail. Ce sont des homo œconomicus qui allouent rationnellement leur temps de manière à maximiser leur utilité entre travail et loisir (Becker, 1965). À l'équilibre, on considère qu'ils ont autant de satisfaction à exécuter le travail domestique qu'à travailler à un poste rémunéré de telle sorte que l'on peut appliquer leur salaire horaire potentiel à une heure de travail domestique. Cela suppose simultanément qu'il y ait une demande sur le marché du travail de la part de travailleurs répondant aux caractéristiques du travailleur domestique, et que les agents économiques soient parfaitement informés des conditions de ce marché. De telles hypothèses ne sont pas toujours réalistes.

Par ailleurs, cette méthode rend la valeur du travail dépendante de celui qui l'accomplit. Une même tâche a plus de valeur lorsqu'elle est exécutée par un cadre que par un simple agent puisque le salaire du cadre est supérieur à celui de l'agent. Cela induit alors une grande variabilité dans les évaluations monétaires pour un même travail. Par exemple, un repas préparé par une femme directrice de département a plus de valeur que celui préparé par une femme caissière, tout comme l'heure de bricolage d'un médecin vaudra mieux que celle d'un agent d'entretien. Ainsi, cette méthode a pour effet de souvent surévaluer le travail non rémunéré[120].

De plus, elle induit un biais en répercutant dans la valorisation monétaire les inégalités salariales dont sont victimes les femmes par rapport aux hommes à compétences et à qualifications égales. Cela conduit à un paradoxe quelque peu ironique : les travaux ménagers

---

[120] Murphy (1982) le démontre pour la production domestique américaine entre 1960 et 1970 en comparant les valorisations par la méthode du coût d'opportunité aux évaluations par les coûts du marché.

faits par les hommes auront généralement plus de valeur que ceux faits par les femmes (Chadeau et Fouquet, 1981b).

Ces nombreux inconvénients freinent l'application de la méthode des coûts d'opportunité. Elle est souvent inappropriée quand bien même elle présente l'avantage d'épargner la recherche, sur le marché du travail, de substituts qui accompliraient les travaux non rémunérés.

Cela dit, lorsqu'on valorise le travail domestique par la méthode des inputs, une question se pose quant aux salaires à appliquer aux heures de travail : faut-il considérer des salaires bruts ou des salaires nets d'impôts et de charges sociales ? Il n'y a pas de règle conventionnellement établie à ce sujet. Le choix est plutôt orienté par la finalité de l'évaluation monétaire que l'on entreprend. Dans une perspective microéconomique, il est intéressant de considérer des salaires nets pour des études sur les revenus des ménages. Mais au niveau macroéconomique, l'utilisation de salaires est recommandée.

Dans la mesure où la comptabilité nationale demande de valoriser la production non marchande pour compte propre au prix des facteurs de production, le salaire représente les compensations accordées aux salariés. Il est donc brut, incluant les taxes et les charges sociales. L'usage des salaires bruts permet une comparabilité internationale et assure une comparabilité avec la production marchande correspondante sur le marché. Le choix d'une ou de l'autre option influe sur la valorisation monétaire selon l'importance des taxes et des prestations salariales en vigueur dans un État donné. Pour les États étudiés[121] par Goldschmidt-Clermont et Pagnossin (1995), les estimations sur valeurs brutes sont supérieures de 3 % à 23 % aux estimations utilisant des salaires nets.

En somme, la méthode de l'output est reconnue comme conceptuellement supérieure à celle de l'input pour estimer la production non marchande des ménages (Ironmonger, 1999 ; Goldschmith-Clermont, 2000 ; Fitzgerald et Wicks, 1990 ; Chadeau, 1995 ; Blades, 1997). En comptabilisant directement les biens et services produits, elle évite les questions de productivité qui se posent lorsqu'on utilise la méthode de l'input qui fait appel au temps. En

[121] Allemagne, Australie, Autriche, Bulgarie, Canada, Danemark, États-Unis d'Amérique, Finlande, France, Grande-Bretagne, Israël, Italie, Norvège, Nouvelle-Zélande.

effet, elle fait abstraction des circonstances dans lesquelles les services sont produits à domicile.

Les questions portant sur la technologie utilisée, la qualification ou la productivité des travailleurs sont ainsi éludées. Il faut reconnaître que l'accomplissement du travail domestique permet une certaine élasticité de temps que ne tolère pas l'exigence d'efficience du secteur marchand. Graham et Green (1984) montrent effectivement, par un modèle économétrique incluant une fonction de production domestique de type Cobb-Douglas, que dans un couple, aussi bien l'homme que la femme sont plus productifs dans leur emploi rémunéré que dans l'accomplissement du travail domestique. En réalité, la valorisation par les outputs devrait faire l'objet de nouvelles recherches plus approfondies concernant le travail non rémunéré car le fait d'appliquer un taux de salaire donné quelle que soit l'option de valorisation input choisie, aux heures de travail domestique, suppose que les salaires resteront inchangés même si toutes les femmes au foyer décidaient de pénétrer le marché du travail, et ceci n'est guère réaliste (Hirway, 2000).

Cependant, cette méthode souffre d'un manque de données statistiques dû aux difficultés inhérentes à sa mise en œuvre. De plus, la valeur du travail domestique ainsi obtenue n'est pas directement comparable au PIB. Par conséquent, on a davantage recours à la méthode de valorisation par les inputs.

On pourrait penser que les méthodes de valorisations du travail domestique par le temps présentent un sérieux inconvénient du fait que lorsque plusieurs activités sont menées simultanément, une seule peut être prise en compte pour une période de temps donnée, Goldschmidt-Clermont (2000). Bien au contraire, elles offrent non seulement l'avantage de capturer la pluriactivité, mais aussi la possibilité de désagréger les données selon des critères tels que l'âge, le sexe, comme cette étude se propose de le faire (Charmes, 2006, 2005a, 2003, 1996).

Aussi, la présente étude évaluera l'importance du travail non rémunéré au Burkina Faso en se référant aux temps. Plus précisément par la méthode du coût de remplacement généraliste qui utilise le taux de salaire d'un employé de maison.

Conclusion

Il est aussi essentiel qu'urgent de mesurer le travail non rémunéré des femmes africaines. Non seulement parce qu'il constitue un volume de production important, mais surtout parce qu'il est une variable macroéconomique essentielle pour les économies africaines. En effet, pour ces économies très peu industrialisées à dominante agricole, insérer la production domestique dans les indicateurs économiques contribuerait à mieux traduire la réalité de ces économies en donnant une base plus objective à la production ainsi qu'à la consommation globale. Il s'en déduirait une prévision plus objective en termes de formulation des politiques économiques.

Si finalement le travail non rémunéré est de plus en plus reconnu comme travail, sa quantification ne fait pas l'unanimité. Pourtant, cela s'avère nécessaire pour sa prise en compte dans les comptes satellites de la production domestique comme le recommande le SCN 93. On peut alors le quantifier de deux manières : soit en volume horaire, soit en valeur monétaire. La mesure en volume horaire est la plus fréquente : il s'agit de compter le nombre d'heures que l'on passe à chaque activité par l'intermédiaire d'enquêtes emploi du temps. Cette quantification est plus fréquemment utilisée que la quantification en valeur qui, elle, pose davantage de problèmes méthodologiques.

En effet, il existe deux méthodes de valorisation : la méthode de l'output et la méthode de l'input. La première se place du côté du produit engendré par le travail non rémunéré, assigne une valeur aux biens et services produits par les ménages, en se basant sur les prix de biens équivalents vendus sur le marché. La valeur du travail non rémunéré s'obtient alors en déduisant les consommations intermédiaires, les impôts et la consommation de capital fixe. Compte tenu des nombreuses exigences que cela implique, cette méthode est rarement utilisée, quand bien même elle est reconnue comme conceptuellement supérieure à la méthode de l'input. Cette dernière attribue une valeur monétaire au temps de travail non rémunéré, celui-ci étant saisi au moyen d'enquêtes budget-temps. Pour ce faire, on utilise la méthode du coût de remplacement généraliste ou spécialiste, et la méthode du coût d'opportunité.

Chapitre 6

QUE RÉVÈLE L'ENQUÊTE BUDGET-TEMPS DU BURKINA FASO ?

« Pour comprendre combien la production au foyer est importante au plan économique, il faut commencer par étudier la manière dont les personnes utilisent leur temps. »

Stiglitz, Sen et Fitoussi (2009 : 38)

Ce chapitre traite de l'étude empirique du travail non rémunéré des femmes (et des hommes) de la commune de Koupéla sur la base d'une enquête emploi du temps (*Time Use Survey, TUS*) ; étude inspirée de la méthodologie recommandée par la division statistique des Nations Unies (United Nations, 2005).

Ce type d'enquête, rarement mis en œuvre dans les pays africains, est pourtant un outil permettant de recueillir d'une multitude d'informations statistiques à tel point que la question est posée, dans une première section, de savoir s'il n'est pas actuellement la pièce manquante à l'élaboration des politiques de développement.

La deuxième section amorcera l'analyse des résultats par la présentation des disparités dans l'utilisation du temps. Elle présentera les inégalités homme-femme relatives au temps consacré aux activités productives, qu'il s'agisse de productions comptabilisées dans le PIB ou non, et au temps voué aux activités non productives.

1. Les enquêtes budget-temps, pièce manquante au développement

L'enquête budget-temps (*Time Use Survey, TUS* ou *Time Use Studies*) est une méthode d'observation statistique de l'activité humaine qui porte sur l'utilisation du temps par une population donnée sur une période donnée, qui peut être la journée, la semaine, le mois, l'année, etc. Il s'agit de connaître la nature et la durée des activités entreprises quotidiennement par cette population. Dans le cas des femmes, cette méthode rend compte non seulement de leur apport de type économique, mais aussi de leur contribution au bien-être familial et social (Belisle, 1985). En effet, l'emploi du temps ainsi établi a pour objectifs de quantifier et de décrire dans le détail les activités rémunérées ou non rémunérées, exercées par les femmes. Pour permettre une comparaison en termes de genre, l'enquête s'adresse également aux hommes.

Ce type d'enquête tire son origine des travaux sociologiques de Pierre Guillaume Frédéric LePlay (1806-1882) sur la réforme de la société française. D'ailleurs, l'appellation de « budget-temps » est issue des études économiques du budget familial (Pronovost, 1997).

Les premières études sur le budget-temps datent des années 1920. En URSS, Stanislav G. Strumilin a réalisé dès 1924 une étude pionnière sur les conditions et les niveaux de vie de la population ouvrière soviétique dont les résultats furent publiés en 1925 dans *Problems in the Economy of Work.* Sa méthodologie sera reprise aux États-Unis en 1935 par Pitrim A. Sorokin[122] et C.Q. Berger, dans *Time Budgets of Human Behavior* (Pronovost, 1996).

Dans les années 1920 à 1930, des études ont été menées aux USA (Gershuny, 1995). Ceci dit, c'est surtout après la Seconde Guerre mondiale que ces études connaîtront un grand essor. La première étude comparative multinationale est initiée en 1964 par Alexandre Szalai, chercheur hongrois qui se proposait d'étudier l'allocation du temps dans la vie quotidienne pour une douzaine de pays : la Belgique, la Bulgarie, les États-Unis d'Amérique, la France, la Hongrie, le Pérou, la Pologne, l'ex-République démocratique d'Allemagne, l'ex-République fédérale d'Allemagne, la Tchécoslovaquie, l'URSS, la Yougoslavie.

Les résultats de cette étude financée par le Centre européen pour la coordination de la recherche et de la documentation en sciences sociales et par l'UNESCO sont publiés en 1972 dans *The Use of Time. Daily Activities of Urban and Suburban Population in Twelve Countries.* Cette étude de référence marque une étape importante dans le sens où elle a standardisé la technique de collecte en introduisant le carnet d'activité.

Depuis lors, les enquêtes se sont multipliées[123] et les chercheurs ont fourni un effort d'harmonisation à l'échelle mondiale (Ironmonger, 1999). Pour commencer, Jonathan Gershuny a lancé en 1980 le Projet *Multinational Time Use Study* (MTUS) dont le but était de standardiser les méthodes des TUS menées dans les années 70 et 80. Il avait par ailleurs harmonisé l'ensemble des enquêtes américaines effectuées depuis les années 60 dans le cadre du programme *American Heritage Time Use Study* (AHTUS).

En 1990, EUROSTAT met en place le programme d'harmonisation des enquêtes emploi du temps européennes, *Harmonized European Time Use Study* (HETUS) qui vise à standardiser et à coordonner les

[122] Pitrim A. Sorokin était un ancien élève de Strumilin qui a été chassé de l'URSS. Exilé aux États-Unis, il a poursuivi ses travaux à Harvard.

[123] Pour le détail des enquêtes successives par pays menées entre 1965 et 1990 en Europe, en Asie, en Australie et en Amérique du Nord, voir Pronovost (1996 : 81).

méthodologies utilisées au niveau des instituts nationaux de statistique afin de faciliter les comparaisons transnationales.

Enfin, l'ensemble des recherches opérées dans le domaine de l'utilisation de temps sont aujourd'hui fédérées mondialement par l'Association internationale pour la recherche sur les emplois du temps, *International Association for Time Use Research* (IATUR).

On peut donc se demander maintenant quel est l'intérêt des enquêtes budget-temps ? Et comment cet outil statistique emprunté originellement à la sociologie est-il exploitable pour la science économique ?

Les enquêtes budget-temps représentent une source de données statistiques d'une richesse et d'une variété exceptionnelles (Ironmonger, 2007). En effet, elles permettent de disposer d'informations variées aussi bien à caractère économique et sociologique que sanitaire, démographique, environnemental, etc. Outre leur capacité à évaluer la contribution des hommes et des femmes aux diverses activités économiques et non économiques, elles permettent, par exemple, de définir la répartition du temps entre travail et loisirs, d'apprécier la répartition des tâches domestiques dans un ménage selon le genre, ou encore de juger du niveau de bien-être (*living standards*) des populations.

Compte tenu de l'importance des informations que l'allocation de temps révèle pour la politique économique et pour la politique de genre, l'absence d'enquêtes budget-temps est un manque grave aux systèmes statistiques africains. En effet, les TUS ne sont pas seulement révélateurs des inégalités de genre dans l'allocation du temps entre travail rémunéré et travail non rémunéré (Blackden and Wodon, 2006). Elles interviennent aussi dans l'élaboration des politiques sociales comme les politiques de l'emploi, que dans bien d'autres politiques publiques.

Par conséquent, les enquêtes budget-temps peuvent être utilisées selon deux optiques différentes. Soit elles sont menées dans une optique macroéconomique qui vise une meilleure connaissance du travail et de la production de biens et services, soit dans une optique microéconomique d'amélioration du bien-être et de la qualité de vie. L'une et l'autre sont complémentaires lorsqu'on cherche à améliorer la planification du développement, car « le changement dans le mode d'utilisation du temps n'est pas qu'un indicateur du changement social ; il est en lui-même une partie de l'essence du développement socio-économique »[124] (Gershuny, 2003 : 19).

1.1. Utilité macroéconomique des enquêtes budget-temps

Lors des enquêtes statistiques classiques sur la main-d'œuvre ou sur les conditions de vie des ménages, les informations collectées peuvent être incomplètes du fait que certaines activités n'entrent pas dans le cadre des indicateurs économiques habituels. Les enquêtes budget-temps peuvent pallier ces insuffisances, car elles constituent une source de données quantitatives sur toute forme de travail. Elles permettent de mesurer le travail non rémunéré et ainsi de mieux préciser le marché de l'emploi. Par ce biais, elles fournissent un moyen d'affiner les politiques publiques.

1.1.1. Mesurer la production domestique des ménages

Les enquêtes budget-temps permettent de mesurer la production domestique des ménages. En effet, elles recueillent des informations sur toutes les formes de travail, particulièrement le travail non rémunéré (Harvey, 1995) ; qu'il s'agisse du travail ménager (Goldschmidt-Clermont, 1982, 1993), du travail bénévole, ou du travail de soin. Le temps consacré au travail non rémunéré ainsi collecté puis valorisé sert à l'établissement des comptes satellites de production des ménages.

De plus, puisque ces enquêtes désagrègent les données par sexe et par âge, on peut évaluer la contribution respective des hommes et des femmes aux activités économiques et non économiques tout en appréciant la répartition sexuelle des tâches domestiques. C'est pourquoi ce type d'enquête statistique constitue un excellent outil de compilation des statistiques de genre, entre autres, celles qui estiment l'activité productive féminine (Economic Commission for Africa, 2005). Il permet de révéler une part importante de population active (surtout celle féminine) qui échappe aux enquêtes classiques de main-d'œuvre. Ainsi, le budget-temps est pris en compte dans le calcul de L'Indice de développement et des inégalités entre les sexes en

[124] [Notre traduction].

Afrique[125] (IDISA) conçu en 2004 par la Commission économique des Nations Unies pour l'Afrique.

Dans les pays en développement, on n'a de cesse de reconnaître que les femmes participent grandement à l'activité de production, mais en déplorant que leur apport ne se traduise qu'en activités « invisibles » ou non quantifiables. Comment mieux appréhender l'activité d'un quelconque agent économique si ce n'est en observant l'utilisation qu'il fait au quotidien de son temps ? Parce qu'elles relatent dans le détail toutes les occupations journalières des femmes, les TUS capturent aussi bien leurs activités de production dans le secteur informel[126] (OCDE, 2003) que le travail qu'elles accomplissent à domicile. Reprocher aux enquêtes budget-temps de ne pas rendre compte de la productivité du travail (Hirway, 2000) serait présumer qu'une femme dans un emploi formel travaille plus vite que celle à domicile qui est dépourvue d'une contrainte de temps. Cet argument est pour le moins contestable compte tenu de l'intensité et de la charge de travail assumée dans un foyer. Or, l'originalité de ces enquêtes est de mettre à nu les activités simultanées et secondaires.

L'utilisation des TUS pour mesurer le travail domestique a commencé à se répandre à l'aube des années 1990, lorsque montaient les revendications internationales pour l'inclusion du travail domestique dans les comptes nationaux.

1.1.2. Préciser la description du marché de l'emploi

L'importance des données sur l'utilisation du temps a été reconnue à la 13e Conférence internationale des Statisticiens du Travail tenue en 1982 à Genève (Flemming et Spellerberg, 1999).

Les TUS affinent les statistiques sur la main-d'œuvre. En occasionnant la saisie de toutes les formes de travail, elles révèlent la multi-activité des individus ainsi que le temps consacré à chacun des emplois (Charmes, 1999). De plus, elles permettent de répondre aux questions suivantes : comment les personnes déclarées au chômage utilisent-elles leur temps ? Cherchent-elles activement un emploi (combien de temps passent-elles à cette recherche ?) Se consacrent-elles à des activités productives non rémunérées ou restent-elles

[125] En anglais, AGDI, *African Gender and Development Index*.
[126] Par exemple, les petits commerces dans les rues.

oisives ? Ce sont autant d'informations que ne peuvent fournir les enquêtes classiques sur les conditions de vie des ménages ou les recensements.

C'est la raison pour laquelle l'utilisation systématique d'enquêtes budget-temps, serait très bénéfique pour les pays en développement. Elles permettent de mieux mesurer l'activité économique dans son ensemble et de préciser les données sur l'emploi, le chômage et le sous-emploi. Pour illustration, Hirway et Jose (2011) ont comparé les chiffres de la main-d'œuvre issus de l'enquête sur la population active 1999-2000 à ceux obtenus par l'enquête budget-temps 1998-1999[127]. Il s'avère que les enquêtes budget-temps révèlent une population active bien plus importante. En effet, les taux d'activité nationaux passent de 51 % à 62,2 % pour les hommes et de 22,1 % à 50,8 % pour les femmes. De même, le taux d'activité[128] en zone rurale passe de 38,4 à 60,8 % alors qu'en zone urbaine, il évolue de 32,7 % à 45,7 %.

1.1.3. Affiner la conception des politiques publiques

Des politiques d'ordre socio-économique peuvent être mieux conçues en s'appuyant sur des données relatives à l'utilisation du temps faite par les ménages. En faisant un état des lieux détaillé d'une situation donnée, les informations recueillies servent à anticiper l'impact des futures mesures de politique publique. Cela prévaut aussi bien pour le secteur des services publics, notamment de la santé, ou de l'urbanisme, qu'en matière de genre, etc.

Certains services publics comme les transports en commun peuvent être subventionnés pour une frange de la population comme celle que constituent les ménages à revenu modeste. Des enquêtes budget-temps révélant les habitudes des voyageurs permettent d'identifier les jours et les heures auxquelles ces bénéficiaires seraient à même de profiter le plus de ces services (United Nations, 2005). À l'inverse, les autorités peuvent choisir d'augmenter les tarifs pour certaines plages horaires, sans risque d'une baisse de consommation du service, si

---

[127] Les résultats ont été admis comme comparables compte tenu du fait qu'il s'agissait d'années d'activité économique classique.

[128] Homme et femmes confondus.

celles-ci coïncident avec des heures de déplacements obligatoires pour motifs professionnels, par exemple.

D'autres services, subventionnés ou même gratuits, peuvent être sous-consommés à cause de leur coût en temps. En matière sanitaire, les informations sur le temps mis pour se rendre à un centre de santé, ou sur le temps d'attente, peuvent expliquer la sous-consommation des services de santé même si ces derniers sont subventionnés (Harvey et Taylor, 2000). Quand bien même l'analyste pourrait évaluer des distances, tous les ménages n'ont pas les mêmes moyens de déplacement, ce qui implique des variations dans les temps que seules des enquêtes adéquates peuvent déceler.

Par ailleurs, pour décider de l'opportunité d'un forage dans une zone géographique, des données sur l'emploi du temps des populations bénéficiaires renseigneraient les autorités sur le temps qu'un tel forage leur permettrait d'économiser. Des enquêtes budget-temps post-implantation montrent l'impact du forage en termes d'économie de temps, mais aussi en matière sanitaire. Elles révèleraient certainement que les femmes gagnent du temps[129], mais aussi que les populations passent moins de temps à être malades ou à aller chez le médecin (*ibid.*).

D'autre part, elles permettraient de mieux cibler l'investissement en capital humain. Dans toute société, l'acquisition de compétences, l'éducation et la formation sont essentielles pour le développement. Les TUS peuvent aider à la prise de décision d'investir dans le capital humain en termes de soins de santé et d'éducation. Certains enfants issus de familles démunies se voient confier une charge importante de travaux domestiques, ou sont obligés d'exercer de petits emplois, au détriment des heures d'études pour aider financièrement leurs parents. Les enquêtes sur l'utilisation du temps des enfants montrent le temps qu'ils passent à l'école, à étudier à la maison, ou à travailler en contrepartie d'une rémunération. De telles informations sont indispensables pour élaborer des politiques contre le travail des enfants (Grosh and Glewwe, 2000). Elles permettent par ailleurs de comparer le temps que consacrent les filles et les garçons à l'étude à domicile, une fois rentrés de l'école.

[129] Elles révèlent également l'utilisation que font les femmes des heures jadis consacrées à la recherche d'eau à une distance éloignée de leur domicile.

En parallèle, ces enquêtes donnent aussi une estimation du temps que consacrent les parents, selon leur niveau d'éducation, leur profession et leur milieu social, à l'éducation de leurs enfants, à faire les devoirs à la maison (Sandberg and Hofferth, 2001). En effet, les enquêtes emploi du temps sont révélatrices du type de relation existant entre les profils parentaux et l'éducation des enfants, comme des inégalités entre les filles et les garçons relatives au temps consacré au travail scolaire.

1.2. Utilité microéconomique des enquêtes budget-temps

À l'échelle microéconomique, les enquêtes budget-temps permettent de recueillir des informations sur les modes de vie individuels des agents économiques afin d'évaluer les qualités de vie (Folbre et Bittman, 2004). Cette dernière se décline en temps de loisir, en consommation de ressources naturelles disponibles telles que l'énergie, et bien d'autres facteurs dont l'absence favorise des formes de pauvreté non monétaires.

1.2.1. La mesure du temps de loisir

Si les enquêtes budget-temps permettent de quantifier le temps passé à travailler, elles donnent aussi le moyen de s'informer sur le temps « hors travail », en l'occurrence le temps qu'une population consacre au loisir, le type de loisir, la fréquence et le moment de la journée où il a lieu (Juster et Stafford, 1991). Le loisir est une notion très subjective qui varie selon les milieux culturels et même les individus. Il peut regrouper à la fois des activités culturelles, sportives ou sociales. Les TUS identifient à la fois ce que les individus entendent par loisir, combien de temps ils y passent et leur localisation. On peut alors étudier l'impact macroéconomique de décisions prises au niveau microéconomique telles que l'arbitrage des individus entre le temps de travail et le temps de loisir. Les agents économiques préfèrent-ils travailler plus d'heures et gagner plus d'argent (sans avoir le temps de le dépenser en loisir) ou préfèrent-ils travailler moins d'heures, gagner moins d'argent, mais en s'offrant le temps d'en jouir à travers quelques loisirs (Gershuny, 2003) ?

De telles informations peuvent servir également à des fins sanitaires et commerciales. Alors que le rapport entre le temps passé devant un écran (télévision, jeux vidéo…) et l'obésité est bien connu, Kelly *et al.*

(2009) ont de même établi un lien entre le temps que passent les enfants asthmatiques devant un écran (*screen time*) et la sévérité de l'asthme qu'ils subissent.

Il est aussi possible grâce aux enquêtes budget-temps d'évaluer l'utilisation des mass médias et leur impact sur la consommation des services de loisirs (Flemming et Spellerberg, 1999).

Pour ce qui est du travail de soin, ces enquêtes fournissent les caractéristiques des personnes pourvoyeuses de soins et le nombre d'heures qu'elles y consacrent par rapport aux heures vouées au travail rémunéré. Cela permet alors d'évaluer l'impact du temps de soin sur le développement personnel de ces pourvoyeurs de soin et sur leur niveau de bien-être[130] (Budlender, 2007).

1.2.2. La gestion de l'environnement et du développement durable

Le bien-être économique et social dépend des ressources naturelles disponibles à l'échelle planétaire et de la manière dont celles-ci sont utilisées et gérées. En effet, le mode de consommation de ces ressources a une incidence sur le développement durable. Les enquêtes emploi du temps peuvent fournir des informations sur la façon dont les populations consomment l'énergie en considérant les plages horaires et le temps passé en voiture, devant la télé, devant un ordinateur ou à écouter de la musique, etc.

Ironmonger D. S., Aitken C. K., et Erbas B. (1995), en étudiant les économies d'échelle dans la consommation et les dépenses domestiques d'énergie des ménages australiens, constatent que non seulement les plus petits ménages consomment davantage d'énergie par membre, mais aussi que ces derniers supportent des coûts plus élevés par unité énergétique consommée que ceux des grands ménages. Compte tenu de la tendance à la réduction de la taille des ménages, ils en concluent qu'il sera difficile pour l'Australie d'atteindre les normes internationales d'émission des gaz à effet de serre dans la mesure où les économies d'échelle seront continuellement perdues, à moins d'adopter de nouvelles politiques de gestion énergétique.

[130] Par ailleurs, diverses études sociologiques peuvent être menées établissant des relations entre le bien-être et le temps passé entre conjoints, avec ou sans les enfants, etc.

1.2.3. Autres évaluations microéconomiques

Les enquêtes budget-temps permettent de mesurer certaines dimensions qualitatives du bien-être qu'il serait impossible de quantifier quand bien même elles s'avèrent être primordiales pour le bien-être des individus. Les données qu'elles fournissent peuvent mettre en évidence d'autres dimensions de la pauvreté que la pauvreté monétaire, et en particulier, la « pauvreté de temps » (Kes et Swaminathan, 2006).

Floro (1995) établit une relation entre la pauvreté, l'intensité du travail et la qualité de vie des femmes pauvres exerçant plusieurs emplois. En augmentant leur charge de travail pour faire face à la faiblesse de leur revenu, celles-ci en arrivent à diminuer leur niveau de bien-être et celui de leur famille en produisant une moindre qualité de biens et de services de soins pour leur entourage.

Les données sur le budget-temps peuvent même servir à des fins juridiques. En effet, en cas de divorce dans certains pays comme le Canada ou la Nouvelle-Zélande, outre les indemnités classiques, les épouses sans emploi peuvent réclamer des indemnités aussi pour le travail domestique qu'elles ont accompli. Dans ce cas, les enquêtes d'utilisation du temps, en permettant la valorisation du travail non rémunéré, permettent aux avocats d'exiger un montant plus juste de l'indemnité (Philipps et Cassels, 1994). Cela est utile aussi dans les cas d'accident de femmes sans emploi.

Finalement, les TUS ont d'innombrables utilisations de sorte que « dès lors que les utilisateurs comprennent la richesse et la souplesse d'emploi de telles données, leurs applications s'accroissent, se développent » (Flemming et Spellerberg, 1999 : 34).

1.3. Quelques expériences d'enquêtes budget-temps

Les enquêtes sur l'emploi du temps datent du début du XXe siècle en Occident. Les pays du Nord en ont effectivement une longue tradition alors que les pays du Sud en développement sont souvent novices. Ce type d'enquête y est encore rare.

1.3.1. Une tradition dans les pays du Nord

Depuis Szalai (1964), de nombreuses études sur l'emploi du temps ont été menées de par le monde, en particulier dans les pays développés avec des objectifs divers. On a tout d'abord lancé des enquêtes régionales avant de pouvoir élargir la collecte à l'échelle nationale. En France, l'INSEE a débuté en 1966 par une enquête couvrant 6 villes du Nord et de l'Est (Chenu et Herpin, 2002 : 18) auprès de 2 800 personnes. Depuis lors, l'Institut procède régulièrement à des études sur l'emploi du temps des ménages français avec une périodicité de dix ans environ[131]. La dernière enquête a été réalisée à partir de septembre 2009 auprès de 14 000 ménages couvrant pour la première fois l'ensemble du territoire français, y compris les départements d'outre-mer (Roy, 2010 : 4).

À l'instar de la Hongrie, qui a initié une enquête nationale dès 1964, l'Autriche, la Bulgarie, le Danemark, la Finlande, la Nouvelle-Zélande, la Norvège, et la Pologne ont régulièrement procédé à de telles enquêtes depuis les années 1970 (Flemming et Spellerberg, 1999).

La décennie 90 a vu une profusion de ces enquêtes au niveau mondial. Les pays développés qui en ont réalisé dans l'objectif de collecter des données sur le travail non rémunéré ou l'emploi sont : l'Australie (1997), la Nouvelle-Zélande (1999), Oman (1999), la République de Corée (1999), la République dominicaine (1995), les Territoires palestiniens occupés (1999). Dans la même période, les pays membres de l'OCDE ont procédé à de nombreuses enquêtes budget-temps en vue de mesurer précisément la production domestique des ménages (Chadeau, 1995). D'autres pays étaient davantage préoccupés par des considérations d'ordre social : le Canada (1992/1998), l'Allemagne (1991/92), la Suisse (1990/1991), le Japon (1990, 1991) (United Nations, 2005).

[131] De mai 1974 à avril 1975, une enquête portant sur la France urbaine a été réalisée avec 10 000 ménages. La première enquête couvrant l'ensemble du territoire métropolitain avec 16 000 ménages s'est tenue de septembre 1985 à septembre 1986. Elle a été suivie d'une enquête similaire de février 1998 à février 1999 avec 15 441 répondants issus de 8 186 ménages (Chenu et Herpin, 2002 : 18).

De nos jours, des telles enquêtes budget-temps[132] sont conduites dans la plupart des pays développés, plus ou moins régulièrement.

Si les pays du Nord ont une longue tradition dans la collecte de données sur l'utilisation du temps, les pays en développement demeurent encore peu expérimentés.

1.3.2. Des pays en développement novices

Dans les pays en développement, les enquêtes indépendantes sur le budget-temps sont encore rares. Pour pallier cela, des modules sont quelquefois insérés dans les enquêtes plus classiques sur les conditions de vie des ménages. Ainsi, le *Rapport mondial sur le développement humain 1995* s'est basé sur des données collectées, souvent régionalement, dans 9 pays en développement : la Colombie, l'Indonésie, le Kenya, le Népal, le Venezuela, le Bangladesh, le Guatemala, les Philippines et la Corée (PNUD, 1995).

L'Afrique est restée plutôt en marge de ce mouvement jusqu'à la conférence de Beijing (1995) dont les recommandations ont incontestablement déclenché la mise en œuvre d'enquêtes budget-temps dans les pays africains. Le Maroc fut pionnier avec une enquête nationale en 1997-1998. Mais elle a porté exclusivement sur les femmes, ce qui ne permettait pas de faire des comparaisons de genre.

Jusqu'à présent, des enquêtes spécifiques[133] ont été effectuées dans seulement neuf (9) pays[134] : le Bénin (1998), le Nigeria[135] (1999), l'Afrique du Sud (2000 et 2010), Madagascar (2001), Maurice (2003), la Tunisie (2005-06), la Tanzanie (2006), le Mali (2008), le Ghana (2009)[136].

---

[132] L'Australie, par exemple, a effectué 3 enquêtes nationales : 1992, 1997, 2006. La prochaine était prévue pour 2013. Les États-Unis ont débuté les enquêtes nationales en 2003. L'Inde a procédé à une enquête pilote nationale en 1998-1999.

[133] Il s'agit d'enquêtes collectant des données d'emploi du temps sur 24 heures généralement à l'échelle nationale.

[134] Enquêtes réalisées souvent avec l'appui du PNUD, de l'UNIFEM, de l'UN ECA et de la Division Statistique des Nations Unies.

[135] Les résultats n'ont pas été publiés. Il s'agissait d'une enquête pilote.

[136] C'est la première enquête nationale. Auparavant, quelques données partielles avaient été recueillies grâce à un module intégré aux enquêtes sur les conditions de vie des ménages ghanéens en 1998-1999.

Notons cependant que quatre (4) autres pays avaient procédé à la collecte de telles données en 2012 sans que les résultats ne soient encore totalement disponibles. Ce sont : l'Algérie, Djibouti, l'Éthiopie, le Maroc[137].

À défaut d'une enquête spécifique qui somme toute s'avère très coûteuse, onze (11) pays ont opté pour l'intégration de courts modules d'emploi du temps (portant sur quelques activités) dans les enquêtes régulières conduites par leurs Instituts de Statistique : Lesotho (2002), Comores (2003), Guinée (2003), Nigeria (2003-04), Sierra Leone (2003-04), Malawi (2004 et 2010-11), Zambie (2005), Ghana (2005-06), Ouganda (2005-06 et 2009-10), Rwanda (2005 et 2010), Liberia (2010).

Cependant, il va sans dire que les enquêtes spécifiques d'envergure nationale sont d'une plus grande utilité pour les politiques de développement, car elles offrent une meilleure visibilité de la situation[138].

En Afrique subsaharienne, l'expérience béninoise sert de référence. Elle a d'ailleurs servi pour la conception de l'expérience malgache. Réalisées toutes deux sous l'égide du PNUD, elles ont été conçues et mises en œuvre par Charmes. Elles utilisent donc en substance la même méthodologie.

Dans un souci de comparabilité avec les résultats de ces enquêtes pionnières, la présente étude s'inspire de la méthodologie utilisée pour l'enquête béninoise. À ce titre, pour pouvoir procéder à des comparaisons à l'échelle internationale, on a utilisé la Classification internationale des activités pour les statistiques sur l'utilisation du temps (*Trial International Classification of Activities for Time Use Statistics*, *ICATUS*) mise au point par la Division statistique des Nations Unies.

[137] Pour actualisation, voir Charmes, J., 2015, « Time Use across the World: Findings of a World Compilation of Time-Use Surveys ». Document de travail. PNUD-BRDH, New York.

[138] Pour approfondir, voir *Time-Use Surveys in Africa: Assessment and Policy Recommendations (à venir),* édité par UN ECA auquel nous avons contribué en tant que consultante.

2. *Disparités homme-femme dans le budget-temps*

L'enquête que nous avons conduite dans la commune de Koupéla a permis de dresser un profil de l'utilisation du temps pour toute la population[139]. Afin de procéder à des comparaisons de genre, les résultats seront présentés selon le sexe pour souligner les différences de temps que consacrent les hommes et les femmes à diverses activités au cours d'une journée. Quelles peuvent être ces activités ?

Pour observer les inégalités sexuées, nous avons évalué, d'une part, le temps consacré aux activités productives et d'autre part, le temps consacré aux activités non productives. Ce dernier a été estimé en distinguant les activités susceptibles de développer les *capabilités* des personnes comme l'étude et la santé, de celles relatives au repos et au loisir. Aussi, les groupes d'activité suivants ont été constitués :

- Activités économiques de marché ;
- Activités économiques hors marché ;
- Activités domestiques ;
- Activités sociales ;
- Loisirs et sport, études ;
- Utilisation des médias ;
- Sommeil-repas-repos.

[139] Voir encadré 6.1. relatif aux caractéristiques de l'enquête.

Encadré 6.1. Caractéristiques de l'Enquête de Koupéla

Plan de Sondage

Inspiré du Recensement général de la population et de l'habitation (RGPH) de 1996, puis de celui de 2006.

Base de sondage

Constituée par la liste exhaustive des 39 villages de la commune de Koupéla, et l'effectif de la population par village en 2009.

Échantillon

146 ménages, soit 711 individus issus de ces ménages.
Constitution de l'échantillon par la méthode du tirage systématique.

Type d'enquête

Enquête indépendante à finalité de recherche universitaire.

Mode de collecte des données : Interview rétrospective sur 24 heures.

Instrument de collecte : le journal.

Intervalle de temps : 15 mn par activité.

Classification des activités : Classification internationale ICATUS.

Période de collecte : Juin 2009, période charnière entre la saison sèche et la saison pluvieuse, afin de disposer d'informations hybrides pouvant être considérées comme une moyenne représentative des deux saisons.

2.1. Inégalités sexuées dans les activités productives

Des inégalités s'observent aussi bien au niveau des activités productives comptabilisées dans le PIB (activités économiques de marché et activités économiques hors marché prises en compte par le SCN 93) que des activités productives exclues du PIB (travail non rémunéré).

2.1.1. Un déficit féminin pour les activités économiques de marché

Les activités économiques de marché regroupent les activités marchandes dont les produits sont commercialisés (au moins en partie). Il s'agit de productions qui donnent lieu à des échanges marchands comme les activités agricoles, la pêche, les petits commerces informels, les services rémunérés, etc. Ces productions sont comptabilisées dans le PIB suivant les règles édictées par le SCN 93.

Sur l'ensemble de l'échantillon, un homme consacre en moyenne 12,5 % d'une journée de 24 heures aux activités économiques de marché alors qu'une femme y consacre 10,6 % de la journée. En heures, cela correspond à 3 h 18 min pour les hommes et 2 h 31 min pour les femmes (cf. tableau 6.1). Ce résultat est similaire à ceux des enquêtes budget-temps du Bénin (Charmes, 1998), de Madagascar (PNUD, 2002) et du Mali (MPFEF *et al.*, 2010), où un déficit d'heures consacrées aux activités économiques de marché a également été enregistré pour les femmes.

Si on considère que ces activités sont celles qui engendrent un revenu, alors de tels chiffres indiquent que les femmes consacrent moins de temps que les hommes aux activités susceptibles de leur rapporter un revenu. En conséquence, elles sont susceptibles d'être plus pauvres.

Tableau 6.1 : Emploi du temps des membres de 6 à 65 ans selon le sexe (en heure et % d'une journée de 24 heures)

Groupe d'activité	Sexe de l'enquêté			
	Masculin		Féminin	
	Heures	%	Heures	%
Activité économique de marché	3 h 18 min	12,47	2 h 31 min	10,60
Activité économique hors marché	3 h 36 min	15,14	2 h 27 min	10,27
Activité domestique	48 min	3,40	4 h 14 min	17,77
Activité sociale	1 h 57 min	8,25	1 h 09 min	4,61
Activités loisirs et sport	1 h 01 min	4,33	50 min	3,52
Études	1 h 13 min	5,17	1 h 06 min	4,65
Utilisation des médias	30 min	2,1	19 min	1,38
Sommeil-repas-repos	11 h 36 min	48,84	11 h 12 min	46,96
Non déclaré	18 min	0,23	12 min	0,24
Total	24 h	100	24 h	100

Source : Enquête sur l'emploi du temps. Commune de Koupéla, 2009

On peut alors se demander si cette inégalité dans la répartition du temps consacré aux activités économiques de marché est observée pour toutes les classes d'âge ou uniquement pour les personnes en âge de travailler.

Quel que soit le groupe d'âge considéré, les hommes de la commune de Koupéla consacrent toujours plus de temps aux activités économiques de marché que les femmes[140]. Dans ce milieu rural, cela peut d'ailleurs s'expliquer par la participation plus importante des garçons aux travaux agricoles.

Cependant, de 15 à 49 ans, la différence de temps voué aux activités économiques de marché s'amoindrit entre hommes et femmes, mais demeure néanmoins. La durée de temps globale s'allonge, ce qui paraît naturel puisqu'il s'agit de la tranche la plus importante de la

[140] Le détail de l'emploi du temps des enfants de 6 à 14 ans n'est pas exposé ici mais, il est apparu que dès le plus jeune âge, les garçons de 6 à 14 ans consacrent deux fois plus de temps (1 h 13 soit 5,13 % de la journée) que les filles (30 minutes soit 2,06 % de leur journée) aux activités économiques de marché.

population en âge de travailler. Les hommes passent ainsi 16,9 % de leur temps aux activités économiques de marché (soit 4 h 03 min) alors que les femmes y consacrent 14,7 % (3 h 31 min) (cf. tableau 6.2).

Tableau 6.2 : Emploi du temps des membres de 15 à 49 ans selon le sexe

Groupe d'activité	Sexe de l'enquêté			
	Masculin		Féminin	
	Heures	%	Heures	%
Activité économique de marché	4 h 03 min	16,93	3 h 31 min	14,71
Activité économique hors marché	3 h 17 min	13,78	2 h 44 min	11,45
Dont puiser de l'eau	27 min		39 min	
Ramasser du bois	22 min		17 min	
Activité domestique	59 min	4,14	4 h 56 min	20,65
Activité sociale	2 h 52 min	11,31	1 h 15 min	5,22
Activités loisirs et sport	25 min	1,80	3 min	0,20
Études	31 min	2,22	16 min	1,17
Utilisation des médias	41 min	2,89	25 min	1,75
Sommeil-repas-repos	11 h 18 min	46,20	10 h 53 min	44,82
Non déclaré	14 min	0,73	17 min	0,03
Total	24 h	100	24 h	100

Source : Enquête sur l'emploi du temps. Commune de Koupéla, 2009

Le constat demeure le même dans la tranche d'âge de la population de 50 à 65 ans. Les hommes consacrent 4 h 21 min aux activités économiques de marché, soit 18,4 % de leur journée, alors que les femmes n'y consacrent que 3 h 41 min, ce qui représente 15,5 %[141] (cf. tableau 6.3).

[141] Cependant, on remarque que malgré leur âge, les hommes et les femmes de 50 à 65 ans pratiquent plus d'activités économiques de marché que leurs cadets de 15 à 49 ans. Cela s'explique par la forte concentration de personnes exerçant les métiers d'agriculteurs et de commerçants. Sans distinction de sexe, la tranche d'âge 50 à 65 ans compte 92,6 % d'agriculteurs et 4,9 % de commerçants alors que celle de 15 à 49 ans en compte respectivement 77,4 % et 2,4 %. En zone rurale, ces

Tableau 6.3 : Emploi du temps des membres de 50 à 65 ans selon le sexe

Groupe d'activité	Sexe de l'enquêté			
	Masculin		Féminin	
	Heures	%	Heures	%
Activité économique de marché	4 h 21 min	18,40	3 h 41 min	15,49
Activité économique hors marché	2 h 41 min	11,37	1 h 45 min	7,38
Activité domestique	41 min	2,91	4 h 35 min	19,12
Activité sociale	2 h 43 min	11,54	1 h 57 min	8,22
Activités loisirs et sport	05 min	0,38	5 min	0,37
Études	07 min	0,50	21 min	1,46
Utilisation des médias	40 min	2,79	37 min	2,56
Sommeil-repas-repos	12 h 18 min	52,07	10 h 46 min	45,25
Non déclaré	24 min	0,04	13 min	0,15
Total	24 h	100	24 h	100

Source : Enquête sur l'emploi du temps. Commune de Koupéla, 2009

2.1.2. Un déficit féminin pour les activités économiques hors marché

Le déficit féminin enregistré par les femmes dans l'exercice d'activités économiques de marché n'est pas compensé par des activités économiques hors marché. Ces dernières regroupent les activités de production exclusivement destinées à l'autoconsommation. Il s'agit essentiellement pour les hommes, de l'élevage, de l'agriculture pour l'autosubsistance (l'élevage du petit bétail), de la cueillette, de l'entretien des maisons (construction, réparations), et accessoirement du portage de l'eau et du bois. Pour les femmes, les productions économiques hors marché regroupent surtout la transformation des produits agricoles pour l'alimentation (pilage,

---

métiers comptabilisent plus d'heures de travail. On passe une journée entière au champ tout comme à vendre au marché. En revanche, ceux qui exercent les métiers comme la plomberie, la mécanique, etc. (regroupés dans la catégorie « autres ») travaillent souvent à mi-temps et ne les exercent généralement pas quotidiennement.

séchage des denrées), le portage de l'eau et du bois pour les besoins domestiques, etc. D'autres activités artisanales (tissage, vannerie, filage, etc.) sont pratiquées aussi bien par les hommes que par les femmes.

L'ensemble de ces activités est normalement comptabilisé dans le PIB.

En moyenne, un homme exécute une heure de plus d'activités économiques hors marché qu'une femme. Il y consacre 3 h 36 min, soit 15,1 % de son temps journalier, tandis qu'elle y passe 2 h 27 min, soit 10,3 % de sa journée (cf. tableau 6.1). On trouve des résultats équivalents à Madagascar où les hommes effectuent plus d'heures de travail économique hors marché que les femmes (PNUD, 2002), tout comme au Mali (MPFEF *et al.*, 2010). Pour ce dernier, les hommes en zone rurale consacrent 3 h 09 min (soit 13,17 % de la journée) aux activités économiques de marché alors que les femmes n'y consacrent que 2 h 25 min (10,16 % de la journée). À l'inverse, les Béninoises accomplissent plus d'heures d'activité économique hors marché que les Béninois (Charmes, 1998).

L'écart entre hommes et femmes se creuse dans la tranche d'âge de 6 à 14 ans. Les garçons fournissent 2 h 16 min de plus que les filles, soit 4 h 29 min (soit 18,9 % de la journée) contre 2 h 12 min pour les filles (soit 9,3 % de la journée).

On remarque d'ailleurs que ces garçons contribuent davantage à la production de subsistance que les hommes adultes (de 15 à 49 ans) qui accomplissent 3 h 17 min ; et pourtant ces « enfants » ne sont pas considérés comme actifs par les recensements classiques.

Entre 15 et 49 ans, les contributions des hommes et des femmes à la production économique hors marché sont moins inégales. Les hommes consacrent 3 h 17 min et les femmes 2 h 44 min soit seulement 33 minutes de moins que les hommes (cf. tableau 6.2).

La contribution des personnes âgées de 50 à 65 ans aux activités économiques hors marché est loin d'être négligeable. Les hommes en fournissent 2 h 41 min (21,85 % de la journée) et les femmes 1 h 45 min (7,38 % de la journée).

Ceci dit, il y a une composante des activités économiques hors marché qui mérite une attention particulière, c'est le portage de l'eau. Quand bien même le SCN l'inclut dans le calcul du PIB, dans la pratique, le portage de l'eau est rarement comptabilisé, faute d'estimation statistique. La présente enquête nous révèle pourtant que ce portage d'eau représente 13,7 % du temps voué aux activités économiques hors marché chez les hommes de 15 à 49 ans et 23,78 % chez les femmes (cf. tableau 6.2).

Ce chiffre serait d'ailleurs plus important si la commune de Koupéla ne bénéficiait pas de nombreuses fontaines publiques qui épargnent aux femmes la corvée de s'éloigner à plusieurs kilomètres du village pour puiser de l'eau.

2.1.3. Un déficit masculin pour les activités domestiques

Les activités domestiques comprennent la préparation des repas, les travaux d'entretien des habitations, les soins prodigués aux membres du ménage (enfants, vieillards et handicapés). Ce sont celles où les inégalités entre hommes et femmes sont les plus criantes.

Les déficits enregistrés par les femmes concernant le temps consacré aux activités économiques, de marché et hors marché, sont largement compensés par le temps qu'elles passent aux activités domestiques. On retrouve cela dans les cas malgache et béninois et malien (*op. cit.*). À Koupéla, dans une journée de 24 heures, un homme fournit en moyenne 48 minutes d'activités domestiques, alors qu'une femme en fournit 4 h 14 min soit cinq fois plus (cf. tableau 6.1). Rappelons que ces travaux ne sont pas comptabilisés dans le PIB.

Ainsi, les activités domestiques occupent 17,8 % de la journée d'une femme et seulement 3,4 % de celle d'un homme. Cet écart de grande ampleur sera davantage mis en relief en étudiant le travail rémunéré et en procédant à des comparaisons par rapport au temps de travail global.

Comment évolue cette inégalité concernant la part des activités domestiques selon les âges ?

On constate que cette inégalité commence dès l'enfance : les filles y réalisent quatre fois plus d'activités domestiques (2 h 58 min) que les garçons (43 min). Cela s'accentue à l'âge adulte, entre 15 et 49 ans, période au cours de laquelle les femmes sont les plus actives. Les responsabilités familiales les amènent à consacrer 4 h 56 min d'activités domestiques alors que les hommes n'y consacrent que 59 min. Ainsi, en prenant de l'âge, les femmes passent six fois plus de temps aux activités domestiques que les hommes. Elles totalisent

4 h 35 min pour une journée de 24 h alors que les hommes n'en font que 41 min.

Cette ampleur de la charge de travail domestique limite les femmes dans l'exercice des activités sociales. Elles y consacrent d'ailleurs près d'une heure de moins que les hommes (1 h 09 min pour elles et 1 h 57 min pour eux).

L'ensemble des observations présentées ci-dessus se base sur des journées de 24 h où l'on considère que l'individu n'exerce qu'une activité à la fois. Pourtant, les individus, et surtout les femmes, peuvent pratiquer plusieurs activités simultanément. L'enquête sur l'emploi du temps permet de capturer également ces activités simultanées. Cela a été fait à Koupéla.

D'où la question : la prise en compte de ces activités simultanées modifie-t-elle les résultats précédents ?

2.1.4. Impact des activités simultanées sur le budget-temps : renforcement des inégalités

Dans la vie quotidienne, il est fréquent que plusieurs activités (économiques ou non) s'effectuent dans le même laps de temps. Par exemple, bricoler ou préparer un repas tout en surveillant les enfants, cultiver un champ tout en portant un enfant « dans le dos ». On peut aussi vendre à l'étalage sur un marché tout en tricotant ou déjeuner ensemble en tenant une réunion de travail.

Partant du constat que ce sont les femmes surtout qui pratiquent les activités simultanées, il nous a paru essentiel de surmonter la difficulté de leur appréhension pour pouvoir en apprécier l'impact dans la production économique. Naturellement, le temps consacré à chaque groupe d'activité augmente dans l'ensemble pour chacun des sexes. Mais ce qui importe est d'observer les variations de temps pour les groupes d'activités productives, celles qui sont théoriquement incluses ou exclues dans le PIB.

Cette prise en compte des activités simultanées a pour effet de renforcer les inégalités. On constate[142] en effet un accroissement du

[142] En considérant les proportions de temps que représente chaque activité dans la journée d'un individu. Sans activités simultanées, les activités économiques de marché représentaient 12,5 % de la journée d'un homme et 10,6 % de celle d'une femme. Avec les activités simultanées, l'homme voue 14,4 % de sa journée aux

déficit féminin dans les activités productives de marché et un accroissement du déficit masculin dans les activités domestiques.

2.2. Disparités homme-femme pour les activités non productives

Les inégalités de sexe par rapport aux activités non productives sont au détriment des femmes.

2.2.1. Inégalités de genre dans l'accumulation des « *capabilités* »

Étudier et se soigner font partie des *capabilités* élémentaires de l'individu, car acquérir la connaissance et être en bonne santé déterminent la capacité de l'individu à saisir les opportunités qui se présentent à lui. Pourtant, pour ces deux activités, on remarque des inégalités de genre au détriment des femmes.

L'observation de l'emploi du temps des différentes tranches d'âge de l'échantillon montre que les hommes bénéficient de plus d'heures d'études que les femmes. La différence de temps est cependant très peu marquée sur l'ensemble de l'échantillon : si eux étudient 1 h 13 min par jour, les femmes, de leur côté, étudient 1 h 06 min (cf. tableau 6.1).

En revanche, de 15 à 49 ans, qui correspond à une tranche d'âge où l'on est à l'affût des opportunités professionnelles, les hommes s'instruisent deux fois plus (31 minutes) que les femmes (16 minutes). Rappelons que l'instruction est le moyen privilégié de développer ses propres *capabilités.* S'instruire est en effet le moyen de pouvoir prétendre à un emploi décent. Pour des agriculteurs, par exemple, une formation professionnelle agricole peut leur permettre de mieux gérer leur exploitation et ainsi d'améliorer leurs rendements. C'est, sans doute, la raison pour laquelle les hommes poursuivent leurs études ou entreprennent des formations spécifiques dans cette tranche d'âge. Par ailleurs, ce déficit peut être aussi la conséquence de la déscolarisation précoce des filles et des adolescentes.

---

activités économiques de marché alors qu'une femme n'y consacre plus que 9,9 %. Pour les femmes âgées de 15 à 49 ans, l'activité domestique représente 1/3 de leur journée en tenant compte des activités simultanées alors qu'elle n'en représentait que 1/5e sans activité simultanée.

Les femmes de 50 à 65 ans consacrent 21 min à l'étude alors que les hommes seulement 7 min. Ce résultat étonnant peut s'expliquer par le fait qu'à la période de la collecte des informations, une vaste campagne de formation des femmes à la lecture du Coran se tenait dans la commune de Koupéla. Apprendre à lire le Coran est considéré par ces populations comme s'instruire et cela est généralement réservé aux personnes d'un certain âge qui disposent de plus de temps libre.

Par ailleurs, on constate qu'il existe un accès inégal à la scolarisation, au détriment des filles, sur l'ensemble de l'échantillon. Celui-ci compte 9,6 % de membres scolarisés. Si parmi ces scolarisés, il y a 52,3 % de femmes et 47,7 % d'hommes, cela est dû à l'importance démographique des femmes. Une analyse intra-sexe montre que 10,7 % des hommes sont scolarisés contre seulement 8,8 % des femmes (cf. tableau 6.4).

Tableau 6.4 : Répartition des membres scolarisés par sexe

	Sexe de l'enquêté		**Total**
Élève-étudiant	Masculin	Féminin	
Nombre	21	23	44
% de scolarisés	47,7 %	52,3 %	100,0 %
% dans sexe de l'enquêté	10,7 %	8,8 %	9,6 %
% de l'échantillon	4,6 %	5,0 %	9,6 %

Source : Enquête sur l'emploi du temps. Commune de Koupéla, 2009

Pour ce qui est de la santé, seules 5 personnes ont bénéficié de consultations médicales, soit 0,70 % de l'échantillon : 4 hommes (dont 3 appartenant à la tranche d'âge de 15 à 49 ans et un de la tranche d'âge de 50 à 65 ans), ainsi qu'une femme (15 à 49 ans). Aucun enfant n'a bénéficié de soins. Les soins médicaux font cruellement défaut à la population dans son ensemble. On remarque ainsi une nouvelle inégalité au détriment des femmes dans le sens où un homme a cinq fois plus de chance de pouvoir se soigner qu'une femme : un homme sur 100 (1,25 %) a reçu des soins médicaux alors que même pas une femme sur 100 (0,25 %) n'a eu cette chance.

Le temps minimum mis pour une consultation médicale est réalisé par les hommes : 1 h 39 min. Ce temps reste cependant fort long. Nous l'attribuons à l'éloignement du centre sanitaire.

Une femme consacre deux fois plus de temps (3 h) qu'un homme pour une consultation médicale. On peut supposer que son état sanitaire nécessite une consultation plus longue, ce qui traduirait un besoin plus important des femmes en services de santé. Ceci dit, après vérification la différence de temps s'explique plus par le temps consacré au déplacement que par la durée de la consultation. La femme s'est déplacée à pied, alors que les hommes étaient à vélo.

Tableau 6.5 : Temps consacré aux soins médicaux

Âge	Homme		Femme	
	Nombre	Temps	Nombre	Temps
06 à 14 ans	-	-	-	-
15 à 49 ans	3	1 h 39 min	1	3 h
50 à 65 ans	1	2 h	-	-
Total	4 1,25 %		1 0,25 %	

Source : Enquête sur l'emploi du temps. Commune de Koupéla, 2009

2.2.2. Inégalités de genre relatives aux loisirs et au repos

Dans la commune de Koupéla, les hommes ont plus d'heures de loisir et de repos (sommeil compris) que les femmes. En moyenne, un homme dispose de 11 h 36 min pour ce type d'activité et une femme de 11 h 12 min (cf. tableau 6.1).

Les femmes de 49 à 50 ans ont 18 min de moins que les hommes de leur âge (cf. tableau 6.2). Les femmes de 50 à 65 ans ont 1 h 31 min de repos en moins que leurs homologues hommes (cf. tableau 6.3).

Notons qu'à la campagne, l'utilisation des médias est souvent concomitante au repos et même considérée comme un moment de détente : d'autant qu'il s'agit principalement de l'écoute de la radio. On constate également un déficit des femmes dans l'utilisation des médias comme cela l'est pour les loisirs en général (19 min contre 30 min pour les hommes).

Le loisir et le repos contribuant au bien-être de l'individu, on peut dire que les femmes sont nettement en moins bonne posture que les hommes. Visiblement, elles travaillent plus et ont moins de repos.

Conclusion

Ce chapitre a permis de quantifier empiriquement le travail non rémunéré des femmes (mais aussi des hommes) de la commune de Koupéla en utilisant des enquêtes emploi du temps (*Time Use Survey*, *TUS*).

Ces enquêtes, en retraçant l'ensemble des activités journalières d'un individu, permettent de constituer une riche base de données statistiques sur le comportement des agents économiques. Elles révèlent aussi bien le temps consacré aux activités productives qu'aux activités non productives. Leur utilité est tout aussi bien quantitative que qualitative.

De même qu'elles permettent d'estimer le temps moyen qu'une certaine catégorie de population consacre au travail (à la production SCN comme à la production domestique), de même elles rendent possible l'estimation du temps que cette population consacre aux activités non productives telles que le loisir, les activités sociales, etc. Elles peuvent être considérées comme une pièce majeure manquante au développement (des pays africains notamment), car elles permettent, d'une part, de préciser les données issues des enquêtes statistiques classiques sur l'économie de marché et, d'autre part, de recueillir des informations statistiques au-delà de l'économie marchande. En effet, elles pénètrent l'économie non marchande qui représente justement une part importante dans les pays en développement. C'est ainsi que nous avons pu montrer que l'utilité macroéconomique des enquêtes budget-temps est d'améliorer la quantification du travail et la production des biens et services. En effet, elles permettent de mesurer le travail non rémunéré, de préciser le marché de l'emploi et d'affiner les politiques publiques dans leur ensemble.

Sur le plan microéconomique, elles servent à améliorer le bien-être et la qualité de vie en mesurant le loisir tout comme en servant aux politiques de gestion de l'environnement.

Alors qu'elles datent des années 1920, les *TUS* ont été véritablement reconnues depuis l'étude comparative multinationale de Szalai (1966) sur une douzaine de pays européens. Les pays du Nord en ont une certaine tradition et en réalisent régulièrement. À l'inverse, les pays en développement sont encore novices dans la pratique de telles enquêtes. La première en Afrique, au Maroc, date de 1997. En Afrique de l'Ouest, elles ont été réalisées au Bénin en 1998, au Mali en 2008 et au Ghana en 2010.

L'enquête menée à Koupéla a porté sur un échantillon de 146 ménages choisis au hasard dans trois villages de la commune : Gorgho, Nohoungo et Zaogo. En interrogeant dans chaque ménage tous les membres âgés de 6 à 65 ans (comme cela a été de cas pour les enquêtes nationales du Bénin et du Mali), l'échantillon totalise 711 répondants.

Les résultats de l'enquête décrivent une population jeune (seulement 17,2 % de personnes âgées de 50 à 65 ans) et majoritairement féminine : 55,3 % de femmes. Cette proportion est supérieure à la proportion nationale de 51,9 % (ministère de l'Économie et des Finances, 2008) à cause des migrations masculines hors de la commune. En effet, les habitants de cette zone rurale sont agriculteurs pour la plupart (81,4 % des actifs) et se déplacent de manière saisonnière pour mener d'autres activités économiques. Un cinquième d'entre eux (soit 22,3 % des hommes et 19,8 % des femmes) pratique des activités secondaires pour pallier leurs faibles revenus. Il faut noter qu'il s'agit d'une population ayant un fort taux d'activité : 90,8 % des personnes en âge de travailler sont actives. Alors que le dernier recensement de la population décrit une population nationale active majoritairement masculine, soit 54,4 % d'hommes (*ibid. :* 31), les actifs à Koupéla sont majoritairement des femmes (57,5 %). Certes, Koupéla peut être un cas isolé où ce résultat, contraire au recensement, pourrait s'expliquer par l'importance démographique des femmes (comme partout au Burkina), mais nous attribuons plutôt cela au fait que l'enquête emploi du temps a permis de prendre en compte les « nouveaux actifs » qui sont issus de l'extension de la production SCN aux biens produits par les ménages pour leur usage selon le SCN93. Ce résultat révèle que ces nouveaux actifs sont majoritairement des femmes dont la production économique est probablement en grande partie hors marché. Ces actifs échappent aux recensements classiques de population. Il est alors probable que des TUS menés cette fois-ci à l'échelle nationale confirmeraient que la population active burkinabé est majoritairement féminine.

Pour ce qui est de l'utilisation du temps, de fortes disparités existent dans la commune aussi bien entre hommes et femmes qu'entre tranches d'âge. Pour l'essentiel, il ressort que comme au Bénin (Charmes, 1998), à Madagascar (PNUD, 2002) et au Mali (MPFEF, 2010), les hommes sont surtout occupés par les activités économiques, de marché et hors marché, tandis que les femmes sont d'abord occupées par les activités domestiques. En effet, elles consacrent moins de temps aux activités économiques (de marché et hors marché) comptabilisées dans le PIB que les hommes. Ce constat est valable pour toutes les tranches d'âge de la population. Une femme y passe en moyenne 2 h 31 min dans une journée de 24 h (soit 10,6 %) alors qu'un homme y passe 3 h 18 min (soit 12,5 %).

Le déficit accusé par les femmes dans les activités économiques (de marché et hors marché) est largement compensé par le temps passé à la production domestique. Une femme accomplit cinq fois plus d'heures de travaux domestiques qu'un homme. Et ces travaux occupent 17,8 % de la journée d'une femme et seulement 3,4 % de la journée d'un homme. La charge de ce travail domestique est à l'origine de la « pauvreté de temps » dont souffrent les femmes. Par conséquent, elles étudient moins que les hommes (pour la tranche d'âge de 15 à 49 ans ceux-ci étudient deux fois plus), ce qui constitue un frein au développement de leurs *capabilités*. Elles ont peu accès aux soins, et ont également moins de loisirs et de repos.

On peut donc se demander : qu'advient-il des inégalités ainsi observées lorsqu'on intègre dans l'analyse la présence d'activités simultanées ? On voit alors que la prise en compte des activités simultanées ne fait que renforcer les inégalités. Les hommes consacrent une proportion encore plus grande de leur journée aux activités économiques, de marché et hors marché, soit 14,4 % au lieu 12,5 % (sans activités simultanées). De même, les femmes augmentent la proportion de leur journée vouée aux activités domestiques : 26,5 % de leur journée au lieu de 17,8 % (sans activités simultanées). L'analyse révèle que ce sont surtout les activités de soins assurées par les femmes aux autres membres du ménage qui sont à la source de la hausse vertigineuse de leurs activités domestiques : ainsi pour les femmes de 15 à 49 ans, ces dernières passent de 5,56 % à 19,37 % de la journée, soit de 1 h 19 min dans une journée sans activités simultanées à 6 h 03 min dans une journée avec activités simultanées. Ainsi, nous mettons en évidence que l'une des causes de l'invisibilité du travail des femmes est qu'elles pratiquent beaucoup d'activités simultanément dont la plus importante est de prodiguer des soins. Pourtant, lors des enquêtes, les femmes, dans leurs déclarations, n'évoquent même pas cette activité comme étant un travail. N'eût été la considération des activités simultanées, elle serait restée dans l'ombre.

Chapitre 7

ESTIMATION DU TRAVAIL NON RÉMUNÉRÉ AU BURKINA FASO : QUELLES LEÇONS ?

Pour rappel, le Travail non rémunéré (TNR) regroupe l'ensemble des activités faisant partie de la production au sens large dans le SCN 93, mais qui ne sont pas comptabilisées dans le PIB[143]. Par ailleurs, ces activités du travail non rémunéré ont été regroupées dans la présente étude sous l'appellation d'activités domestiques.

Ce chapitre procède dans une première section, à la quantification du travail non rémunéré dans la commune de Koupéla. Il étudiera sa répartition selon le sexe et l'âge, afin de pouvoir identifier les catégories de population qui contribuent le plus au travail non rémunéré. Ainsi, celles-ci pourront être les cibles privilégiées des politiques publiques relatives à la prise en compte de la production non marchande des ménages et des agents économiques qui en sont la source.

Une seconde section formulera des recommandations de politique pour mieux intégrer le travail non rémunéré (des femmes particulièrement) dans les stratégies de lutte contre la pauvreté.

1. Évaluation du travail non rémunéré

Avant de quantifier le travail non rémunéré, cette sous-section permet de voir entre autres dans quelles proportions les individus répartissent leur temps entre des activités productives, comptabilisées dans le PIB, et d'autres qui ne le sont pas. Ces résultats seront alors comparés à des estimations internationales similaires (Charmes, 2005a, MPFEF *et al.*, 2010). En s'appuyant sur cette répartition du temps, on peut alors quantifier le travail non rémunéré en volume et en valeur dans la commune de Koupéla.

1.1. Importance du travail non rémunéré selon le sexe

Un premier constat est qu'à Koupéla, les femmes travaillent près de deux heures de plus que les hommes : soit 9 h 13 min pour les femmes et 7 h 26 min pour les hommes.

Si, dans l'ensemble, hommes et femmes consacrent plus de temps à la production SCN qu'aux activités domestiques, le temps imparti à

143 Contrairement à la production SCN qui comprend les activités économiques de marché et hors marché.

chaque type de production est cependant révélateur de grandes inégalités.

Dans une journée d'homme, le travail non rémunéré occupe 3,4 % du temps alors qu'il en occupe 17,8 % dans celle d'une femme. En effet, un homme consacre 89,1 % de son temps de travail à la production SCN et seulement 10,9 % de ce temps à du travail non rémunéré. En revanche, lorsqu'on considère l'échantillon dans son ensemble, le travail non rémunéré absorbe 46 % du temps de travail de la femme ; les 54 % restants allant à la production SCN.

Ainsi, les trois quarts du temps de travail des hommes vont aux activités comptabilisées dans le PIB tandis que près de la moitié de la contribution productive de la femme en est exclue, car il s'agit d'activités domestiques (cf. tableau 7.1.).

Tableau 7.1. : Temps moyen consacré à l'activité économique et au travail non rémunéré par les membres de 6 à 65 ans selon le sexe

	Sexe de l'enquêté			
	Masculin		Féminin	
	Heures	%	Heures	%
Production SCN	6 h 37 min	27,90	4 h 58 min	20,88
Activités domestiques – TNR	48 min	3,40	4 h 14 min	17,77
Travail	7 h 26 min	31,30	9 h 13 min	38,65
Activités non productives	16 h 19 min	68,70	14 h 38 min	61,35
Total	23 h 46 min	100	23 h 51 min	100
% SCN dans travail	89,11		54,01	
% TNR dans travail	10,88		45,98	

Source : Enquête sur l'emploi du temps. Commune de Koupéla, 2009

Par ailleurs, une analyse de genre par tranche d'âge confirme les inégalités observées entre hommes et femmes dans la répartition du temps entre la production SCN et le travail non rémunéré.

Il s'avère que ces inégalités existent dès le plus jeune âge. En effet, jusqu'à l'âge de 49 ans, plus de la moitié du temps de travail de la femme est consacré au travail non rémunéré. Or, dès la tranche d'âge de 6 à 14 ans, les garçons consacrent 88,8 % de leur temps de travail à la production SCN et 11,2 % au travail non rémunéré. À l'inverse, les jeunes filles passent 52,2 % de leur temps de travail à la production domestique. Cette proportion augmente à l'âge adulte puisque, de 15 à 49 ans, 55,9 % du temps de travail des femmes est attribué aux travaux domestiques alors que 31,4 % sert à la production SCN. Par contre, les hommes maintiennent une affectation de temps élevée pour cette dernière, soit 88,1 % de leur temps de travail. Mieux, ils augmentent cette quantité entre 50 et 65 ans, vouant alors 91,1 % de leur temps à la production SCN et 8,9 % à la production domestique. Les femmes, elles, effectuent toujours du travail non rémunéré pour 45,7 % de leur temps de travail (cf. tableau 7.2.).

Tableau 7.2 : Temps moyen consacré à l'activité économique et au travail non rémunéré par tranche d'âge selon le sexe

	Tranche d'âge de l'enquêté											
	De 6 à 14 ans				De 15 à 49 ans				De 50 à 65 ans			
	Masculin		Féminin		Masculin		Féminin		Masculin		Féminin	
	Heures	%	Heures	%	Heures	%	Heures	%	Heures	%	Heures	%
Production SCN	5h42min	24,02	2h42min	11,35	7h19min	30,70	6h15min	26,17	7h24min	29,79	5h27min	22,87
Activité domestique - TNR	43min	3,02	2h58min	12,49	59min	4,14	4h56min	20,66	41min	2,91	4h34min	19,24
Travail	6h25min	27,05	5h40min	21,19	8h19min	34,85	11h12min	46,82	7h43min	32,69	10h18min	42,10
Activités Non Productives	17h20	72,96	18h06	76,16	15h33	65,16	12h43min	53,17	15h54min	67,30	13h47min	57,89
Total	23h46	100	23h46min	100	23h52	100	23h55min	100	23h38min	100	23h50min	100
%SCN dans Travail	88,80		47,61		88,10		31,42		91,07		54,33	
%TNR dans Travail	11,20		52,19		11,89		55,89		8,93		45,66	

Source : Enquête sur l'emploi du temps. Commune de Koupéla, 2009

Les résultats ci-dessus illustrent de nouveau l'importance d'une approche en termes de genre. En effet, une analyse limitée aux seules tranches d'âge ne met en exergue ni l'importance du travail non rémunéré dans le temps de travail des femmes ni l'importance de la production SCN dans le temps de travail des hommes (cf. tableau 7.3). Cependant, une telle approche suffit à mettre à nu le travail des enfants.

En effet, de 6 à 14 ans, les enfants travaillent en moyenne 6 h 15 min par jour. Ils contribuent grandement à la production SCN en raison de 4 h 22 min par jour alors que les adultes de 15 à 49 ans et ceux de 50 à 65 ans y consacrent respectivement 6 h 40 min et 6 h 42 min. Par exemple, une femme adulte de 15 à 49 ans n'accomplit que 30 minutes d'activité économique hors marché de plus que les filles de 6 à 14 ans. En réalité, la production SCN représente plus de la moitié (69,9 %) du temps de travail des enfants, en raison de leur forte participation à la production de subsistance.

Les enfants de 6 à 14 ans apportent également une contribution non négligeable au travail non rémunéré. Celui-ci revêt une importance comparable aussi bien dans la journée de travail des enfants de 6 à 14 ans (30,08 %) que dans celle des adultes de 15 à 49 ans (34,6 %) (cf. tableau 7.3). Il occupe naturellement plus de temps lorsque les jeunes ne sont pas scolarisés (cf. tableau III-4 et III-5).

Tableau 7.3 : Temps moyen consacré à l'activité économique et au travail non rémunéré par tranche d'âge

Activités	Tranches d'âge de l'enquêté					
	De 6 à 14 ans		De 15 à 49 ans		De 50 à 65 ans	
	Heures	%	Heures	%	Heures	%
Production SCN	4 h 22 min	18,21	6 h 40 min	27,90	6 h 42 min	27,96
Activités domestiques – TNR	1 h 52 min	7,83	3 h 32 min	14,78	2 h 07 min	8,88
Travail	6 h 15 min	26,05	10 h 13 min	42,69	8 h 49 min	36,85
Activités non productives	17 h 44 min	73,96	13 h 43 min	57,32	15 h 07 min	63,16
Total	23 h 59 min	100	23 h 56 min	100	23 h 57 min	100
% SNC dans Travail	69,92		65,36		75,87	
% TNR dans Travail	30,08		34,63		24,12	

Source : Enquête sur l'emploi du temps. Commune de Koupéla, 2009

Lorsqu'on distingue les enfants scolarisés de ceux non scolarisés selon le sexe, on voit que ce score élevé du travail non rémunéré est dû une fois de plus à l'apport des filles qui en fournissent 4 fois plus que les garçons. Lorsqu'elles sont scolarisées, les filles accomplissent 2 h 19 min de travaux domestiques alors que les garçons se contentent que de 46 min (cf. tableau 7.4). Non scolarisés, filles et garçons en font respectivement 3 h 58 min et 53 min. On remarque cependant que l'augmentation en volume du travail non rémunéré pour les non-scolarisés se traduit paradoxalement par une baisse relative de la part du travail non rémunéré par rapport au temps de travail total. Cela est la contrepartie d'une augmentation de la production SCN des jeunes non scolarisés, qui montre bien que ceux-ci sont en fait des aides familiaux (agricoles). Ils participent activement au sein des ménages ruraux (cf. tableau 7.4) à la production comptabilisée dans le PIB. Cette production est même plus importante dans la journée de ces jeunes que dans celle des adultes de 50 à 65 ans où il en occupe 24,1 %.

Tableau 7.4 : Temps moyen consacré à l'activité économique et au travail non rémunéré par les jeunes de 6 à 14 ans scolarisés selon le sexe

	Sexe de l'enquêté			
	Masculin		Féminin	
	Heures	%	Heures	%
Production SCN	4 h 23 min	18,3	1 h 15 min	32,9
Activités domestiques – TNR	46 min	3,2	2 h 19 min	41,5
Travail	5 h 06 min	21,6	4 h 10 min	17,6
Activités non productives	18 h 45 min	78,4	19 h 30 min	82,3
Total	23 h 55 min	100	23 h 40 min	100
% SCN dans travail	84,9		44,2	
% TNR dans travail	15,1		55,7	

Source : Enquête sur l'emploi du temps. Commune de Koupéla, 2009

Tableau 7.5 : Temps moyen consacré à l'activité économique et au travail non rémunéré par les jeunes de 6 à 15 ans non scolarisés selon le sexe

	Sexe de l'enquêté			
	Masculin		Féminin	
	Heures	%	Heures	%
Production SCN	6 h 40 min	27,9	3 h 32 min	14,8
Activités domestiques, TNR	53 min	3,7	3 h 58 min	16,6
Travail	7 h 33 min	31,6	7 h 30 min	31,4
Activités non productives	16 h 22 min	68,4	16 h 24 min	68,6
Total	23 h 56 min	100	23 h 55 min	100
% SCN dans travail	88,2		47,1	
% TNR dans travail	11,9		52,8	

Source : Enquête sur l'emploi du temps. Commune de Koupéla, 2009

Finalement, les résultats de Koupéla sont-ils conformes à ceux des autres enquêtes précédentes sur l'utilisation du temps concernant la production des ménages ?

1.2. Comparaisons internationales

Les résultats de l'enquête française sur l'emploi du temps de 1999 ont été comparés à ceux de quatre pays africains (Afrique du Sud, Bénin, Madagascar, Maroc) par Charmes (2005a). Un rapprochement avec cette comparaison internationale[144] (cf. tableau 7.6 et figure 7.1) et les résultats issus de l'enquête malienne[145] (MPFEF *et al.*, 2010) montrent que les caractéristiques du travail non rémunéré à Koupéla présentent les mêmes tendances que celles observées dans les pays africains où

[144] Cette comparaison internationale a été faite malgré les quelques différences méthodologiques qui existaient entre les différentes enquêtes. Les enquêtes française et sud-africaine ont exclu les individus de moins de 6 et incorporé ceux de plus de 65 ans. En définitive, la démarche méthodologique qui a servi aux enquêtes du Bénin, de Madagascar, et du Mali, est similaire à celle utilisée pour Koupéla. Toutes ont interrogé des personnes âgées de 6 à 65 ans.

[145] L'enquête malienne a couvert le territoire national. Les résultats distinguent la zone rurale et la zone urbaine. Nous évoquons dans cette étude, les résultats propres à la zone rurale qui facilitent la comparabilité avec la commune de Koupéla.

les TUS ont été conduites. En général, une grande partie du travail féminin est exclue de l'appréhension classique du PIB aussi bien dans les économies industrialisées que dans les pays en développement. À l'inverse, les hommes consacrent la majorité de leur temps de travail à la production SCN.

Tableau 7.6 : Temps moyen consacré à l'activité économique et au travail par sexe, dans divers pays

	Bénin 1998		Madagascar 2001		Tunisie 2005		Tanzanie 2006	
	F	H	F	H	F	H	F	H
Production SCN	3 h 55 mn	3 h 55 mn	2 h 55 mn	4 h 50 mn	1 h 32 mn	4 h 17 mn	3 h 24 mn	4 h 36 mn
Activités domestiques	3 h 15 mn	1 h	3 h 45 mn	55 mn	5 h 16 mn	39 mn	3 h 33 mn	1 h 12 mn
Travail	*7 h 10 mn*	*4 h 55 mn*	*6 h 40 mn*	*5 h 45 mn*	*6 h 48 mn*	*4 h 56 mn*	*6 h 5 mn*	*5 h 48 mn*
% SCN dans Travail	54,7	79,7	43,7	82	23	87	49	79
% TNR dans Travail	45,3	20,3	56,3	18	77	13	51	21

	Mali 2008		Burkina Faso 2009		Afrique du Sud 2010		France 2010	
	F	H	F	H	F	H	F	H
Production SCN	3 h 45 mn	5 h 10 mn	4 h 58 mn	6 h 37 mn	2 h 09 mn	3 h 34 mn	2 h 13 mn	3 h 31
Activités domestiques	4 h 02 mn	14 mn	4 h 14 mn	48 mn	3 h 49 mn	1 h 38 mn	3 h 52 mn	2 h 24
Travail	*7 h 47 mn*	*5 h 24*	*9 h 13 mn*	*7 h 26 mn*	*5 h 58 mn*	*5 h 12 mn*	*6 h 05 mn*	*5 h 55*
% SCN dans Travail	48	96	54,01	89,11	36	68,58	36,43	59,43
% TNR dans Travail	52	4	45,99	10,89	64	31,42	63,56	40,56

Source : Établi à partir de Charmes (2006) ; INSAE/PNUD. (1998) ; INSTAT (2002) ; Ministère des Affaires de la femme (2011) ; National Bureau of Statistics (2006) ; MPFEF *et al*. (2010) ; Ky (2010) ; Statistics South Africa (2013) ; INSEE (2011).

Figure 7.7 : Répartition du temps de travail en production SCN et en TNR par sexe

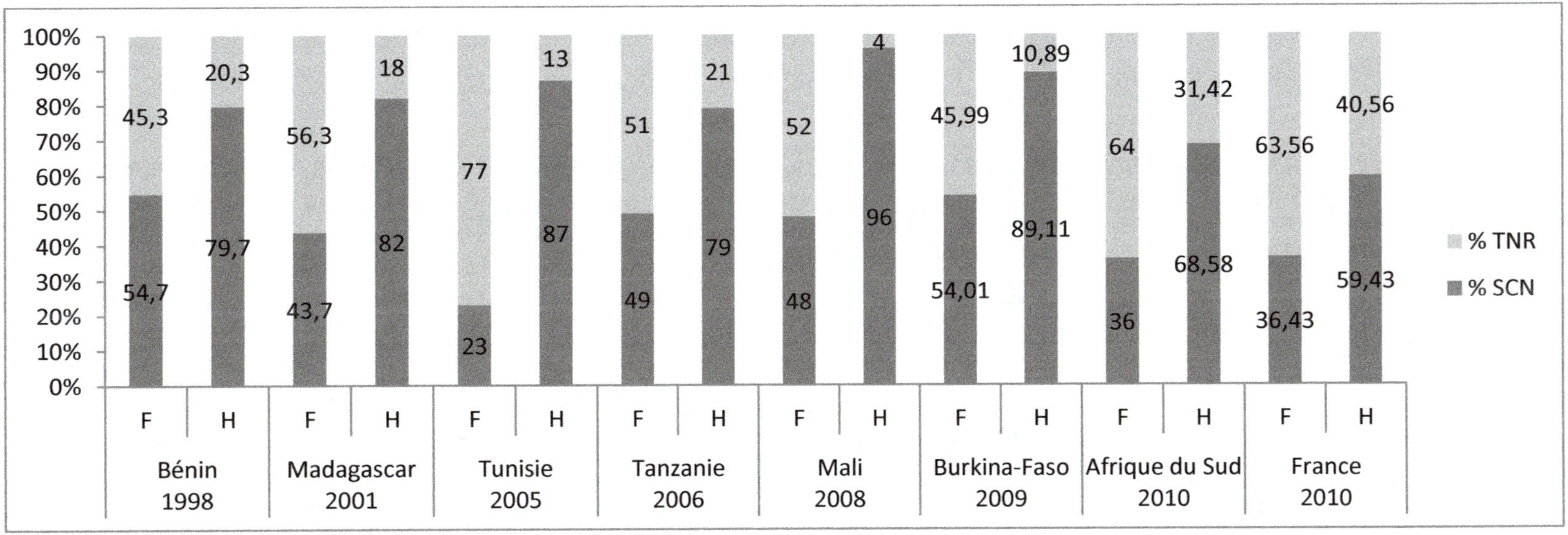

Source : Tableau 7.6

Tout d'abord, les journées de travail, au sens large, des femmes sont plus longues que celles des hommes dans les pays africains : 2 h 09 min de plus en Afrique du Sud, 2 h 15 min de plus au Bénin, 2 h 50 min de plus à Madagascar, 1 h 47 min de plus à Koupéla[146]. Cela s'applique même à un pays développé comme la France où l'on observe 1 h 58 min de plus (Charmes, 2005). En zone rurale malienne, les femmes travaillent aussi 1 h 45 min de plus que les hommes.

Ensuite, pour les femmes, la part de travail non rémunéré (celle qui est exclue du PIB) est supérieure à la part de travail comptabilisée dans le PIB en France (69,7 % de leur travail total), en Afrique du Sud (65,2 %), et à Madagascar (56,3 %). Si au Bénin, au Mali et à Koupéla, elle y est légèrement inférieure, représentant respectivement 45,3 %, 48,7 % et 46 % du temps de travail total, cela s'explique par l'abondance des activités économiques hors marché de ces femmes. D'ailleurs, la présente étude, tout comme celle de Charmes (1998) sur le Bénin aboutissent à une importance identique de la production SCN des femmes par rapport à leur temps total de travail[147]. Ce rapport du temps de travail SCN par rapport au travail total est de 54,7 % pour le Bénin et 54 % pour Koupéla. Au Mali, il est de 52 %.

Pour un pays en développement comme le Burkina, le poids du travail domestique effectué par les femmes les empêche de développer des activités génératrices de revenus. En fait, elles souffrent d'une « pauvreté de temps » qui freine également le développement de leurs *capabilités*. De la sorte, la pauvreté de temps peut conduire aisément à d'autres formes de pauvreté : monétaire, de capabilité, etc.

Par ailleurs, cette proportion du travail des femmes qui est exclue du PIB est plus importante que la part équivalente de travail masculin, car les femmes consacrent plus de temps au travail non rémunéré que les hommes. En revanche, ces derniers réservent la majorité de leur temps de travail à la production SCN : 57,4 % pour les Français, 69,1 % pour les Sud-Africains, 79,7 % pour les Béninois, 82,0 % pour les

[146] Les heures totales de travail sont aussi élevées à Koupéla, car en zone rurale, les populations travaillent plus qu'en zone urbaine.

[147] Pour le Bénin et Madagascar, ce sont les données urbaines qui ont été retenues pour ce tableau quand bien même les enquêtes couvraient également les zones rurales. Cependant, selon Charmes (2005a : 268) « les observations disponibles sur le milieu rural au Bénin et à Madagascar, et les variations saisonnières en Afrique du Sud, conduisent à penser que les conclusions que l'on peut tirer des tableaux présentés ne seraient pas foncièrement différentes ».

Malgaches, 94,6 % pour les Maliens, et 89.1 % pour les Burkinabé de Koupéla.

À l'inverse, si les hommes consacrent universellement plus de temps à la production comptabilisée dans le PIB qu'à la production domestique, la contribution des femmes au PIB se rapproche néanmoins de celle des hommes. Elles réalisent 58,2 % du temps des hommes en France, 60,5 % en Afrique du Sud, 60,5 % à Madagascar.

Ces proportions s'élèvent à 100 % au Bénin, 70,4 % au Mali et 75,1 % à Koupéla du fait de l'importance de la production hors marché féminine comme précédemment mentionné. Ainsi, l'activité économique telle qu'elle est définie par le PIB n'appréhende que 30,3 % du travail des femmes en France, 15,9 % au Maroc ; 34,8 % en Afrique du Sud, 54,7 % au Bénin, 43,7 % à Madagascar, 52 % au Mali et 54 % à Koupéla.

1.3. Le travail non rémunéré en volume et en valeur

Sur la base des résultats de l'enquête budget-temps présentés ci-dessus, il est possible de quantifier en volume et en valeur le travail non rémunéré des femmes dans la commune de Koupéla. Afin de pouvoir effectuer des comparaisons de genre, la part des hommes est également quantifiée[148].

Le travail non rémunéré annuel des femmes de Koupéla représente 85,4 % du travail non rémunéré de la commune. Il s'élève à 47 510 784 h 40 min. Cela représente pour chaque femme 193 journées de travail de huit (8) heures chacune soit plus de six (6) mois de travail.

Les hommes pour leur part totalisent annuellement un travail non rémunéré de 8 077 596 heures. Cela équivaut à 36 journées de travail de huit heures (un mois et une semaine) pour chaque homme.

Que vaudrait ce travail non rémunéré au coût de remplacement généraliste, c'est-à-dire s'il était rémunéré au taux de salaire en

[148] Les estimations sont faites en référence aux caractéristiques de la population selon le dernier recensement général de population (ministère de l'Économie et des Finances, 2008).

vigueur au Burkina pour un employé de maison non spécialisé (CNPB, 2009 : 24) [149]?

La valeur du travail non rémunéré des femmes et des hommes à Koupéla vaudrait alors respectivement 9 137 274 010 FCFA et 1 553 483 262,72 CFA (cf. tableau 7.7).

Tableau 7.7 : Travail non rémunéré annuel de Koupéla en volume et Valeur

	Travail non rémunéré		
	En heures	En valeur	%
Femmes	47 510 784 h 40 mn	9 137 274 010,88 FCFA 13 929 833,08 euros	85,46
Hommes	8 077 596 h	1 553 483 262,72 FCFA 2 368 295,24 euros[150]	14,54
Total	55 588 380 h	10 690 757 273,6 FCFA 16 298 128,32 euros	100

Source : Enquête sur l'emploi du temps. Commune de Koupéla, 2009

L'évaluation du travail non rémunéré à l'échelle d'une seule commune ne permet pas de comparer ce travail à une grandeur comme le PIB national. Pour pallier cela, il serait intéressant d'estimer le travail non rémunéré à l'échelle nationale, ou à défaut, dans toutes les zones rurales du Burkina Faso.

En émettant l'hypothèse que les moyennes de travail non rémunéré accomplies par une femme et un homme à Koupéla prévalent pour toutes les zones rurales, des ordres de grandeur se déduisent[151]. Aussi,

---

[149] Salaire horaire d'un employé de maison : 192,32 FCFA. Il s'agit du Barème des traitements mensuels des gens de maison de la 2e catégorie, issu du décret 77-311 fixant les conditions de travail des gens de maison. La deuxième catégorie désigne les employés de maison à tout faire (« *boy* ») avec 12 mois de pratique (CNPB, 2009 : 24).

[150] 1 euro = 655,95 FCFA.

[151] Une hypothèse certes quelque peu hâtive mais qui peut être tolérée compte tenu de l'inexistence d'enquêtes budget-temps officielles et qui permet de donner une idée des ordres de grandeur potentiels que représente le travail non rémunéré.

les femmes des zones rurales au Burkina Faso auraient accompli, en 2009, un travail non rémunéré équivalent à 55 % du PIB. Quant au travail non rémunéré des hommes, il valait alors 9,5 % du PIB.

En d'autres termes, la production domestique des femmes en zone rurale[152] au Burkina représentait 55 % du PIB en 2009, sachant que la production domestique totale (hommes et femmes) des ménages ruraux représentait 64,5 % du PIB officiel[153] (cf. tableau 7.8 : Travail non rémunéré en pourcentage du PIB).

Tableau 7.8 : Travail non rémunéré en pourcentage (%) du PIB officiel

	Koupéla	Zone rurale du Burkina
Femmes	0,3 %	55 %
Hommes	0,05 %	9,5 %
Total	0,35 %	64,5 %

Source : Enquête sur l'emploi du temps. Commune de Koupéla, 2009

En incorporant la valeur de la production domestique des femmes rurales dans le PIB, cela induit une hausse de 55 % de ce PIB. On obtient alors le PIB élargi, dont le travail non rémunéré des femmes rurales représente néanmoins 35,5 %. À titre comparatif, en 2010, la production des ménages de Suisse contribuait à raison de 44 % environ à l'économie nationale lorsque celle-ci intégrait les prestations non rémunérées (OFS, 2012).

Cette proportion de 55 % à laquelle nous aboutissons s'insère dans l'ordre de grandeur des estimations précédentes faites au plan international ; même si elle ne comptabilise que la production des femmes et uniquement en zone rurale de surcroît. Elle est supérieure aux estimations internationales qui proviennent de pays industrialisés, ce qui est peu surprenant. Elle démontre ainsi l'importance quantitative de la production domestique dans les pays en développement ! Rappelons que ces valeurs du travail non rémunéré

TNR annuel par homme = 292 h ; TNR annuel des hommes en zone rurale = 151 251 448 h.

[152] Population rurale du Burkina : Femmes : 5 655 451 et Hommes : 5 179 844.

[153] Le PIB officiel du Burkina en 2009 est de 3 053,6 milliards de FCFA (ministère de l'Économie et des Finances, 2010 : 13).

par rapport au PIB ne sont que des estimations minimales[154]. En effet, elles s'accroissent considérablement pour peu que l'on valorise l'heure de travail non rémunéré au taux de salaire d'un employé de maison de la 5e catégorie[155] qui est de 219,79 FCFA. À ce taux de salaire, la production domestique des femmes des zones rurales représente 62,8 % du PIB, alors que celle des hommes en zone rurale équivaudrait à 10,8 % du PIB. La production domestique totale des zones rurales, hommes et femmes confondus, représenterait 73,3 % du PIB Burkinabé.

2. Recommandations

Nous avons ainsi démontré, à travers l'exemple de la commune de Koupéla, l'importance du temps que les femmes burkinabé (en zone rurale) consacrent au travail non rémunéré pour la production domestique des ménages. Au vu de ces résultats, des recommandations peuvent être faites en faveur de l'intégration de ce travail des femmes aux stratégies de lutte contre la pauvreté au Burkina Faso. On distinguera, en premier lieu, les recommandations en matière de politique économique, suivies des recommandations d'ordre statistique, puis de celles d'ordre institutionnel. Elles peuvent s'appliquer au niveau communal aussi bien qu'au niveau national, car on peut considérer que Koupéla est typique de la plupart des zones rurales burkinabé.

2.1. Recommandations de politique économique

En matière de politique économique, le Burkina Faso devrait appliquer la budgétisation selon le genre d'une part, et, d'autre part, intégrer le travail non rémunéré dans le Cadre stratégique de lutte contre la pauvreté.

---

[154] Nous avons choisi de procéder à des estimations minimales pour leur octroyer un caractère incontestable.

[155] La cinquième catégorie désigne les cuisiniers de maison ayant 3 ans d'ancienneté, travaillant pour un ménage de plus de 8 personnes (CNPB, 2009 : 24). Or, cette catégorie est représentative de la plupart des femmes burkinabé en zone rurale, car les familles y sont grandes.

2.1.1. Budgétisation selon le genre

La création d'un ministère de la Promotion de la femme et du genre par les autorités burkinabé dénote un engagement fort du gouvernement pour l'égalité des sexes. Ceci dit, cet engagement doit se concrétiser davantage par une inclusion de la sexospécificité au cœur d'un élément clé de la politique économique : la politique budgétaire. Elle constitue un outil fondamental de répartition des ressources publiques qui peut efficacement contribuer à résorber, ou tout au moins, à diminuer les inégalités de genre.

Pour ce faire, il faut pratiquer une budgétisation sensible au genre (*gender budgeting*), sachant que les budgets ne sont pas neutres (Elson, 1999 ; Bakker and Elson, 1998). Ils affectent différemment les hommes et les femmes en fonction des rôles sociaux qui sont les leurs.

La budgétisation selon le genre[156] est un processus qui tient compte dans l'élaboration et dans l'exécution du budget de l'État, des impacts différenciés sur les hommes et sur les femmes de ce budget. Ce concept tient compte des différences et des rapports socio-économiques homme-femme pour allouer les ressources disponibles de manière à répondre aux besoins spécifiques des uns et des autres. Ainsi, l'impact des politiques économiques est amélioré, grâce à une maximisation de l'impact des dépenses publiques. In fine, celles-ci s'en trouvent d'autant rationalisées (Sharp, 2003). Cela est valable aussi pour les prélèvements opérés par l'État qui constituent les recettes budgétaires. L'incidence des taxes sur les hommes et sur les femmes doit être étudiée de manière à mieux orienter la politique fiscale.

Il ne s'agit pas de créer un budget pour les femmes et un autre pour les hommes, pas plus que d'augmenter les crédits des projets destinés aux femmes. L'équité en genre ne signifie pas une répartition des ressources budgétaires à 50 % pour les hommes et 50 % pour les femmes, encore moins une multitude de décisions budgétaires destinées uniquement aux femmes. Il s'agit plutôt de réorienter les priorités des dépenses et des recettes budgétaires pour assurer l'équité entre les sexes.

[156] On parle aussi de budget ou budgétisation sensible au genre, de budgétisation genre, ou de budget genre.

Des budgets sensibles au genre sont particulièrement importants pour un pays en développement comme le Burkina Faso, car l'un des outils[157] d'analyse de ce type de budget est, entre autres, « l'analyse ventilée par sexe de l'impact des budgets sur l'utilisation du temps » (Elson, 1999). Cet outil étudie la relation entre le budget national et l'utilisation du temps dans les ménages pour s'assurer que le temps employé par les femmes dans le travail non rémunéré soit pris en compte dans l'analyse des politiques. Pour illustration, dans le cadre d'un projet de compression budgétaire, cet outil posera la question de savoir si la baisse de ces dépenses augmentera (ou diminuera) le temps que les hommes ou les femmes passent à s'occuper gratuitement des autres membres du ménage.

Le genre est un critère de stratification sociale au même titre que la race, l'ethnie, la condition socio-économique. De ce fait, l'impact de toute politique macroéconomique est influencé par les relations de genre qui existent au sein de la société. Supposons qu'un gouvernement décide d'une augmentation des dépenses en travaux publics pour créer des emplois. À qui bénéficieront ces emplois en majeure partie ? Ils seront davantage occupés par les hommes pour la simple raison que très peu de femmes sont ouvrières du bâtiment. Il en est de même, si les pouvoirs publics décident d'implanter des forages dans des villages où les populations n'ont pas accès à l'eau potable. Certes, l'approvisionnement de ces populations en eau sera amélioré. Mais en portant un regard à travers le prisme du genre, on voit que cette décision implique un autre changement appréciable : les forages affecteront positivement la vie des femmes, car ce sont elles qui ont la charge d'aller puiser l'eau aux sources les plus proches. Ils leur éviteront désormais de longues distances pour s'approvisionner en eau et leur feront ainsi économiser du temps. Autant d'heures que les femmes, ou les fillettes, pourront mettre à profit pour d'autres activités.

---

[157] L'élaboration de tels budgets genre nécessite des études préalables concernant les impacts sexospécifiques. On dispose aussi de sept catégories d'études élaborées comme outils d'analyse des dépenses et des recettes budgétaires (Elson, 1990) : l'analyse genre des politiques gouvernementales ; l'analyse genre des bénéficiaires des services publics ; l'analyse genre de l'incidence des dépenses publiques ; l'analyse genre du système fiscal ; l'analyse de l'impact du budget sur l'emploi du temps ; l'analyse genre du cadre des dépenses à moyen terme ; les états budgétaires sensibles au genre.

Dans certains villages, on note effectivement que certaines fillettes manquent l'école pour s'acquitter des tâches domestiques. Une relation a ainsi été établie entre l'implantation d'un forage et l'assiduité des jeunes filles à l'école et notamment le taux de scolarisation de ces dernières (Klasen, 2002). Kaboré *et al.* (2003)[158] montrent en termes statistiques[159], qu'il existe, au Burkina comme au Mali, une relation entre la probabilité de fréquentation scolaire des jeunes filles et les possibilités offertes au sein de leur ménage d'être dégagées de certains travaux, notamment des travaux ménagers. Cela a précédemment été démontré par Marcoux (1998) pour le Mali.

Or, les priorités dans la gestion du budget ne concernent pas que les dépenses. Une équité s'impose aussi pour les recettes budgétaires. Ainsi, le premier budget genre a été élaboré par le gouvernement fédéral d'Australie en 1984 (Alexander et Baden, 2001 : 377). La budgétisation selon le genre a été aussi expérimentée aux Pays-Bas, en Australie (1984), en Écosse, aux Barbades, au Royaume-Uni et aussi dans certains pays africains comme en Tanzanie, en Ouganda, au Rwanda, en Afrique du Sud (1996), au Mozambique, au Zimbabwe et au Maroc. Ces initiatives n'étaient pas toutes gouvernementales. En effet, il n'est pas indispensable de mener une opération à l'échelle nationale. Elle peut aussi s'exécuter au niveau provincial ou communal tout comme à l'échelle d'une ONG, d'un ministère, ou d'un de ses programmes en particulier.

Au Burkina Faso, le ministère de l'Agriculture et de l'Aménagement hydraulique serait bien indiqué pour la mise en œuvre, de manière pilote, de la budgétisation selon le genre. Ceci, en raison de la prédominance du secteur agricole dans l'économie burkinabé et de son fort impact sur les femmes, qui constituent 80 % des emplois du secteur agricole (FAO, 2005). À titre expérimental, on peut même ne choisir qu'un seul programme du ministère.

Les autorités burkinabé, particulièrement celles qui sont en charge des finances et du développement, sont conscientes du rôle primordial de

---

[158] Kaboré Idrissa (INSD : Institut national de la statistique et de la démographie, Burkina Faso) ;
Lairez Thierry, (PAEB : *Projet d'appui à l'enseignement de base, Burkina Faso*) ;
Marc Pilon (IRD : Institut de Recherche pour le Développement) (ex-ORSTOM).

[159] Dans *Genre et scolarisation au Burkina Faso : enseignements d'une approche statistique.*

la budgétisation selon le genre. En effet, le ministère des Finances a sollicité en 2001 une formation spécifique sur la question dans le cadre du projet « Assistance genre » financé par l'Ambassade des Pays-Bas au Burkina Faso. Après une relance en 2003, lors de la réunion de la Commission de Concertation des Partenaires techniques et financiers en genre, un atelier s'est tenu à Ouagadougou du 5 au 10 juillet 2004. Il a rassemblé les administrateurs de crédits, les directeurs des études et de la planification des différents départements ministériels, et les directeurs régionaux de l'économie et de la planification.

Sur demande du président de l'Assemblée nationale, les membres de la Commission des Finances et du Budget de l'Assemblée nationale ont bénéficié d'un atelier de formation en janvier 2005. En juin 2009, les parlementaires burkinabé ont pris part à un autre séminaire de formation à l'issue duquel ils ont recommandé aux décideurs politiques la prise en compte de la dimension genre dans l'élaboration du budget national.

Tous ces ateliers de formation témoignent de la volonté manifeste des autorités burkinabé d'adopter la budgétisation sensible au genre. Cependant, concrètement, les études d'analyse préalable se font toujours attendre.

2.1.2. Intégrer le travail non rémunéré dans les stratégies de lutte contre la pauvreté

Les stratégies de lutte contre la pauvreté au Burkina Faso se cantonnent encore à l'accroissement de la production marchande en occultant le fait que celle-ci complète la production non marchande et notamment la production domestique. L'importance du temps consacré au travail non rémunéré, particulièrement des femmes, sur lequel nous avons précédemment insisté, montre la nécessité de l'inclure dans le document stratégique de lutte contre la pauvreté. Cela est réalisable à deux niveaux :

Tout d'abord en amont, le diagnostic préalable de la pauvreté devrait être ventilé selon le sexe, avec une quantification du temps voué au travail non rémunéré pour identifier l'ampleur de la « pauvreté » de temps dont souffrent les femmes et qu'il va falloir atténuer.

Ensuite, au niveau des stratégies de lutte contre la pauvreté préconisées, il faudrait veiller à réduire le temps qu'occupe le travail non rémunéré dans une journée de travail féminine. Les politiques publiques pourraient ainsi œuvrer à diminuer les contraintes de temps qui pèsent sur l'activité productive des femmes. Il s'agit de « faire gagner du temps aux femmes », surtout des zones rurales, par des investissements en technologie et en infrastructures qui raccourcissent le temps alloué au travail non rémunéré et à certaines productions économiques hors marché, ce qui a pour effet d'améliorer la productivité. Par exemple, une politique d'assainissement qui répandrait les fontaines publiques dans les villages réduirait le temps consacré par les femmes à la corvée d'eau.

De même, le temps alloué à la recherche et au port du bois peut être diminué par un retour à la vulgarisation des foyers améliorés[160], à défaut de développer l'utilisation d'autres combustibles subventionnés par l'État (charbon, gaz). Autre exemple, la création de moulins publics ou la subvention d'initiatives privées à leur création, avec des tarifs abordables permettraient aux femmes de réduire le temps consacré aux activités de transformation à domicile[161]. Le temps ainsi économisé pourrait être réalloué par les femmes à des activités de production marchande plus lucratives, ce qui leur procurerait un revenu supplémentaire.

Par ailleurs, notre étude montre que la production domestique est loin d'être négligeable. Si par extrapolation, le travail non rémunéré des femmes rurales en 2009 représente à lui seul 55 % du PIB de 2009, comment les gouvernements peuvent-ils occulter cette activité productive gratuite qui élargit la base de consommation des ménages ? Ces femmes, en zone rurale notamment, méritent une reconnaissance et une rétribution pour la production de ces services. Il semble que leur travail, en tant que facteur de production économique et parce qu'il est non rémunéré, ne remplisse pas sa fonction de distribution des revenus, des droits et des prestations à l'instar du travail rémunéré.

---

[160] Le foyer amélioré est un foyer d'argile qui se construit simplement à la main. Il économise la chaleur et diminue la consommation de bois. Lors de la révolution des années 1980, le gouvernement avait institué au niveau national l'utilisation de « foyers améliorés » pour lutter contre la coupe abusive du bois.

[161] Les moulins étant rares et plutôt rudimentaires, ils sont souvent débordés et les femmes y passent de longues heures.

Revendiquer une rémunération serait utopique. En revanche, des politiques sociales en leur faveur peuvent tenir lieu de « rémunération en nature ». Le but de la présente étude n'est pas d'exiger une rémunération pour ces femmes, mais de montrer qu'elles méritent une meilleure rétribution des richesses nationales. Aussi, pourrait-on envisager des investissements en capital au profit des femmes en milieu rural : par exemple, une politique sanitaire de soins quasi gratuite, ainsi que la multiplication de centres de santé dans les zones rurales. De même, pour le ministère de l'Enseignement de base et de l'Alphabétisation, l'institution de l'enseignement obligatoire et gratuit pour les filles jusqu'à la fin du premier cycle secondaire. Cela est souhaitable, d'autant plus que parmi les 12 pays où l'*AGDI*[162] est expérimenté « c'est au Burkina Faso, où les filles et les garçons affichent des taux d'achèvement des études primaires inférieurs respectivement à 27,5 % et à 43,9 %, que l'on trouve les plus faibles proportions d'écoliers achevant un cycle complet d'études primaires » (CEA, 2009).

Pour les jeunes filles et les femmes adultes, des formations professionnelles subventionnées par l'État peuvent être mises en œuvre. Le ministère en charge de l'Agriculture aurait à cet effet une grande responsabilité en veillant à mettre en place des formations agricoles pour ces femmes actives, aides agricoles pour la plupart. De telles formations sont trop souvent réservées aux hommes, alors qu'une extension aux femmes permettrait d'augmenter la productivité du secteur agricole.

En somme, le temps dégagé par l'allégement du travail non rémunéré permettrait à ces femmes non seulement de développer leurs *capabilités* (santé, instruction), mais aussi d'entreprendre des activités génératrices de revenus afin d'améliorer leurs conditions de vie.

2.2. Recommandations statistiques

Les recommandations précédentes ne peuvent être mises en œuvre sans une amélioration des données statistiques et de leur disponibilité. Aussi, un « réveil statistique » en quelque sorte s'avère nécessaire à

[162] Indice d'Équité en Genre et Développement, en anglais *African Gender and Development Index (AGDI).*

l'échelle du Burkina Faso. Il doit s'accompagner d'un effort de normalisation au plan international.

2.2.1. Entreprendre des enquêtes budget-temps au Burkina Faso

En élargissant la définition de la production aux activités manufacturières des ménages pour leur usage propre, le SCN a aussi élargi la définition de la population active à de nouveaux types d'actifs : les auteurs de ces productions. Pour le Burkina Faso, et les pays en développement en général, une part importante de ces productions se situe hors marché. Le fait de les prendre en compte sera l'occasion de réévaluer la population active en intégrant enfin ces actifs dont l'activité n'est pas monétarisée. Seules les enquêtes budget-temps ou *TUS*, en retraçant les activités qui composent la journée des individus permettent de les repérer et de quantifier le temps consacré à ces activités.

Le cas des femmes de Koupéla donne un bon aperçu de l'ampleur du travail qui est ignoré en ne mettant pas en œuvre des *TUS* ayant pour finalité de construire les comptes satellites de production des ménages burkinabé.

Il est donc urgent d'initier maintenant des enquêtes d'utilisation du temps au Burkina Faso conformément à la recommandation du SCN 1993. Ces TUS serviraient non seulement à quantifier le travail non rémunéré, à préciser les statistiques de population active, mais aussi à avoir une mesure plus juste des activités économiques hors marché qui échappent habituellement à la comptabilisation du PIB, faute de statistiques. D'autant plus qu'elles sont fort importantes comme le portage de l'eau dans les régions sahéliennes du Burkina. Plus généralement, l'intégration du genre dans la politique économique ne peut se faire sans données statistiques sur la contribution effective des femmes à l'activité économique hors marché et à l'économie domestique.

Cependant, nous convenons que ces enquêtes sont à la fois onéreuses et extrêmement lourdes à mettre en œuvre. Si elles ne peuvent pas être entreprises en tant que telles, une alternative serait alors d'adjoindre des modules budget-temps avec des questions sur le temps consacré à certaines activités comme le port de l'eau et du bois, préparer les repas, bricoler, s'occuper des enfants…, aux questionnaires d'enquête sur les conditions de vie des ménages ou aux questionnaires des recensements de population. Pour de telles enquêtes, une formation rigoureuse des agents de collecte est essentielle comme pour toute étude. Cependant notre expérience montre qu'il est préférable de confier ce type d'exercice à des agents d'un niveau minimum de premier cycle universitaire, en économie de préférence. Initiés au vocabulaire économique, ils perçoivent mieux les subtilités de classification des activités, tout en tenant compte du fait que c'est la destination de la production qui détermine le classement de l'activité.

2.2.2. Harmonisation méthodologique internationale

Certaines précisions au niveau du SCN 1993 méritent d'être faites. Considérer qu'une activité doit être comptabilisée dans le PIB dès lors qu'une partie est commercialisée manque parfois de pertinence et de précision. Un pourcentage doit être précisé, car en milieu rural, la part de certaines productions vendues est nettement inférieure à celle qui est consommée par le ménage. En réalité, elles sont destinées d'abord au ménage et c'est le surplus qui est vendu. Ces productions sont néanmoins comptées comme activité économique alors qu'elles sont davantage orientées vers la consommation du ménage, et issues du travail non rémunéré.

Par ailleurs, le fait d'élargir la frontière de la production oblige à définir de nouveaux concepts économiques pour mieux préciser la notion de population active, par exemple, préciser ceux qui ne sont actifs qu'au titre de la production des biens des ménages pour usage propre.

Au niveau méthodologique, outre une définition consensuelle du travail non rémunéré[163], une standardisation s'avère aussi nécessaire pour permettre la comparabilité des données à l'échelle internationale. Plus précisément, une harmonisation des définitions s'impose pour :

- fixer les limites d'âge des populations enquêtées. La plupart des enquêtes définissent comme population de référence celle que prévoit la législation en matière d'emploi. Cela entraîne une non-comparabilité des données d'un pays à l'autre. De plus, l'exemple de Koupéla nous a montré l'importance de la production, marchande et non marchande, des enfants et des retraités. Ainsi, l'âge de la population considérée a une incidence importante sur les estimations

[163] Ou la définition de plusieurs catégories consensuelles de travail non rémunéré.

des volumes horaires de travail consacrés aux différentes catégories de productions. La tranche d'âge de 6 à 65 ans nous semble satisfaisante.

- décider des méthodes de valorisation de l'*input* temps. Selon la méthode de valorisation choisie, la production des ménages peut prendre des valeurs très différentes pour un même volume horaire. Il convient donc de s'accorder sur les concepts de salaire retenus : salaire d'un ouvrier spécialisé ou non, salaires nets d'impôts ou bruts.

- traiter des activités simultanées, ce qui suscite toujours le débat. S'il est compréhensible de s'opposer à leur décompte en concevant qu'une journée ne peut excéder 24 heures, notre étude montre que leur suppression entraîne l'occultation d'une part importante du travail des femmes, en particulier l'activité de soin. Il est donc nécessaire d'identifier et de relever leur durée.

2.3. Recommandations institutionnelles

La question du travail non rémunéré met en valeur le rôle central des femmes dans les stratégies de lutte contre la pauvreté compte tenu de l'importance de leur production tant dans le secteur marchand que dans le secteur domestique. Des mesures peuvent donc être prises au niveau des ministères dans chaque pays, afin de prendre en charge la problématique du genre de manière transversale.

D'une part, et conformément aux recommandations du Programme d'action de Beijing, chaque ministère devrait pouvoir se doter du mécanisme fonctionnel et efficace de points focaux sur la question du genre. Ces derniers seraient chargés de concilier les objectifs politiques et les programmes de chaque ministère avec l'approche genre. Ils auraient pour rôle d'identifier et d'œuvrer à la réduction des inégalités qui existent entre hommes et femmes en lien avec les attributions du Ministère de tutelle. Des cellules sectorielles « genre » ont été effectivement mises en place dans certains pays comme le Burkina Faso, mais elles se font toujours attendre dans d'autres. Cependant, les pays où de telles structures existent sont confrontés à une certaine inefficacité de leurs points focaux et le Burkina Faso ne fait pas exception. En effet, ces cellules demeurent trop souvent des bureaux peu opérationnels par manque de ressources financières et humaines.

Des réformes s'imposent pour mieux institutionnaliser le genre dans tous les ministères sectoriels et au niveau de toute organisation.

Les cellules genre devraient bénéficier d'un ancrage institutionnel qui leur permette de participer à la prise de décision.

De plus, il est fréquent que les agents en charge de ces cellules manquent d'expertise réelle en genre de sorte qu'il leur est difficile de concevoir des plans d'action justifiant l'allocation de ressources budgétaires suffisantes, et permettant un suivi-évaluation de leur mission. Autant d'éléments qui affectent leur crédibilité. Il est donc impératif de renforcer les compétences de ces points focaux genre.

De même, un renforcement des capacités des directions des statistiques sectorielles est nécessaire afin qu'elles puissent mener, entre autres, des analyses quantitatives sur les productions hors marché.

Par ailleurs, une collaboration étroite avec l'Institut national de statistique est indispensable afin que celui-ci, pour toute enquête et dans tous les secteurs, intègre dans ses canevas et questionnaires de collecte de données, des variables permettant de mener des analyses de genre, à commencer par la désagrégation selon le sexe dans tous les domaines. De telles données permettent l'élaboration d'indicateurs pouvant orienter les décisions en matière de politique économique et sociale.

Des recommandations peuvent être formulées également dans le domaine de la recherche scientifique et technologique en général. Sur le plan universitaire, des recherches et une formation en macroéconomie spécialisée sur les questions de genre s'avèrent indispensables. Pour ce faire, une filière « macroéconomie-genre » pourrait être créée dans les facultés des sciences économiques. De même, dans les filières de formation technique et industrielle, on pourrait encourager la création d'outils permettant de réduire la pénibilité du travail et le temps que consacrent les femmes aux activités de transformation. La plupart du temps, celles-ci utilisent encore des technologies vieilles de plusieurs siècles (pierre à moudre le grain, mortier…), qui pourraient être améliorées ou renouvelées.

Conclusion

L'étude faite de l'utilisation du temps dans la commune de Koupéla a permis la quantification du travail non rémunéré dans la commune, car elle donne l'information sur le temps que les individus consacrent au travail au sens large et à sa décomposition en travail SCN et travail domestique.

Tout d'abord, une femme travaille deux heures de plus qu'un homme en moyenne. Cependant, près de la moitié de son temps de travail (46,0 %) est absorbé par le travail non rémunéré. Ce sont autant d'heures de travail occultées dans la comptabilisation de l'activité économique telle qu'elle est calculée par le PIB. Une décomposition par tranche d'âge montre que de 6 à 49 ans, cette proportion augmente. Elle est de 52,2 % de 6 à 14 ans et de 55,9 % de 15 à 49 ans. Par contre, les hommes consacrent plus des trois quarts de leur temps de travail (89,1 %) aux activités de production SCN et seulement 3,4 % au travail non rémunéré.

Une comparaison internationale montre que les résultats obtenus à Koupéla se rapprochent de ceux des pays subsahariens. En effet, la proportion du travail des femmes consacré à la production prise en compte dans le calcul du PIB officiel (production SCN) est inférieure à 50 % au Maroc (soit 15,9 %), en France (30,3 %), en Afrique du Sud (34,8 %) et à Madagascar (43,7 %). En revanche, elle est supérieure à 50 % dans les pays au sud du Sahara. Sa valeur est respectivement de 52 % au Mali, 54,7 % au Bénin, et 54 % à Koupéla. Cela s'explique par l'importance de la production SCN mais hors marché de ces femmes. Ces chiffres indiquent une similarité de la condition des femmes dans ces pays. En outre, ils sous-entendent l'importance de la proportion de leur travail non rémunéré qui engendre la production domestique exclue du PIB.

Que vaudrait alors ce travail non rémunéré à Koupéla ?

Les femmes assurent 85,5 % du travail non rémunéré de la commune soit 47 510 784 h 40 min. Les hommes totalisent 8 077 596 heures annuelles, près de six fois moins que les femmes. La valeur ajoutée de la production générée par ce travail au coût de remplacement généraliste donne une valeur de 9 137 274 010 FCFA (13 929 833 euros). Ces femmes de Koupéla ont donc à elles seules réalisé gratuitement une production des ménages qui est l'équivalent de 0,3 % du PIB burkinabé. Si par extrapolation, on considère que les résultats obtenus à Koupéla s'appliquent à toutes les zones rurales, alors les femmes burkinabé résidentes en zone rurale auraient fourni en 2009 une production domestique équivalente à 55 % du PIB. Les hommes auraient produit l'équivalent de 9,5 % du PIB, de sorte que la production domestique rurale s'élèverait 64,5 % du PIB. Ainsi, une production de services équivalente à plus de la moitié du PIB burkinabé, et assurée à 85 % par les femmes, aurait échappé aux comptes nationaux.

Voilà pourquoi en matière de politique économique, nous recommandons aux autorités compétentes d'appliquer la budgétisation selon le genre, car les décisions budgétaires ont des impacts différents sur les hommes et sur les femmes. Il faut aussi réorganiser les priorités du budget de l'État de manière à assurer l'équité entre hommes et femmes.

Par ailleurs, il est nécessaire d'intégrer le travail non rémunéré dans les Cadres stratégiques de Lutte contre la Pauvreté (CSLP) qui se cantonnent encore à la seule production marchande. L'importance en volume et en valeur du travail non rémunéré que nous venons d'estimer montre qu'il doit être considéré, en amont, dans l'étude des déterminants de la pauvreté, ainsi qu'en aval, dans les politiques préconisées par le Cadre stratégique de lutte contre la pauvreté[164].

La mise en œuvre de ces mesures est cependant impossible sans une « révolution » statistique. Aussi, recommandons-nous que des TUS soient entreprises au Burkina Faso pour compléter les enquêtes classiques sur l'emploi et les recensements de population. Compte tenu de leurs coûts onéreux, une alternative serait d'inclure, dans un premier temps, quelques questions sur la production domestique des ménages. Ceci dit, une harmonisation internationale des méthodes pour les TUS est nécessaire pour permettre des comparaisons temporelles et spatiales pertinentes. Elles porteraient notamment sur les limites d'âge des personnes enquêtées qui doivent être mieux précisées, sur les méthodes de valorisation de la production domestique et sur le traitement des activités simultanées.

---

[164] Cette recommandation prévaut pour le Plan national de Développement économique et social (PNDES), nouveau référentiel de développement au Burkina Faso, adopté en 2016.

Par ailleurs, au plan institutionnel, si on veut intégrer la problématique du genre à tous les niveaux sectoriels du développement, un renforcement des compétences des points focaux genre s'avère nécessaire afin qu'ils puissent produire des analyses quantitatives sur les problématiques liées genre.

Conclusion générale

Ce paradoxe qui s'inscrit dans le fait que les femmes des pays en développement, en zone rurale surtout, travaillent plus longtemps que les hommes mais qu'elles soient les plus pauvres nous a amenés à nous interroger sur la question du travail non rémunéré comme vecteur de lutte contre la pauvreté.

On retient cependant, de toute cette étude, qu'il n'est pas aisé d'une part de donner un contour bien défini du phénomène de pauvreté, ni, d'autre part, d'appréhender le travail non rémunéré comme une variable économique.

L'analyse économique, inspirée par le courant utilitariste (Bentham, 1789), a initialement conçu la pauvreté comme un manque de ressources monétaires. De ce fait, l'approche monétaire de la pauvreté a guidé les premières études sur le phénomène de pauvreté (Booth, 1887 et Rowntree, 1901). Elle a ensuite été remplacée dans les années 1970 par l'approche des besoins essentiels (Streeten *et al.*, 1981, Streeten, 1984). Pour cette dernière, être pauvre c'est être dans l'incapacité de satisfaire un certain nombre de besoins fondamentaux.

Ces deux approches, qui considèrent la pauvreté comme une privation de ressources, ont aujourd'hui laissé place à la pauvreté des *capabilités* introduite par Sen (1985). Celle-ci traduit l'idée que la pauvreté est une privation de liberté et d'égalité de chances. *Les capabilités* représentent la liberté qu'un individu a de pouvoir choisir la vie qu'il entend mener. Elles renvoient aussi bien aux accomplissements physiques élémentaires qu'au contexte social, politique et coutumier de l'individu. La pauvreté devient alors un défaut de *capabilités* de base, qui se traduit par l'incapacité d'accumuler ou de créer le capital nécessaire pour fonctionner dans la société. Ce capital, qui permet à l'individu de saisir les opportunités, se décline en capital matériel (capital financier, équipement physique), social (réseau de relations) et surtout humain (niveau d'éducation, espérance de vie).

Face à cette nouvelle définition de la pauvreté, il convient de se demander si un accent mis sur le travail non rémunéré des femmes contribuerait à lutter plus efficacement contre la pauvreté au Burkina Faso.

Le travail non rémunéré fait référence aux activités de production de services par les ménages pour leur usage propre. Il regroupe le travail domestique (préparation des repas, entretien de la maison), les soins apportés aux membres du ménage et le travail bénévole. Il a été inclus dans le cadre de la production au sens large par le Système de comptabilité nationale des Nations Unies (SCN) lors de sa révision de 1993. Ce dernier a aussi étendu la frontière de la production SCN aux biens produits par les ménages pour leur autoconsommation.

Cette innovation est d'un apport inestimable car elle permet une meilleure appréhension de l'activité de production dans son ensemble. En effet, elle contribue à mieux comptabiliser une grande partie de l'activité productive qui se déroule au sein des ménages et est majoritairement accomplie par les femmes. Cela permettrait de redresser les PIB des pays en développement compte tenu de l'importance de leur production non marchande.

De plus, cette innovation a également comme conséquence d'inscrire les producteurs de ces biens dans la population active. Par ailleurs, le SCN 93 propose l'établissement de comptes satellites de production des ménages pour comptabiliser les services produits par les ménages pour leur usage propre, ce que recouvre le travail non rémunéré. Au total, il y a là une opportunité d'appréhender de manière plus complète le travail de production économique des femmes.

N'y a-t-il pas là un véritable progrès dans la prise en compte du genre pour les politiques de développement ?

Les DSRP, en général, prétendent intégrer le genre comme le requièrent les institutions de Bretton Woods. Cependant, cette intégration du genre est plutôt superficielle comme le montre le cas du Burkina Faso. Elle se traduit trop souvent par des recommandations d'actions au profit des femmes qui ne sont pas effectivement budgétisées. Ainsi, ce lien entre les inégalités de genre et la pauvreté n'est pas clairement établi. Nous remarquons ainsi que le Cadre stratégique de lutte contre la pauvreté (CSLP) ignore le travail non rémunéré, non seulement lors du diagnostic de la pauvreté, mais aussi dans l'élaboration des stratégies envisagées. Pourtant, le travail non rémunéré est source de nombreuses inégalités sexuées comme le révèlent les résultats de notre étude sur le budget-temps de la commune de Koupéla.

Avant d'aborder ces inégalités, notons que l'enquête budget-temps a cependant permis de préciser les chiffres relatifs à la population active. Alors que le dernier recensement de population de 2006 (ministère de l'Économie et des Finances, 2008 : 31) décrit une population active majoritairement masculine : 54,7 % d'hommes et 45,3 % de femmes au Burkina Faso, nous trouvons qu'à Koupéla, la population active est majoritairement féminine : 57,4 % de femmes et 42,5 % d'hommes. Quand bien même les chiffres relatifs à Koupéla ne sont pas des moyennes nationales, nous avons attribué cette différence à la capacité de l'enquête budget-temps à recenser plus de femmes actives, car prenant en compte celles dont l'activité est hors marché. De fait, le taux d'activité obtenu pour la commune renforce cette idée. Il s'avère être de 90,8 % alors que le recensement de 2006 indiquait un taux d'activité en zone rurale de 78,1 % (*ibid.*).

1. Inégalités de genre et pauvreté de temps

Les résultats de cette étude mettent en évidence le fait que les femmes de la commune de Koupéla souffrent d'une « pauvreté de temps ». En effet, la charge de travail domestique qu'elles assument les empêche de mener des activités économiques de marché, plus lucratives. De même, elle constitue un frein au développement de leurs *capabilités* élémentaires (relatives à la santé et à l'instruction) qui permettent à tout individu de saisir la moindre opportunité. Ainsi la pauvreté de temps est à l'origine tout à la fois de la pauvreté monétaire et de la pauvreté des *capabilités*, tout comme elle peut aussi en devenir une conséquence dans le long terme. Le poids de cette pauvreté de temps est en fait reflété par l'importance que prend le travail non rémunéré assumé par ces femmes.

On remarque ainsi que de grandes disparités existent dans l'utilisation du temps entre les hommes et les femmes. Dans l'ensemble, les femmes ont de plus longues journées de travail que les hommes. Un homme travaille en moyenne 7 h 26 min et une femme 9 h 13 min, soit presque deux heures de plus. Cette différence augmente d'à peu près 3 h pour les personnes en âge de travailler. Dans la tranche d'âge de 15 à 49 ans, les hommes travaillent 8 h 19 min alors que le temps de travail des femmes est de 11 h 12 min. De même, les hommes de 50 à 65 ans travaillent en moyenne 7 h 43 min, tandis que les femmes de la même tranche enregistrent une moyenne de 10 h 18 min de travail.

Notons en premier lieu qu'au niveau des activités productives du SCN qui regroupent les activités économiques de marché et les activités économiques hors marché, les femmes enregistrent un déficit par rapport aux hommes. En effet, les femmes consacrent moins de temps aux activités économiques de marché que les hommes (en moyenne 3 h 01 min pour les hommes, 2 h 31 min pour les femmes). Ces activités étant celles susceptibles de rapporter un revenu monétaire, ce résultat explique en partie pourquoi les femmes sont plus susceptibles de souffrir de la pauvreté monétaire que les hommes. Un résultat qui est similaire à ceux du Bénin (Charmes, 1998), de Madagascar (PNUD, 2002) et du Mali (MPFEF *et al.*, 2010).

En ce qui concerne les activités économiques hors marché, le déficit enregistré est en défaveur des femmes, tout comme pour les activités économiques de marché, soit 2 h 27 min pour les femmes et 3 h 36 min pour les hommes. Ces résultats sont conformes à ceux enregistrés dans les études budget-temps effectuées à Madagascar et au Mali. En revanche, ils sont contraires à l'étude faite au Bénin, qui montre en effet que les Béninoises passent plus de temps à la production économique hors marché que les Béninois.

Le portage de l'eau est typiquement une activité économique hors marché qui est théoriquement comptabilisée dans le PIB, mais qui souvent y échappe faute de données statistiques. Notons qu'à Koupéla, pour les personnes âgées de 15 à 49 ans, ce portage de l'eau représente 11,1 % du temps voué aux activités économiques de marché chez les hommes et 18,7 % du même temps chez les femmes. L'enquête budget-temps a ainsi mesuré une part de la production économique qui échappe en général aux enquêtes classiques. Et cette proportion aurait pu être encore plus importante si la commune de Koupéla n'avait pas été dotée de nombreux forages et fontaines publiques.

En second lieu, la sphère privilégiée d'inégalité de genre est l'activité domestique qui regroupe les activités productives non SCN. Celle-ci représente le lieu où les inégalités entre hommes et femmes sont le plus prononcées. Les femmes effectuent plus d'heures de travail domestique que les hommes (4 h 14 min pour elles et 48 minutes pour les hommes). Ces résultats corroborent ceux des études sur le budget-temps faites partout ailleurs (en France, en Afrique du Sud, au Bénin, à Madagascar au Mali, etc.). À la différence de ces études, nous notons que dans le cas du Burkina Faso, l'excédent féminin à Koupéla est particulièrement important : les femmes accomplissent en moyenne cinq fois plus d'heures de travaux domestiques.

Il ressort de cette comparaison internationale que nos résultats sur l'utilisation du temps dans la commune de Koupéla se rapprochent de ceux des pays d'Afrique subsaharienne. En effet, l'activité domestique occupe plus de la moitié du temps de travail des femmes. Les quelques cas où cela n'est pas vérifié s'expliquent par le fait que les activités SCN prennent plus de temps dans la journée de travail des femmes du fait de l'importance de leur production hors marché (transformation de produit, portage de l'eau et du bois de chauffe…).

Par ailleurs, notre étude a montré que les inégalités ci-dessus décrites se trouvent renforcées lorsque l'on tient compte des activités simultanées. En effet, les activités économiques (de marché comme hors marché) prennent alors plus de poids dans la journée des hommes tandis que le travail non rémunéré prend plus de poids dans la journée d'une femme. Ces activités simultanées mettent en évidence le travail de soin prodigué par les femmes aux membres du ménage. Alors que celui-ci ne représente que 5,6 % de la journée de la femme lorsqu'on ne considère que l'activité principale, il occupe 19,4 % de sa journée lorsqu'on considère aussi les activités simultanées. D'où la nécessité ainsi démontrée de distinguer et de relever les activités simultanées lors de la collecte des données.

Enfin, au niveau des activités non productives, nous avons considéré celles relatives au développement des *capabilités*. Elles constituent un troisième axe où la disparité sexuée peut être observée. En considérant, par exemple, l'instruction et la santé, on constate que les hommes étudient plus que les femmes. Cette différence est en moyenne peu marquée sur l'ensemble de l'échantillon : 1 h 09 min pour les femmes et 1 h 57 min pour les hommes. En revanche, elle est beaucoup plus prononcée pour les personnes âgées de 15 à 49 ans que l'on peut considérer comme à l'affût des opportunités professionnelles. Pour cette tranche d'âge, les hommes s'instruisent deux fois plus (31 minutes) que les femmes (16 minutes). Et cette instruction fait référence autant à des études classiques qu'à des formations professionnelles.

Pour ce qui est de la santé, seulement 5 personnes ont bénéficié de consultations médicales (soit 0,70 % de l'échantillon). Le caractère dérisoire de cette proportion s'accentue lorsque l'on procède à une analyse par sexe : 1,25 % des hommes et 0,25 % des femmes ont eu accès à des soins médicaux. En d'autres termes, une femme a cinq fois moins de chance de se soigner qu'un homme.

2. Estimation du travail non rémunéré

Les disparités observées précédemment dans le budget-temps au niveau des activités productives reflètent la proportion de productions comptabilisées dans le PIB et celles considérées comme du travail non rémunéré. En effet, les activités économiques, qu'elles soient de marché ou hors marché, constituent la production SCN. Elle est donc comptabilisée dans le PIB. Les activités domestiques, quant à elles, constituent le travail non rémunéré, non comptabilisé dans le PIB. Avant de mesurer le travail non rémunéré en volume et en valeur, nous avons analysé son ampleur dans la journée des individus selon le sexe. On constate que les femmes travaillent plus que les hommes. Cependant, la majeure partie de leur temps de travail est vouée à des productions exclues de la comptabilisation du PIB. En revanche, la majorité du temps de travail des hommes est consacrée à des productions comptabilisées dans le PIB.

Dans la commune de Koupéla, les hommes (de tous âges) consacrent la majeure partie de leur temps de travail à la production SCN, qui est comptabilisée dans le PIB. Jusqu'à l'âge de 49 ans, ils vouent 88 % de leur temps aux activités productives PIB (88,8 % de 6 à 14 ans et 88,10 % de 15 à 49 ans). Au-delà de 50 ans, cette proportion augmente à 91,07 %. À l'inverse, plus de la moitié du temps de travail de la femme est consacré au travail non rémunéré jusqu'à l'âge de 49 ans (52,1 % de 6 à 14 ans et 55,9 % de 15 à 49 ans). À partir de 50 ans, elle y consacre 45,7 % de son temps de travail. Ainsi, on peut considérer que plus de la moitié du temps de travail des femmes de cette commune ne fait l'objet d'aucune comptabilisation statistique. Il est ainsi exclu du PIB et, par conséquent, n'est pas pris en compte dans les agrégats d'élaboration de la politique économique. Finalement, les femmes travaillent plus que les hommes, mais ce sont les hommes qui contribuent le plus au PIB ; tandis que les femmes contribuent le plus au travail non rémunéré.

Se pose alors la question suivante : vu l'importance du temps que le travail non rémunéré occupe dans une journée de travail féminine, que peut bien représenter ce travail en volume et en valeur pour la commune de Koupéla ?

Le travail non rémunéré annuel des femmes de Koupéla est évalué à plus de 47,5 millions d'heures, ce qui représente 85,5 % du travail non rémunéré total. Ce dernier est de 55,6 millions d'heures et les hommes en assurent 14,5 % soit 8,1 millions d'heures.

En valeur, le travail consacré à la production domestique des femmes de Koupéla représente 9 137 274 010 FCFA (13 929 833 euros) soit 0,3 % PIB. Celui consacré à la production domestique masculine vaut 1 553 483 262 FCFA (2 368 295 euros) soit 0,05 %.

En extrapolant ces résultats à l'ensemble des zones rurales du Burkina Faso[165], on peut dire que les femmes de ces zones auraient engendré, en 2009 au titre de la production domestique, l'équivalent de 55 % du PIB pour une production domestique globale représentant 64,5 % du PIB burkinabé. L'ampleur de cette production est une illustration du potentiel de développement inexploité des femmes. La production domestique rurale des hommes aurait représenté 9,5 % du PIB.

Cette proportion de 64,5 % du PIB s'inscrit dans les intervalles de valeurs estimés pour les pays qui ont mené ce genre d'étude. Elle est même supérieure à la plupart des estimations, quand bien même ces chiffres ne s'appliquent qu'au monde rural. Elle illustre l'importance de la production domestique dans les pays en développement.

Ces différents résultats et observations correspondantes portent à faire des recommandations afin que le travail non rémunéré des femmes puisse être enfin reconnu et intégré dans les stratégies de développement.

---

[165] Afin d'avoir un ordre de grandeur à l'échelle nationale, l'hypothèse sous-jacente de Koupéla comme valeur moyenne se justifie par la définition minimaliste du TNR adoptée, par la non-prise en compte de l'activité simultanée et par la présence à Koupéla de nombreux forages qui réduisent le temps consacré au puisage de l'eau. Autant de facteurs qui amoindrissent le temps consacré à la production non marchande, ce qui n'est pas nécessairement valable pour de nombreuses zones rurales éloignées, ne disposant pas d'autant d'infrastructures où ce temps de travail serait donc bien plus important que les présentes estimations.

3. Mesures recommandées

Les recommandations qui découlent des résultats de cette étude sont de trois ordres : celui des politiques économiques, celui des statistiques et celui des institutions.

La reconnaissance du travail non rémunéré en raison tant de l'abondance de la production qu'il engendre que du rôle qu'il joue en tant que source d'inégalités, appelle à la mise en œuvre de politiques économiques faisant de lui un levier de développement humain.

Pour réduire les inégalités sexuées, il est nécessaire, en premier lieu, de pratiquer la budgétisation selon le genre. Il s'agit d'introduire la sexospécificité dans la politique budgétaire en réorientant les priorités de manière à résorber les inégalités sexuées tout en prenant en compte les besoins différenciés des hommes et des femmes. En second lieu, le travail non rémunéré doit être intégré dans le Cadre stratégique de lutte contre la pauvreté (CSLP). Ceci implique qu'en amont, l'analyse des causes de la pauvreté soit faite en tenant compte du sexe afin d'identifier les déterminants de la pauvreté de temps. En aval, les stratégies de réduction de la pauvreté doivent veiller à octroyer aux femmes des zones rurales des rémunérations en nature comme contrepartie de leur travail. Cela se décline aussi bien en avantages sociaux ou sanitaires, qu'en investissements dans le capital humain. À cela, il convient de rajouter des investissements dans les technologies et les infrastructures visant à réduire le temps consacré au travail non rémunéré. L'ensemble de ces mesures contribuera à lever le frein au développement des *capabilités* des femmes.

Pour les recommandations statistiques, il va sans dire que la réalisation d'enquêtes sur le budget-temps au Burkina Faso est primordiale. L'extension de la frontière de production du SCN aux biens produits par les ménages pour leur usage propre est une occasion pour les pays en développement, comme le Burkina Faso, de préciser leurs statistiques de main-d'œuvre comme notre étude l'a révélé. Elle leur permet également de mieux prendre en compte le travail des femmes. Par ailleurs, une harmonisation méthodologique des enquêtes et statistiques sur le budget-temps à l'échelle internationale est indispensable pour permettre une comparabilité des données dans l'espace et dans le temps. Celles-ci concernent essentiellement la tranche d'âge de la population retenue pour l'enquête, la méthode de valorisation de l'*input* temps ainsi que le traitement des activités simultanées.

Au niveau institutionnel, un renforcement des compétences des points focaux genre est recommandé, ainsi qu'une collaboration étroite avec l'INSD pour la production d'analyses quantitatives dans le domaine du genre.

Ce travail de recherche que nous avons mené revêt un caractère doublement pionnier, en raison d'une part, de la quantification de la production domestique, et d'autre part, dans l'étude de cas particulier des femmes comparativement aux hommes. Il a été l'occasion d'explorer l'étendue du champ d'études qu'est le travail non rémunéré.

Nonobstant les résultats appréciables et consistants proches de ceux d'enquêtes nationales conduites dans la sous-région, il ne peut se targuer d'être parfait. De fait, comme toute œuvre humaine, il est assorti de certaines insuffisances.

Celles-ci se trouvent notamment au niveau de la localisation de l'échantillon retenu, de la période de collecte des données. En ce qui concerne le choix de la localisation de l'échantillon, il est circonscrit uniquement à une commune que nous avons considérée comme représentative de l'ensemble des zones rurales pour l'extrapolation des résultats à l'échelle nationale. La dimension urbaine n'a donc pas été prise en compte dans notre étude.

En ce qui concerne la période de collecte des données, celle-ci a été effectuée pendant une période d'activité agricole moyenne, celle qui coïncidait avec la fin de l'année scolaire. Par conséquent, les données sur le temps d'étude des enfants scolarisés ont été amoindries, car certains entamaient leurs vacances. Leurs journées scolaires s'en trouvaient alors écourtées d'autant. Par ailleurs, la période choisie ne permettait pas de tenir compte de la variabilité saisonnière des activités.

Au regard de ce qui précède, d'autres pistes de recherche peuvent être envisagées. En l'occurrence, les recherches futures peuvent porter sur une extension de l'estimation du travail non rémunéré des femmes et des hommes à l'échelle nationale et sur la constitution d'une base de données annuelles.

Il serait également intéressant d'étudier la variation du volume de travail non rémunéré accompli par les femmes en fonction de différentes variables comme le niveau d'instruction, la composition du ménage, le niveau de responsabilité professionnelle, etc. De même, une étude sur la décomposition du travail non rémunéré en travail ménager, soin et bénévolat, permettrait de mieux cibler les actions en vue de la réduction du temps consacré à ce travail.

Par ailleurs, une étude sur l'influence du travail non rémunéré sur le développement des *capabilités* féminines à long terme mettrait en évidence la relation entre le travail non rémunéré et l'état de pauvreté des femmes. Enfin, on pourrait envisager pour chacune de ces études de quantifier le temps consacré aux déplacements. Cela permettrait de mieux préciser le temps effectivement consacré à une activité, car beaucoup d'entre elles incluent un temps de déplacement.

Ce sont là autant de pistes de recherche qui permettraient de mieux comprendre le travail non rémunéré, ses déterminants et ses conséquences sur l'activité productive des femmes.

En somme, l'étude du travail non rémunéré présente un intérêt réel pour tout pays. Sa problématique correspond de fait à celle de la prise en compte de la production non marchande des ménages dans la production globale et à son interaction sur la croissance. L'intérêt est d'autant plus grand pour les pays en développement, comme le Burkina Faso, que leur part de production non marchande est plus importante. Par ailleurs, l'analyse du travail non rémunéré à travers l'utilisation du temps des agents économiques permet de révéler les grandes disparités qui existent entre les hommes et les femmes. Ces inégalités dans les contributions productives, qu'elles soient comptabilisées ou non dans le PIB, devraient être prises en compte dans les politiques publiques afin de pouvoir réaliser des gains de productivité. Plus généralement, l'étude et la prise en compte du travail non rémunéré offrent l'opportunité d'élaborer des stratégies de lutte contre la pauvreté plus équitables et d'une plus grande efficacité. À plus long terme, on pourra envisager son introduction en macroéconomie dans les modèles d'équilibre général calculable. Autant d'avancées qui contribueront à un meilleur développement humain.

Références bibliographiques

ABADIE N., 1977. « L'emploi, la croissance et les besoins essentiels », *Revue Tiers Monde*, Vol. 18 (70), p. 445-446.

ACHARYA. M., 1982. "Time use data and the living standards measurement study", Living Standards Measurement Study working Paper n° 18, Washington, D.C., World Bank, 75 p.

ADLER H. J., and HAWRYLYSHYN O., 1978. "Estimates of the value of household work, Canada 1961 and 1971", *Review of Income and wealth*, Vol. 24 (4), p. 333-355.

AJAYI O. O., 2000. *Conducting the Time-Use Survey – Nigerian Experience*, Paper presented at the Expert Group Meeting on Methods for Conducting Time-use Surveys, 23-27 October, New York, 12 p.

ALEXANDER P. et BADEN S., 2001. « Les budgets genre », *in* J. BISILLIAT and C. VERSCHUUR (2001), *Genre et économie : un premier éclairage*, Paris, L'Harmattan, p. 377-380.

ALKIRE S., and SANTOS M. E., 2010. *Acute Multidimensional Poverty: A New Index for Developing Countries*, Oxford Poverty and Human Development Initiative (OPHI) working paper, Oxford, OPHI, 133 p.

AMIN S., 1977. « La structure de classe du système impérialiste contemporain », *L'Homme et la Société*, Vol. 45-46, p. 19-38.

ANDERSON J., 2000. « Le triple rôle » *in* J. BISILLIAT et C. VERSCHUUR, *Le Genre : un outil nécessaire*, Cahiers Genre et développement, n° 2, Paris, Genève, L'Harmattan, p. 175-178.

ANTONOPOULOS R., and HIRWAY I., 2010. *Unpaid Work and the Economy Gender, Time-Use and Poverty in Developing Countries*, London, Palgrave Macmillan, 272 p.

ASHFORD L. S., 2007. *Stratégies de réduction de la pauvreté : la question de la population*, Washington, D.C., USAID, Population Reference Bureau, 4 p.

ASLAKSEN L., FAGERLI T., and GRAVNINGSMYHR H. A., 1996. "An Estimation of Time and Commodity Intensity in Unpaid Household Production in Norway", *Feminist Economics*, Vol. 2, p. 81-91.

ASLAKSEN L., FAGERLI T., and GRAVNINGSMYHR H. A., 1998. "An input-output approach to unpaid household production and consumption in Norway", *Economic Survey*, Vol. 3, p. 24-30.

AUSTRALIAN BUREAU OF STATISTICS, 1994. "Unpaid Work and the Australian Economy, 1992", *Australian Economic Indicators*, June, (cat. no. 5240.0), Canberra: Australian Bureau of Statistics.

BAKKER I., 1998. *Unpaid Work and Macroeconomics: New Discussions, New Tools for Action Status of Women Canada*, Ottawa, Canada, 49 p.

BAKKER I., and ELSON D., 1998. "Towards engendering budgets" *in* CANADIAN CENTRE FOR POLICY ALTERNATIVES (éd.), *Alternative Federal Budget Papers 1998*, Canadian Center for Policy Alternatives, Ottawa, p. 297-324.

BAMBERGER M., BLACKDEN M., FORT L., and MANOUKIAN V., 2002. "Gender", *in* Jeni KLUGMAN (éd.), *A Sourcebook for Poverty Reduction Strategies (SPRS)*, Washington, D.C., The World Bank, p. 333-374.

BANQUE MONDIALE, 2001. *Genre et Développement : vers l'égalité des sexes*, Washington, D.C., Banque mondiale, 350 p.

BANQUE MONDIALE, 2010. « Burkina Faso : données », *www.donnees.banquemondiale.org*, le 4 mai 2010.

BECKER G. S., 1994. *Human Capital: A Theoretical and Empirical Analysis with Special Reference to Education*, Chicago, The University of Chicago Press, 412 p.

BECKER G. S., 1965. "A theory of the allocation of time", *The Economic Journal*, Vol. 75 (299), p. 493-517.

BELISLE D., 1985. « Temps et tant », *in* Louise VANDELAC, Diane BELISLE, Anne GAUTHIER et Yolande PINARD, *Du travail et de l'amour : Les dessous de la production domestique*, Québec, éditions Saint-Martin, p. 135-182.

BENERIA L., 1992. "Accounting for women's work: the progress of two decades", *World Development*, Vol. 20 (11), p. 1547-1560.

BENERIA L., 1995. "Toward a greater integration of gender in economics", *World Development*, Vol. 23 (11), p. 1839-1850.

BENERIA L., 1996. "Thou shalt not live by statistics alone but it might help", *Feminist Economics*, Vol. 2 (3), p. 139-142.

BENERIA L., 1999. « Le travail non rémunéré : le débat n'est pas clos », *Revue internationale du Travail*, Vol. 138 (3), p. 317-342.

BENERIA L., and BISNATH S., 2001, *Gender and Development: Theorical, Empirical and Practical Approaches*, London, Edward Elgar Publishing, 576 p.

BENICOURT E., 2001. « La pauvreté selon le PNUD et la Banque mondiale », *Études rurales*, 2001/3-4 – N°s 159-160, p. 35 à 53.

BENICOURT E., 2005. « La démocratie selon Sen », *Raisons Politiques*, n° 20, p. 57-72.

BENTHAM J., 1789. *An Introduction to the Principles of Morals and Legislation*, Oxford: Clarendon Press, 378 p.

BERTIN A., 2007. *Pauvreté monétaire, pauvreté non monétaire, une analyse des interactions appliquées à la Guinée*, Thèse de doctorat en sciences économiques, Bordeaux, Université Montesquieu-Bordeau IV, 472 p.

BERTIN A., 2008. « L'approche par les *capabilités* d'Amartya Sen, Une voie nouvelle pour le socialisme libéral », *Cahier du Groupe de Recherche en Économie théorique et appliquée* (GRETHA), n° 2008-09, 17 p.

BICHAT F. X., 1856. *Recherches physiologiques sur la vie et la mort*, Paris, Éditions Charpentier, 382 p.

BISILLIAT J., 1996. *Femmes du Sud, chefs de famille*, Paris, Karthala, 410 p.

BISILLIAT J., 2000. « Luttes féministes et développement : une perspective historique », *in* Jeanne BISILLIAT et Christine VERSCHUUR, *Le Genre : un outil nécessaire. Introduction à une problématique*, Paris-Genève, L'Harmattan, p. 19-30.

BISILLIAT J., et VERSCHUUR C., 2000. *Le Genre : un outil nécessaire. Introduction à une problématique*, Paris-Genève, L'Harmattan, 264 p.

BISILLIAT J., et VERSCHUUR C., 2001. *Genre et économie : un premier éclairage*, Paris-Genève, L'Harmattan, 484 p.

BITTEMAN M., 2000. *Issues in the design of time-use surveys for collecting data on paid and unpaid work*, Paper presented at the United Nations Expert Group Meeting on Methods of Conducting Time-use Surveys, New York, 23-27, 14 p.

BITTEMAN M., and PIXLEY J., 1997. *The double life of the family*, St. Leonards, Allen & Unwin, 313 p.

BLACKDEN C. M., and WODON Q. (réd.) 2006. *Gender, Time Use, and Poverty in Sub-Saharan Africa*, Washington, D.C., World Bank Publications, 168 p.

BLACKDEN M. R., and CANAGARAJAH S., 2003. *Gender and growth in Africa: a review of issues and evidence*, Paper presented at the UNECA Expert Meeting on Pro-Poor Growth, June 23-24, 2003, Kampala, Uganda, 18 p.

BLACKDEN M., and BHANU C., 1999. *Gender, Growth, and Poverty Reduction: special program of assistance for Africa status report on poverty in Sub-Saharan Africa*, Washington, D.C., World Bank Publications, 138 p.

BLADES D., 1997. *A Proposal for the Measurement of Non-Market Household Production*. Organization for Economic Cooperation and Development, OECD, Paris, 24 p.

BLADES D., 2000. "A proposal for a satellite account for non-market household production", *in* UNITED NATIONS, *Household Accounting: Experiences in concepts and compilation*, Vol. 2, New York, United Nations, p. 113-123.

BLADES D. W. (1975), *Non-monetary (subsistence) activities in the national accounts of developing countries*, Paris, OCDE, 99 p.

BOOTH C., 1887. "Condition and occupations of people of East London and Hackney", *Journal of The Royal Statistical*, Vol. 51 (2), p. 276-339.

BOSERUP E., 1975. *Intégration de la femme au développement : pourquoi, quand et comment ?* New York, Programme des Nations Unies pour le développement (PNUD), 42 p.

BOSERUP E., 1983. *La femme face au développement économique*, Paris, Presses universitaires de France. Traduction française de BOSERUP Ester (1970), *Woman's role in economic development*, London: G. Allen and Unwin, 283 p.

BOSERUP E., and LILJENCRANTZ, 1975. *Integration of women in development: why, when, how?* New York, United Nations Development Programme, 42 p.

BOURDET Y., KONÉ M., and PERSSON I., 2006. « Genre et économie au Burkina Faso : Vers l'égalité des chances ? », *Country Economic Report*, Vol. 7, 56 p.

BOURGOIN A-S. et RAFFINOT M., 2003. « L'initiative PPTE et la lutte contre la pauvreté », *in* J.-P., CLING, M., RAZAFINDRAKOTO et J.-F., ROUBAUD (éd.), *Les nouvelles stratégies internationales de lutte contre la pauvreté*, Paris, Economica, p. 271-299.

BUDLENDER D., 1999. *The Policy Implications of Time Use Surveys: Lessons from South Africa*, Paper presented at the International Seminar on Time Use Studies at 7-10 December 1999, Ahmedabad, India, 16 p.

BUDLENDER D., and BRATHAUG A., 2002. Calculating the value of unpaid labour: A discussion document, Statistics South Africa, Working Paper 2002/1. Pretoria: Statistics South Africa.

BUDLENDER D., 2004. *Why should we care about unpaid care work?*, Zimbabwe, United Nations Development Fund for Women (UNIFEM), Regional Office for Southern Africa and the Indian Ocean States, 75 p.

BUDLENDER D., 2007. *A Critical Review of Selected Time Use Surveys*, United nations Research Institute for Social Development, UNRISD, Geneva, Switzerland, 58 p.

BUDLENDER D., and MPETSHI Y., 2000. *Country report: South Africa Time Use Survey 2000*, Paper presented at Expert Group Meeting on Methods for Conducting Time-use Surveys, New York, 23-27 October 2000.

BUREAU INTERNATIONAL DU TRAVAIL, 1956. *Huitième Conférence internationale des Statisticiens du travail*, Genève, BIT, 72 p.

BUREAU INTERNATIONAL DU TRAVAIL, 1976. *Recommandations internationales sur les statistiques du travail*, Genève, BIT, 202 p.

BUREAU INTERNATIONAL DU TRAVAIL, 1982. *Résolution concernant les statistiques de la population active, de l'emploi, du chômage et du sous-emploi, adoptée par la treizième Conférence internationale des statisticiens du travail (octobre, 1982)*, Genève, BIT, 10 p.

CAGATAY N., 1998. *Gender and Poverty*, Working Paper n. 5, Social Development and Poverty Elimination Division, Bureau for Development Policy, United Nations Develpoment Programme (UNDP), New York, 23 p.

CAGATAY N., ELSON D., and GROWN C., 1995. "Introduction", *World Development*, Special Issue on Gender, Adjustment and Macroeconomics, November, Vol. 23 (11), p. 1827-1836.

CAILLAVET F., 1998. « L'introduction de la production domestique dans les comptes nationaux », *STATECO : Bulletin de liaison non officiel des statisticiens et économistes exerçant leur activité dans les pays du Tiers-Monde*, n°s 83-84 – Septembre-décembre, INSEE, p. 54-68.

CAZES G., and DOMINGO J., 1987. *Les critères du sous-développement, géopolitique du Tiers-Monde*, Montreuil, Bréal, 240 p.

CENTRAL STATISTICS OFFICE, 2005. Continuous multi-purpose household survey – 2003, Main Results of the Time Use Study, Ministry of Finance and Economic Development, Port-Louis.

CENTRE POUR LA GOUVERNANCE DÉMOCRATIQUE (CGD), 2005. « La participation politique des femmes au Burkina Faso : Une étude qui en dit long », *www.faso.net*, le 12 janvier 2008.

CHADEAU A., 1985. "Measuring household activities: some international comparisons", *Review of Income and Wealth*, Vol. 31 (3), p. 237-253.

CHADEAU A., 1992. « Que vaut la production non marchande des ménages ? », *Revue économique de l'OCDE*, Vol. 18, p. 95-114.

CHADEAU A., 1995. *La production domestique dans les pays de l'OCDE : Inventaire des sources de données et des méthodes d'évaluation*, Paris, OCDE, 59 p.

CHADEAU A. et FOUQUET A., 1981b. « Peut-on mesurer le travail domestique ? » *Économie et Statistique*, Vol. 136, p. 29-42.

CHADEAU A., et FOUQUET A., 1981a. *Le travail domestique : essai de quantification*, Bruxelles, Institut national de la statistique et des études économiques, 91 p.

CHARMES J., 1989. *Trente-cinq ans de comptabilité nationale du secteur informel au Burkina Faso 1954-1989 : Leçons d'une expérience et perspectives d'amélioration.* – Ouagadougou, ministère du Plan et de la Coopération, PNUD IDTCD, rapport n° 45C, Ouagadougou, 67 p.

CHARMES J., 1996. « La mesure de l'activité économique des femmes », *in* T., LOCOH, A., LABOURIE-RACAPÉ et C., TICHIT (eds), *Genre et Développement : des pistes à suivre*, Paris, Centre français sur la Population et le développement, p. 35-47.

CHARMES J., 1998. *Enquête emploi du temps au Bénin. Méthodologie et Résultats*, PNUD, Cotonou, 41 p.

CHARMES J., 1999. *Results and Lessons of a National Time-Use Survey in Benin, and Consequences on re-estimation of Women's Participation to the labour force and contribution to GDP*, Paper presented at the International Association of Time Use Researchers IATUR Conference, University of Essex, Colchester, UK, 6-8 October 1999, 13 p.

CHARMES J., 2000. "African women in food processing: A major but still underestimated sector and their contribution to the national economy", Paper prepared for the International Development Research Centre (IDCR), *www.wiego.org*, le 3 mars 2007.

CHARMES J., 2005a. « Femmes africaines, activités économiques et travail : de l'invisibilité à la reconnaissance » (African women, economic activity and work: from invisibility to recognition), *Revue Tiers Monde*, XLVI, 182, p. 255-279.

CHARMES J., 2005b. « Activités génératrices de revenus, contraintes d'emploi du temps et participation des femmes : des dynamiques contradictoires », *Revue de Sciences sociales et Santé*, Vol. 23 (4), p. 71-77.

CHARMES J., 2006. "A Review of Empirical Evidence on Time Use in Africa from UN-Sponsored Surveys", *in* Mark C. BLACKDEN and Quentin WODON, *Gender: Time Use and Poverty in Sub-Saharan Africa*, Washington, The World Bank, p. 39-72.

CHARMES J., 2015. « Time Use across the World: Findings of a World Compilation of Time-Use Surveys ». Document de travail. PNUD – BRDH, New York.

CHARMES J., and UNNI J., 2004. *Measurement of work*, Contribution to G., STANDING and M., CHEN (éd.), *Reconceptualising work*, Geneva, ILO, 37 p.

CHARMES J., and WIERINGA S. E., 2003. "Measuring women's empowerment: an assessment of the GDI and the GEM", *Journal of Human Development*, Vol. 4 (3), p. 419-435.

CHEN M., VANEK J., LUND F., HEINTZ J., JHABVALA R., and BONNER C., 2005. *Progress of the World's Women 2005*, New York, United Nations Development Fund for Women (UNIFEM), 116 p.

CHENU A. et HERPIN N., 2002. « Une pause dans la marche vers la civilisation des loisirs ? », *Économie et Statistiques*, Vol. 352-353, p. 17-37.

CLARK C., 1958. "The economics of housework", *Bulletin of the Oxford Institute of Statistics*, Vol. 20 (5), p. 205-211.

CLARK C., 1971. « Le travail ménager et le produit national », *Analyse et Prévision*, Tome XI, n° 6, juin, p. 759-771.

CLING J.-P., RAZAFINDRAKOTO M. et ROUBAUD J.-F., 2003. *Les nouvelles stratégies internationales de lutte contre la pauvreté*, Paris, Economica, IRD-DIAL, 455 p.

COLLAS-MONSOD S., 2007. "Integrating unpaid work into macroeconomics: A short history and the Philippine Experience", Paper presented at International Seminar on unpaid work, Goa, India, 20 p.

COMMISSION ÉCONOMIQUE POUR L'AFRIQUE, 2009. *Rapport sur les femmes en Afrique 2009*, Addis-Abeba, CEA, 264 p.

COMMONWEALTH SECRETARIAT, 1990. *Engendering Adjustment for the 1990s*, Report of the Commonwealth Expert Group on Women and Structural Adjustment (London: The Commonwealth Secretariat).

CONDITION FÉMININE CANADA, 1995. « À l'aube du XXIe siècle : Plan fédéral pour l'égalité entre les sexes », *www.cfc-swc.gc.ca*, le 10 janvier 2008.

CONSEIL NATIONAL DU PATRONAT BURKINABÉ, 2009. *Barème des salaires minima du secteur privé pour compter du 1er octobre 2008*, Ouagadougou, CNPB, 24 p.

CORNIA G. A., JOLLY R. et STEWARD F., 1987. *L'ajustement à visage humain ; protéger les groupes vulnérables et favoriser la croissance*, Paris : Economica-Unicef ; Traduction française par P., JACQUOT and P., TRANIER de *Adjustment with a human face, Vol. 1, Protecting the vulnerable and promoting growth, et vol. 2, Ten countries cases*, Oxford, Clarendon Press, 372 p.

COSIO M., MARCOUX R., PILON M., and QUESNEL A. (eds), 2003. *Éducation, famille et dynamique démographique*, Paris, CICRED, 363 p.

DAGENAIS H., and PICHE D., 1994. *Women, Feminism and Development/Femmes, Féminisme et Développement*, Montréal, McGill-Queen's University Press, 447 p.

DEGENNE A., GRIMLER G., LEBEAUX M.-O. et LEMEL Y., 1997. « La production domestique atténue-t-elle la pauvreté ? », *Économie et statistiques*, Vol. 308-309-310, p. 159-186.

DEGRAVE F., 2000. « Les différents courants de pensée intégrant “femmes” et “développement” », *Chronique féministe*, Vol. 71-72, p. 80-82.

DELPHY C., 1998. *L'ennemi principal : économie politique du patriarcat*, Paris, Syllepse, T. 1, 180 p.

DERBYSHIRE H., 2002. *Gender Manual: A Practical Guide for Development Policy Makers and Practitioners*, Ministère anglais du Développement international, Division du développement social, Londres, 42 p.

DEREYMEZ J.-W., 1995. *Le travail : Histoire, Perspectives*, Grenoble, Presses universitaires de Grenoble, 181 p.

DESTREMAU B. et SALAMA P., 2002. *Mesures et démesure de la pauvreté*, Paris, Presses universitaires de France, 163 p.

DOUGLASS J. B., KENNEY G. M., and MILLER T. R., 1990. “Which estimates of household production is the best?”, *Journal of Forensic Economics*, Vol. 4 (1), p. 25-45.

DUBOIS J.-L., 1998. *Différentes approches de la pauvreté*, Texte introductif à la Journée des Économistes IRD, Paris, Agence française de Développement (AFD), 14 p.

DULANEY R. A., FITZGERALD J. H., SWENSON M. S. and WICKS J. H. 1992. “Market Valuation of Household Production”, *Journal of Forensic Economics*, Vol. 5 (2), p. 115-126.

ECONOMIC COMMISSION FOR AFRICA, 2004. “The African Gender and Development Index”, *www.uneca.org*, le 10 janvier 2008.

ECONOMIC COMMISSION FOR AFRICA, 2005. *A guidebook for mainstreaming gender perspectives and household production into national statistics, budgets and policies in Africa*, Addis Ababa, African Centre for Gender and Development, 153 p.

ELSON D., 1995. “Gender awareness in modelling structural adjustment”, *World Development*, Oxford, Vol. 23 (11), p. 1851-1868.

ELSON D., 1996. “Integrating Gender Issues into National Budgetary Policies and Procedures within the Context of Economic Reform: Some Policy Options”, *Journal of International Development*, Vol. 10 (7), p. 929-941.

ELSON D., 1999. *Gender Budget Initiative*, London, Commonwealth Secretariat, 21 p.

ELSON D., 2002a. “Macroeconomics and Macroeconomic Policy from a Gender Perspective”, *www.eclac.cl*, le 6 septembre 2007.

ELSON D., 2002b. « Obligation de rendre compte du progrès des femmes : les femmes exigent des résultats », in *Le progrès des femmes à travers le monde : rapport biennal d'UNIFEM*, New York, United Nations Development Program (UNDP), p. 117-119.

ENGLAND P., 1993. "The separative self: Andocentric bias in neoclassical assumptions", *in* M. A. FERBER and J. A. NELSON (éd.), *Beyond economic man: Feminist theory and economics*, Chicago, University of Chicago Press, p. 37-54.

EUROSTAT, 2003. *Household Production and Consumption: Proposal for a Methodology of Household Satellite Accounts. Task force report for Eurostat, Unit E1*, Luxembourg, Office for Official Publications of the European Communities, 61 p.

FARVAQUE N., et ROBEYNS I., 2005. « L'approche alternative d'Amartya Sen. Réponse à E. Bénicourt », *L'Économie Politique*, Vol. 27, p. 38-51.

FAUGERE J.-P., 1980. « L'allocation du temps entre travail domestique et travail marchand, discussion autour d'un modèle », *Revue économique*, Vol. 31 (2), p. 313-346.

FITZGERALD J. M. and WICKS J. H., 1990. "Measuring the value of household output: A comparison of direct and indirect approaches", *Review of Income and Wealth*, Vol. 36 (2), p. 129-141.

FITZGERALD J. M., SWENSON M. and WICKS J. H., 1996. "Valuation of household production at market prices and estimation of production functions", *Review of Income and Wealth*, Vol. 42 (2), p. 165-180.

FLEMING R. and SPELLERBERG A., 1999. *Using time use data: A history of time use surveys and uses of time use data*, New Zealand, Statistics New Zealand, 72 p.

FLEURBAEY M., 1995. "Equal opportunity or equal social outcome?", *Economics and Philosophy*, Vol. 11, p. 25-55.

FLEURBAEY M., HERPIN N., MARTINEZ M., VERGER D., 1998. « Mesurer la pauvreté », *Économie et Statistique*, Vol. 308 (1), p. 23-33.

FLORO M. S., 1995. "Economic restructuring, gender and the allocation of time", *World Development*, Vol. 23, p. 1913-1929.

FLORO M., CATAGAY N., WILLOUGHBY J. and ERTÜRK K., 2003. *Gender Issues and Concerns in Financing for Development*, INSTRAW occasional paper N° 3, Santo-Domingo, INSTRAW, 54 p.

FOFACK H., MONGA C. and TULUY H., 2001. *Household Welfare and Poverty Dynamics in Burkina Faso: Empirical Evidence from Household Surveys, Policy Research*, World Bank Policy Research Working Paper No. 2590, 38 p.

FOLBRE N., 1982. "Exploitation comes home: A critique of the Marxian theory of family labour", *Cambridge Journal of Economics*, Vol. 6 (4), p. 317-329.

FOLBRE N., 1994. *Who pays for the kids? Gender and the structures of constraint*, London and New York, Routledge, 352 p.

FOLBRE N. and BITTMAN M., 2004. *Family time: The social organisation of care*, London and New York, Routledge, 256 p.

FOLBRE N., 1991. "The Unproductive Housewife: Her Evolution in Nineteenth Century Economic Thought", *Journal of Women in Culture and Society*, Vol. 16 (3), p. 463-484.

FONDS MONÉTAIRE INTERNATIONAL, 2010. « Déclaration de la mission des services du FMI au Burkina Faso, Communiqué de presse No. 10/150, le 14 avril 2010 », *www.imf.org*, le 2 mai 2010.

FONTANA M. and WOOD A., 2000. "Modeling the Effects of Trade on Women, At Work and At Home", *World Development*, Vol. 28 (7), p. 1173-1190.

FOOD AGRICULTURE ORGANIZATION, 2005. *Projection de nouvelles bases : perspectives présentes et futures pour les femmes rurales dans le domaine agricole, Organisation des Nations Unies pour l'Alimentation et l'Agriculture*, Rome, FAO, 56 p.

FOOD AGRICULTURE ORGANIZATION, 2007. *L'égalité des sexes : Garantir une participation égale des femmes et des hommes ruraux au développement*, Rome, FAO, 2 p.

FOUQUET A., 2001. « Le travail domestique : du travail invisible au "gisement" d'emplois », *in* J. LAUFER, C. MARRY and M. MARUANI, *Masculin-féminin : questions pour les sciences de l'homme*, Paris, Presses universitaires de France, p. 99-127.

FOURASTIE J., 2007. *Les 40 000 heures*, Paris, l'Aube, 248 p.

FOURQUET F., 1980. *Les Comptes de la puissance, histoire de la comptabilité nationale et du plan*, Clamecy, Éd. Recherches, 1980, 462 p.

FRIBOULET J.-J., 2004. *La comptabilité nationale : une histoire révélatrice des Transformations de l'économie*, document de travail n° 382, Faculté des Sciences économiques et sociales, Chaire d'Histoire et de Politique économique Université de Fribourg, Fribourg, 10 p.

FRIEDMAN G., 1963. *Où va le travail humain ?*, Paris, Gallimard, 454 p.

FRIEDMAN G. and NAVILLE P., 1964. *Traité de Sociologie du travail*, Paris, A. Colin, 2 vol., 468 et 444 p.

FUKAMI M., 2000. *Monetary Valuation of Unpaid Work in 1996 in Japan*, Proceedings of the International Seminar on Time Use Studies 7-10 December 1999, New Delhi, Ahmedabad Central Statistical Organization,

Ministry of Statistics and Program Implementation Government of India, 11 p.

FUSCO A., 2007. *La Pauvreté : Un concept multidimensionnel*, Paris, L'Harmattan, 276 p.

GARDINER J., 1975. "Women's domestic labour", *New Left Review*, Vol. 89, p. 47-58.

GERSHUNY J., 1995. *Historical Changes in Time Use Patterns*, Bulletin of the International Statistical Institute, paper presented at the 50th session of International Statistical Institute, Beijing, August 19-21, 122 p.

GERSHUNY J., 2003. *Time, through the Lifecourse, in the Family*, Institute for Social and Economic Research Working Papers 2003-3. Colchester, University of Essex, 41 p.

GIBSON-GRAHAM J. K. (K. GIBSON and J. GRAHAM), 1996. *The End of Capitalism (As We Knew It): A Feminist Critique of Political Economy*, Malden, MA/Oxford, UK: Blackwell, 346 p.

GIRARD A., 1958. « Le budget-temps de la femme mariée dans les agglomérations urbaines », *Population*, Vol. 13 (4), p. 591-618.

GOLDSCHMIDT-CLERMONT L., 1987. *Economic evaluations of unpaid household work: Africa, Asia, Latin America and Oceania*, Geneva, International Labour Office, 213 p.

GOLDSCHMIDT-CLERMONT L., 1990. "Economic measurement of non-market activities: Is it usefull and feasible?", *International Labor Review*, Vol. 129 (3), p. 279-299.

GOLDSCHMIDT-CLERMONT L., 1993. "Monetary valuation of non-market productive time methodological considerations", *Review of Income and Wealth*, Vol. 39 (4), p. 419-433.

GOLDSCHMIDT-CLERMONT L., 1998. "Measuring and valuing non-SNA economic activities", *in* UNITED NATIONS, 2000. *Handbook of National Accounting, Household Accounting: Experiences in the Use of Concepts and Their compilation – Household Satellite Extensions*, New York, United Nations, p. 77-87.

GOLDSCHMIDT-CLERMONT L., and PAGNOSSIN-ALIGISAKIS, 1995. *Measures of Unrecorded Economic Activities in Fourteen Countries*, Occasional Papers N° 20, New York, United Nations Development Program, UNDP, 32 p.

GOLDSCHMIDT-CLERMONT L., 1982. *Unpaid work in the household: a review of economic evaluation methods*, Women, Work and Development, No. 1, Geneva, International Labour Office, 137 p.

GOLDSCHMIDT-CLERMONT L., PAGNOSSIN-ALIGISAKIS E. et SAMII-ETEMAD C., 1996. *Valorisation monétaire du travail non marchand des ménages : Expérimentation, par étude de cas, de la méthode de la rémunération effective*, Rapport scientifique au FNRS, Programme national 35, Femmes, Droit et Société, Université de Genève, Laboratoire d'Économie Appliquée, 89 p.

GOLDSCHMIDT-CLERMONT L., PAGNOSSIN-ALIGISAKIS E. and SAMII-ETEMAD C., 1998. *Direct Measurement of Household Non-Market Production, A Methodological Contribution*, Genevia, International Labour Office, 10 p.

GOLDSCHMIDT-CLERMONT L., 2000. "Household production and income: Some preliminary issues", *www.ilo.org*, le 12 juin 2008.

GRAHAM J. W. and GREEN C. A., 1984. "Estimating Parameters of a Household Production Function with Joint Products", *Review of Econometrics and Statistics*, Vol. 66 (2), p. 277-282.

GRIMM M. and GÜNTHER I., 2005. *Growth and Poverty in Burkina Faso: A Reasessment of the Paradox*, Paris, DIAL, 21 p.

GRONAU R., 1977. "Leisure, Home production and Work – The theory of the allocation of time revisited", *Journal of Political Economy*, Vol. 85 (6), p. 1099-1123.

GRONAU R., 1980. "Home Production-A Forgotten Industry", *Review of Economics and Statistics*, Vol. 62 (3), p. 408-416.

GROSH M. and GLEWWE P., éds., 2000. *Designing household Survey Questionnaires for Developing countries: Lessons from fifteen years of LSMS Experience*, Washington, D.C., Banque mondiale, 356 p.

GROUPE DE TRAVAIL INTERSECRÉTARIATS SUR LA COMPTABILITÉ NATIONALE, 1993. *Système de comptabilité nationale 1993*, Commission des Communautés européennes (CEE), Fonds monétaire international (FMI), Organisation de coopération et de développement économiques (OCDE), Nations Unies, Banque mondiale, Bruxelles ; Luxembourg : CEE ; New York : Nations Unies ; Paris : OCDE ; Washington, D.C. : FMI : BIRD (Banque Internationale pour la Reconstruction et le Développement), 773 p.

GUISSOU B. L., 1995. *Burkina Faso : un espoir en Afrique*, Paris, L'Harmattan, 220 p.

HARVEY A. S., 1995. "The role of time use in quantifying paid and unpaid work", *Bulletin of the International Statistical Institute*, Contributed Papers, 50th session, Book 1, Beijing, p. 461-463.

HARVEY A. S. and TAYLOR M. E., 2000. *Time Use*, in *Designing Household Survey Questionnaires for Developing Countries: Lessons from 15 Years of the Living Standards Measurement Study*, (ed.) Margaret Grosh and Paul Glewwe, Vol. 2. Washington, D.C.: World Bank, p. 249-274.

HARVEY A. S. and ROYAL M., 2000. *Use of Context in Time-Use Research*, Paper presented at the Expert Group Meeting of Time Use Research Program, Saint Mary's University, Halifax, Canada, 23-27 October 2000, 33 p.

HARVEY S. J., 1996. *The valuation of household production: How different are the opportunity cost and market price valuation methods?* Working paper, Department of Economics, University of Hartford, Hartford, 25 p.

HAWRYLYSHYN O., 1976. "The value of household services: A survey of empirical estimates", *Review of Income and wealth*, Vol. 22 (2), p. 101-131.

HAWRYLYSHYN O., 1977. "Toward a definition of non market activities", *Review of Income and wealth*, Vol. 23 (1), p. 79-96.

HELMFRID S., 2004. *Vers l'égalité entre les genres au Burkina Faso, Profil genre du Burkina Faso*, Stockholm, Agence suédoise de coopération internationale au développement (Asdi), 91 p.

HENN J. K., 1978. *Peasants, workers and capital: The political economy of labor and incomes in Cameroon*, Cambridge, Massachusetts, Harvard University, 405 p.

HERPIN N., FLEURBAEY M., MARTINEZ M., et VERGER D., 1997. « Mesurer la pauvreté aujourd'hui », *Économie et Statistique*, Vol. 308-309-310, 272 p.

HESTON A., 1994. "A brief review of some problems in using national accounts data in level of output comparisons and growth studies", *Journal of Development Economics*, Vol. 44 (1), p. 29-52.

HILL T., 1979. "Do-it-yourself and GDP", *Review of Income and Wealth*, Vol. 25 (1), p. 31-39.

HIRWAY I., 2000. *Valuation of Unpaid Work: Issues Emerging from the Indian Pilot Time Use Survey*, Paper presented at the Training workshop on Statistical Aspect of integrating unpaid work into National policies, Bangkok, 11-15 september 2000, United Nations Economic and Social Commission for Asia and the Pacific, UN (ESCAP), 22 p.

HIRWAY I., 2005. *Integrating unpaid work into development policy*, Paper presented at the Conference on Unpaid Work and Economy: Gender, Poverty and the millennium goals, Levy Economics Institute, New York, 1-3 October 2005, 15 p. http://www.census.abs.gov.au/AUSSTATS/abs@.nsf/

HIRWAY I. and SUNNY J., 2011. "Understanding Women's Work Using Time-Use Statistics: The Case of India". *Feminist Economics*, Vol. 17, No. 4 (October); p. 67-92.

INSAE/PNUD, 1998. *Enquête emploi du temps au Bénin : Méthodologie et résultats*. Cotonou.

INSEE (2011). *Enquêtes emploi du temps 2009-2010*, Insee, France.

INSTAT (Institut national de la statistique), (2002). EPM (2001). *Module Emploi du Temps*. Antananarivo: INSTAT-DSM/PNUD-MAG/97/007.

INSTRAW, 1995. *Measuring and valuing unpaid contribution: Accounting through time-use*. United Nations International Research and Training Institute for the Advancement of Women, Santo Domingo, D.R. August. (Draft report), 105 p.

INTERNATIONAL MONETARY FUND, 1996. "Debt Relief Under the Heavily Indebted Poor Countries (HIPC) Initiative", External Relations Department, *www.imf.org*, 18 mai 2008.

INTERNATIONAL MONETARY FUND, 1999. "Poverty Reduction Strategy Papers (PRSP)", External Relations Department, *www.imf.org*, 21 janvier 2007.

INTERNATIONAL MONETARY FUND, 2010. "Debt Relief Under the Heavily Indebted Poor Countries (HIPC) Initiative", *www.imf.org*, 2 août 2010.

IRONMONGER D. S., 1987. *Research on the Household Economy*, Research Discussion Paper No l, Centre for Applied Research on the Future, University of Melbourne, 11 p.

IRONMONGER D. S., 1989a. "Households and the household economy", *in* Ducan Standon IRONMONGER (ed.), *Households Work*, Sydney: Allen & Unwin, p. 3-13.

IRONMONGER D. S., 1989b. *Households Work: Productive activities, women and income in the household economy*, Sydney: Allen & Unwin, 209 p.

IRONMONGER D. S., 1989c. *The Household Economy: A $90 billion Industry*, Research Discussion Paper No 10, Centre for Applied Research on the Future, University of Melbourne, Melbourne, 27 p.

IRONMONGER D. S., 1994a. "The Value of Care and Nurture Provided by Unpaid Household Work", *Family Matters*, Vol. 37, p. 46-51.

IRONMONGER D. S., 1994b. *Why Measure and value Unpaid Work?*, International Conference on the Measurement and Valuation of Unpaid Work, April 1993, Proceedings Ottawa: Statistics Canada, 17 p.

IRONMONGER D. S., 1996a. *Time Use and Satellite Accounts for Modelling the Household Economy*, Presented at the International Association for Research in Income and Wealth 24th General Conference Session 3b, *Accounting for Time*, Lillehammer, Norway, August 1996, 23 p.

IRONMONGER D. S., 1996b. "Counting Outputs, Capital Inputs and Caring Labor: Estimating Gross Household Product", *Feminist Economics*, Vol. 2 (3), p. 37-64.

IRONMONGER D. S., 1996c. "Priorities for Research on Non market Work", *Feminist Economics*, Vol. 2 (3), p. 149-152.

IRONMONGER D. S., 1999. *An Overview of Time Use Surveys*, Paper presented at UNESCAP Time Use Seminar Ahmedabad, India, 7-10 December 1999, 41 p.

IRONMONGER D. S., 2001a. "Household Production", *in* Neil SMELSER, WRIGHT James and BALTES P., 2001. *International Encyclopedia of the Social and Behavioral Sciences*, Pergamon, Elsevier Science, p. 6934-6939.

IRONMONGER D. S., 2001b. *Caring for Kids: The Greatest Economic Use of Time*, Paper presented to the 2001 International Association of Time Use Research Conference, October 2001, Oslo, Norway, 16 p.

IRONMONGER D. S., 2001c. *Household Production and the Household Economy*, Research Paper Number 833, Department of Economics, The University of Melbourne, Melbourne, 13 p.

IRONMONGER D. S., 2003a. *Progress in the Development of the Methodology of the National Accounts of Household Production*, United Nations Seminar on National Accounts of Household Production, February 2003, Korean Women's Development Institute, Seoul, Korea, 17 p.

IRONMONGER D. S., 2003b. *There are only 24 Hours in a Day! Solving the problematic of simultaneous time*, The 25th International Association for Time Use Research Conference, 17-19 September 2003, Brussels, Belgium, 8 p.

IRONMONGER D. S., 2007. *Multiple Uses of Time Use Statistics in Developed Countries*, Indian Time Use Conference, May 2007, New Delhi, 14 p.

IRONMONGER D. S. and HILL H., 1999. *Women's economic participation in five Pacific Island Countries*, Canberra, Australian Agency for International Development, 120 p.

IRONMONGER D. S. and PERRY N., 1990. *Valuing Household Production: Lessons from a Pilot Time Use and Output Diary*, Household Research Unit Paper, University of Melbourne, Melbourne, 28 p.

IRONMONGER D. S. and SOUPOURMAS F., 2002. *Calculation Australia's Gross Household Product: Measuring the Economic Value of the Household Economy 1970-2000*, Research Paper Number 833, Department of Economics, University of Melbourne, 16 p.

IRONMONGER D. S., AITKEN C. K., and ERBAS B., 1995. "Economies of Scale in Energy Use in Adult-Only Households", *Energy Economics*, Vol. 17(4), p. 301-310.

JOKUNG NGUENA O., 2005. *Initiative PPTE : quels enjeux pour l'Afrique ?* Paris, L'Harmattan, 176 p.

JUSTER F. T., 1985. “The validity and quality of time use estimates obtained from recall diaries”, *in* F. T. JUSTER and F. P. STAFFORD (éd.), *Time, Goods, and Well-Being*, Ann Arbor, Institute for Social Research, The University of Michigan, p. 63-88.

JUSTER F. T. and STAFFORD F. P., 1991. “The allocation of time: Empirical findings, behavioural models, and problems of measurement”, *Journal of Economic Literature*, Vol. 29 (2), p. 471-522.

KABEER N., 2005. *Intégration de la dimension genre à la lutte contre la pauvreté et objectifs du Millénaire pour le développement – Manuel à l'intention des instances de décision et d'intervention*, Paris, L'Harmattan, 306 p.

KABORE I., LAIREZ T. et PILON M., 2003. « Genre et scolarisation au Burkina Faso : enseignements d'une approche statistique », *in* COSIO M., MARCOUX R., PILON M., QUESNEL A. (eds), *Éducation, famille et dynamique démographiques*, Paris, Comité international de coopération dans les recherches nationales en démographie (CICRED), p. 221-246.

KABORE T. S., 2000. *Modélisation des déterminants du statut de pauvreté, de la profondeur de pauvreté et du niveau de vie des ménages au Burkina Faso*, Ouagadougou, MIMAP/CEDRES, 26 p.

KABORE T. S., 2002. *Dotations en Capital et réduction de la pauvreté : résultats de simulations au Burkina Faso*, Ouagadougou, MIMAP/CEDRES, 46 p.

KELLY C. M., HERNANDEZ T., PUTHOOR P., FAGNANO M., and HALTERMAN J. S., “Screen Time Use Among Urban Children with Asthma”, *Academic Pediatrics*, Vol. 9, Issue 1, January-February 2009, p. 60-63.

KES A. and SWAMINATHAN H., 2006. “Gender and Time Poverty in Sub-Saharan Africa”, *in* C. M. BLACKDEN and Q. WODON (réd.), *Gender, Time Use, and Poverty in Sub-Saharan Africa*, World Bank Working Paper No. 73, The World Bank, Washington, D.C., p. 13-38.

KEZA J. P., 2005. *Valeurs culturelles et échec de l'aide au développement*, L'Harmattan, Paris, 304 p.

KLASEN S., 2002. “Low schooling for girls, slower growth for all? Cross-country evidence on the effect of gender inequality in education on economic development”, *The World Bank Economic Review*, Vol. 16 (3), p. 345-373.

KLASEN S., 2004. *Gender-related Indicators of Well-being*, Discussion Paper No. 2004/05, Helsinki, United Nations University, World Institute for Development Economics Research (UNU-WIDER), 24 p.

KLASEN S., 2006. "UNDP's Gender related Measures: Some Conceptual Problems and Possible Solutions", *Journal of Human Development*, Vol. 7 (2), p. 243-274.

KLUGMAN J., 2002. "Overview", *in* WORLD BANK and J. KLUGMAN, *A Sourcebook for Poverty Reduction Strategies*, Washington, D.C., World Bank publications, p. 2-25.

KNEELAND H., 1929. "Woman's economic contribution in the home", *Annals of the American Academy of Political and social Sciences*, 143 (1), p. 33-40.

KOME P., 2000. "Unappreciated value of housework: women's unpaid labour subsidizes the global economy", *Humanist in Canada*, Vol. 33, p. 19-38.

KOUDOUGOU B., 2002. *Le Processus du DSRP au Burkina Faso*, Deuxième réunion du Groupe africain de réflexion sur le Document de stratégie de réduction de la pauvreté (DSRP-GA), Commission économique pour l'Afrique, Bruxelles, 18-21 novembre, 48 p.

KY B., 2013. « Enjeux éthiques et économiques de la comptabilisation du travail non rémunéré des femmes », *Revue éthique économique – Ethics and Economics*, Vol. 10, (2), 87-109.

KYRK H., 1953. *The family in the American economy*, Chicago, University of Chicago Press, 407 p.

LACHAUD J.-P., 2000. *Dépenses des ménages, développement humain et pauvreté au Burkina Faso : substitution ou complémentarité ?*, Bordeaux, document de travail n° 49, Université Montesquieu-Bordeaux IV, Centre d'économie du développement, 67 p.

LACHAUD J.-P., 2001. *La dynamique de pauvreté au Burkina Faso : Éléments d'analyse*, Ouagadougou, Programme des Nations Unies pour le développement, Burkina Faso, 38 p.

LACHAUD J.-P., 2003. *Dynamique de pauvreté, inégalité et urbanisation au Burkina Faso*, Bordeaux, Presses universitaires de Bordeaux, 280 p.

LACHAUD J.-P., 2004. *La pauvreté a-t-elle diminué ou augmenté au Burkina Faso ? Évidence empirique fondée sur une approche non monétaire micro-multidimensionnelle*, Centre d'économie du développement, DT103/2004, Bordeaux, Université Montesquieu-Bordeaux IV, 26 p.

LANCASTER K. J., 1966. "A New Approach to Consumer Theory", *Journal of Political Economy*, Vol. 74, p. 132-157.

LAROUSSE, 1995. *Grand dictionnaire encyclopédique Larousse*, Paris, Larousse, 10 Vol., 11038 p.

LAROUSSE, 2000. *Dictionnaire français*, Oullins, Chardon bleu-Largevision, 1868 p.

LATIGO A., 2002. *A conceptual and analytical framework for gender mainstreaming in national accounts and national budget*, Addis Ababa, Economic Commission for Africa, ECA, 20 p.

LATIGO A. and NEIJWA M., 2005. *A New Round of Time-use Studies for Africa: Measuring Unpaid Work for Pro-poor Development Policies*, miméo, Global Conference on the Unpaid Work and the Economy, Gender, Poverty and the Millennium Development Goals, New York, 23 p.

LATIGO A. et IRONMONGER D., 2004. *The missing link in growth and sustainable development: Closing the gender gap*, Economic Commission for Africa, Paper presented at the symposium on Gender, Growth and sustainable development, , 24 May 2004, Kampala, Uganda, 30 p.

LAUTIER B., 2001. « Sous la morale, la politique : La banque mondiale et la lutte contre la pauvreté », *Politique africaine*, Vol. 82 (2), p. 169-176.

LAUTIER B., 2002. « Pourquoi faut-il aider les pauvres ? Une étude critique du discours de la Banque mondiale sur la pauvreté », *Revue Tiers Monde*, Tome XLIII, Vol. 169 (1), p. 137-175.

LE ROBERT, 1992. *Le Grand Robert de la langue française : dictionnaire alphabétique et analogique de la langue française*, Paris, Le Robert, 9 Vol.

LE ROBERT, 1996. *Le Grand Robert de la langue française*, Paris, Le Robert, 9 Vol, 13420 p.

LE ROBERT, 2008. *Le Nouveau Petit Robert, dictionnaire alphabétique et analogique de la langue française*, Paris, Dictionnaires Le Robert, 2841 p.

LERTAILLE L., 1993. *Histoire de la pensée économique*, Paris, Leretaille, 264 p.

LOCOH T., LABOURIE-RACAPE A. and TICHIT C., 1996. *Genre et développement : des pistes à suivre*, Paris, CEPED, 154 p.

LOLLIVIER S. et VERGER D., 1997. « Pauvreté d'existence, monétaire ou subjective sont distinctes », *Économie et Statistique*, Vol. 308-309-310, p. 113-142.

MACAULAY F. R., MITCHELL W. C., WILLFORD I. K., KNAUTH O. W., 1921. *Income in the United States: Its amount and distribution, 1909-1919*, Cambridge, Harcourt, Brace and Company, 169 p.

MACPHERSON G. and JACKSON D., 1975. "Village technology for rural development: Agricultural innovation in Tanzania", *International Labour Review*, Vol. 111, p. 97-118.

MARTENS L., 1989. *Sankara, Compaoré et la révolution burkinabé*, Belgique, éd. EPO, 332 p.

MARX K., 1948. *Le Capital*, Paris, éd. Sociales, T. 1, 246 p.

MARCOUX R., 1998. « Entre l'école et la calebasse : sous-scolarisation des filles et mise au travail à Bamako », *dans* : M.-F. Lange, éd., *L'école et les filles en Afrique. Scolarisation sous conditions*, Paris, Karthala, p. 73-95.

MATOLCSKY M. and VARGA S., 1938. *The national income of Hungary 1924/25 – 1936/37*, London, King and Son, 116 p.

MCDOWELL L., 1991. "Life without father and ford: The new gender order of post-fordism", *Transactions of the Institute of British Geographers*, Vol. 16 (4), p. 400-419.

MEDEIROS M. and COSTA J., 2008. "Is There a Feminization of Poverty in Latin America?", *World Development*, Vol. 36 (1), p. 115-127.

MICHEL A., 1978. *Les femmes dans la société marchande*, Paris, Presses universitaires de France, 256 p.

MILL J. S., 1964. *L'Utilitarisme*, Toulouse, éditions Privat 239 p. Traduction française par TANASSE G., 1964, de MILL J. S., 1871. *Utilitarism by John Stuart Mill*, London, Longmans, Green, Reader and Dyer, 96 p.

MINCER J., 1962. "Labor force participation of married women: a study of labor supply", *in* G. H. LEWIS (Ed.), *Aspects of labor Economics*, Princeton: Princeton University Press, p. 3-35.

MINISTÈRE DE L'ADMINISTRATION TERRITORIALE ET DE LA DÉCENTRALISATION, 2008. *Plan communal de Développement de Koupela 2008-2012.* Ouagadougou, Ministère de l'Administration territoriale et de la Décentralisation, 172 p.

MINISTÈRE DE L'ÉCONOMIE ET DES FINANCES, 2000. *Cadre stratégique de lutte contre la pauvreté*, Ouagadougou, Ministère de l'Économie et des Finances, 126 p.

MINISTÈRE DE L'ÉCONOMIE ET DES FINANCES, 2001. *Monographie de la province du Kouritenga*, Direction régionale de l'Économie et de la Planification du Centre-Est, Conseil national pour la Population Koupéla, 124 p.

MINISTÈRE DE L'ÉCONOMIE ET DES FINANCES, 2007. *Analyse des résultats de l'enquête annuelle sur les conditions de vie des ménages en 2007* (EA-QUIBB, 2007), Ouagadougou, INSD, 182 p.

MINISTÈRE DE L'ÉCONOMIE ET DES FINANCES, 2008. *Recensement général de la population et de l'habitation (RGPH)*, Ouagadougou, INSD, 55 p.

MINISTÈRE DE L'ÉCONOMIE ET DES FINANCES, 2010. *Stratégie de croissance accélérée et de développement durable (SCADD) 2011-2015*, Ouagadougou, Ministère de l'Économie et des Finances, 97 p.

MINISTÈRE DE L'ÉCONOMIE ET DU DÉVELOPPEMENT, 2000. *Profil et évolution de la pauvreté au Burkina Faso*, Ouagadougou, INSD, 155 p.

MINISTÈRE DE L'ÉCONOMIE ET DU DÉVELOPPEMENT, 2001. *Analyse des résultats de l'enquête prioritaire sur les conditions de vie des ménages en 1998, EP II*, Ouagadougou, INSD, 282 p.

MINISTÈRE DE L'ÉCONOMIE ET DU DÉVELOPPEMENT, 2003a. *Burkina Faso – La Pauvreté en 2003*, Ouagadougou, INSD, 70 p.

MINISTÈRE DE L'ÉCONOMIE ET DU DÉVELOPPEMENT, 2003b. *Analyse des résultats de l'enquête burkinabé sur les conditions de vie des ménages, Rapport final*, Ouagadougou, INSD, 221 p.

MINISTÈRE DE L'ÉCONOMIE ET DU DÉVELOPPEMENT, 2009. *Politique nationale Genre du Burkina Faso*, MEDEV, Direction générale de l'Économie et de la Planification, Ouagadougou, 74 p.

MINISTÈRE DE L'ÉCONOMIE ET DU DÉVELOPPEMENT (MEDEV) 2004. *Cadre stratégique de lutte contre la pauvreté*, Ouagadougou, Ministère de l'Économie et des Finances, 131 p.

MINISTÈRE DE LA PROMOTION DE LA FEMME, 2004. *Évaluation décennale de la mise en œuvre du programme d'action de Beijing*, Ouagadougou, Ministère de la Promotion de la Femme, 35 p.

MINISTÈRE DES AFFAIRES DE LA FEMME, 2011. *Budget temps des femmes et des hommes en Tunisie*. Tunis.

MINISTÈRE DE LA PROMOTION DE LA FEMME, DE L'ENFANT ET DE LA FAMILLE (MPFEF), MINISTÈRE DE L'ÉCONOMIE ET DES FINANCES, CENTRE NATIONAL DE DOCUMENTATION ET D'INFORMATION SUR LA FEMME ET L'ENFANT (CNDIFE), INSTITUT NATIONAL DE LA STATISTIQUE (INSTAT), 2010. *Rapport de l'Enquête malienne sur l'Utilisation du Temps*, EMUT, 2008. Bamako, 71 p.

MINISTÈRE DES AFFAIRES ÉTRANGÈRES, 2000. *Lutte contre la pauvreté et les inégalités : synthèse de l'étude bilan sur les actions de la coopération française*, Paris, Ministère des Affaires étrangères, 32 p.

MONTOUSSE M. et WAQUET I., 2008. *Microéconomie*, Rosny-sous-Bois, Bréal, 239 p.

MOSCHION J., 2009. « Offre de travail des mères en France: L'effet causal du passage de deux à trois enfants », *Économie et Statistiques*, Vol. 422, p. 51-78.

MOSER C. O. N., 1989. "Gender planning in the third world: meeting practical and strategic gender needs", *World Development*, Vol. 17 (11), p. 1799-1825.

MOSLEY P., 2001. "Attacking Poverty and the Post-Washington Consensus", *Journal of International Development*, Vol. 13 (3), p. 307-313.

MUELLER E., 1984. "The value and allocation of time in rural Botswana", *Journal of Development economics*, Vol. 15 (1-3), p. 329-360.

MURPHY M., 1976. "The value of time spent in home production", *American Journal of Economics and Sociology*, Vol. 33, p. 191-197.

MURPHY M., 1978. “The value of non-market household production: Opportunity cost versus market cost estimates”, *Review of income and Wealth*, Vol. 24 (3), p. 243-255.

MURPHY M., 1982. “Comparative estimates of the value of household work in the United States for 1976”, *Review of Income and Wealth*, Vol. 28 (1), p. 29-43.

MURRAY C., 1976. *Keeping house in Lesotho*, Philosophy. Doctor. Thesis, Cambridge University of Cambridge, 160 p.

NARAYAN D., 2000. *Voices of the Poor: Can Anyone Hear Us*? Washington, Oxford University Press, 336 p.

NATIONAL STATISTICS UK, 2002. *Household Satellite Account. Experimental Methodology*, London, National Statistics UK (United Kingdom), 69 p.

NATIONS UNIES, 1989. *Étude mondiale sur le rôle des femmes dans le développement*, New York, Centre des Nations Unies pour le Développement social et les Affaires humanitaires, 431 p.

NATIONS UNIES, 1995. *Rapport de la quatrième Conférence mondiale sur les femmes, Beijing 4-15 septembre 1995*, New York, Nations Unies, 239 p.

NATIONS UNIES, 2000. *Déclaration du Millénaire*, New York, Nations Unies, 10 p.

NAVARRO V., 2000. “Development and quality of life: a critique of Amartya Sen’s Development as freedom”, *International Journal of Health Services*, Vol. 30 (4), p. 661-674.

NORDHAUS W. and J. TOBIN, 1972. “Is growth obsolete?”, *in* NATIONAL BUREAU OF ECONOMIC RESEARCH, *Economic Growth*, National Bureau of Economic Research, New York, p. 1-80.

NUSSBAUM M., 1988. “Nature, Functioning and Capability. Aristotle on Political Distribution”, *Oxford Studies in Ancient Philosophy*, Suppl. Volume, p. 145-184.

NUSSBAUM M., 1999. « Femmes et égalité : l’approche fondée sur les capacités », *Revue internationale du Travail*, Vol. 138 (3), p. 247-248.

NUSSBAUM M., 2000. *Women and human development*, Cambridge, Cambridge University Press, 312 p.

OCDE, 2011. « Cuisiner, s’occuper des enfants, construire ou réparer : Le travail non rémunéré à travers le monde », dans *Panorama de la société, 2011 : Les indicateurs sociaux de l’OCDE*, Éditions OCDE.

OAKLEY A., 1972. *Sex, Gender and Society*, Aldershot, Gower, 220 p.

OFFICE FÉDÉRAL DE LA STATISTIQUE, 2004. *Satellitenkonto Haushaltsproduktion, Pilotversuch für die Schweiz, Compte satellite de production des ménages. Projet pilote pour la Suisse*, Neuchâtel, OFS, 76 p.

ONUSIDA, UNFPA et UNIFEM, 2004. *Women and HIV/AIDS: Confronting the Crisis*; New York, ONUSIDA, UNFPA (Fonds des Nations Unies pour la population) et UNIFEM (Fonds de développement des Nations Unies pour la femme) ; 76 p.

ORGANISATION DES NATIONS UNIES, 1996. *Rapport de la quatrième Conférence mondiale sur les femmes*, New York, Nations Unies, 239 p.

ORGANISATION INTERNATIONALE DU TRAVAIL, 2008. « Recommandations internationales en vigueur sur les statistiques du travail », *www.ilo.org*, le 14 avril 2008.

ORGANISATION INTERNATIONALE DU TRAVAIL, 2008. *Dix-huitième Conférence internationale des statisticiens du travail – Rapport de la Conférence*, Genève, OIT, 153 p.

ORGANISATION DE COOPÉRATION ET DE DÉVELOPPEMENT ÉCONOMIQUE, 2003. *Manuel de mesure de l'économie non observée*, Paris, Les éditions de l'OCDE, 260 p.

ORGANISATION DE COOPÉRATION ET DE DÉVELOPPEMENT ÉCONOMIQUE, 2007. *Guide à l'intention des non-économistes pour la négociation des stratégies pour la réduction de la pauvreté*, Paris, Les éditions de l'OCDE, 12 p.

OUARME A., OUILI I. et BASSE A. M., 2009. *Pauvreté au Burkina Faso. À la recherche d'un indicateur composite de pauvreté*, Texte présenté à la Xe Journée de Méthodologie statistique de l'INSEE, Paris, 23-25 mars 2009, 25 p.

PALMER I., 1997. "Social and Gender Issues in Macro-Economic Policy Advice" *in* J. FREIBERG-STRAUSS, F. DIABY-PENTZLIN, KU Freitag and M. GUTIERREZ (eds). *Gender and Macro Policy*, Eschborn, Gesselschaft fur Technische Zusammenarbeit, p. 1-12.

PHILIPPS L. and CASSELS J., 1994. "Why Lawyers Need Statistics on Unpaid Work", *in* Ministry of Industry, Science and Technology, *International Conference on the Measurement and Valuation of Unpaid Work: Proceedings*, Ottawa, p. 41-64.

PIGOU A. C., 1929. *Economics of welfare*, London, Mac Millan and CO, 835 p.

PIRIOU J.P., 2005. *La Comptabilité nationale*, Paris, La Découverte, 124 p.

PONTHIEUX S. et SCHREIBER A., 2006. « Dans les couples de salariés, la répartition domestique reste », *in* INSEE, *La société française : données sociales*, Paris, INSEE, p. 43-51.

PONTY N., 2005. *Indicateur de développement humain et IDH : le cas du Burkina Faso*, PNUD, Burkina, Document de travail et note, Ouagadougou, 8 p.

POULALION G., 1997. *Histoire de la pensée économique* (Tome 1, *Des origines au début du XIXe siècle*), Lyon, l'Hermès, 144 p.

PREST A. R. and STEWART I. G., 1953. "The national income of Nigeria 1950-51", *Colonial Research Studies*, Vol. 11, 124 p.

PROGRAMME DES NATIONS UNIES, 2007. *Rapport mondial sur le développement humain 2007-2008. La lutte contre le changement climatique : un impératif de solidarité humaine dans un monde divisé*, New York, Programme des Nations Unies pour le développement, 382 p.

PROGRAMME DES NATIONS UNIES POUR LE DÉVELOPPEMENT, 1990. *Rapport mondial sur le développement humain 1990 : mesurer et définir le développement humain*, PNUD, New York, 204 p.

PROGRAMME DES NATIONS UNIES POUR LE DÉVELOPPEMENT, 1995. *Rapport mondial sur le développement humain 1995 : Égalité des sexes et développement humain*, Paris, Economica, 251 p.

PROGRAMME DES NATIONS UNIES POUR LE DÉVELOPPEMENT, 1997. *Rapport mondial sur le développement humain 1997 : Le développement humain au service de l'éradication de la pauvreté*, PNUD, New York, 268 p.

PROGRAMME DES NATIONS UNIES POUR LE DÉVELOPPEMENT, 2002. *Enquête emploi du temps 2001, Méthodologie et résultats*, Antananarivo, PNUD, 39 p.

PROGRAMME DES NATIONS UNIES POUR LE DÉVELOPPEMENT, 2005. *Rapport mondial sur le développement humain 2005. La coopération internationale à la croisée des chemins : l'aide, le commerce et la sécurité dans un monde marqué par les inégalités*, New York, Programme des Nations Unies pour le développement, 385 p.

PRONOVOST G., 1996. *Sociologie du temps*, Paris, De Boeck université, 183 p.

PRONOVOST G., 1997. *Loisir et société. Traité de sociologie empirique*, Québec, Presses de l'Université du Québec, 401 p.

RATHGEBER E. M., 1994. « WID, WAD, GAD : Tendances de la recherche et de la pratique dans le champ du développement », *in* H. DAGENAIS and D. PICHE (1994), *Women, Feminism and Development, Femmes, Féminisme et Développement*, The Canadian Research Institute for the Advancement of Women, McGill-Queen's University Press, p. 77-97.

RAWLS J., 1971. *A Theory of Justice*, The Belknap Press of Harvard University Press, traduction française de C. AUDARD, *Théorie de la justice*, Paris : Éditions du Seuil, 2e édition, 1997, 666 p.

RAZAFINDRAKOTO M. et ROUBAUD F., 2005. « Les multiples facettes de la pauvreté dans un pays en développement : le cas de la capitale malgache », *Économie et Statistique*, Vol. 383-384-385, p. 131-155.

RAZAVI S. and MILLER C., 1995. *From WID to GAD: Conceptual Shifts in the Women and Development Discourse*, United Nations Development Program, United Nations Research Institute for Social Development, Switzerland, Occasional paper 1, 57 p.

REID M. G., 1963. "Consumer Response to the relative price of store versus Delivered Milk", *Journal of political Economy*, Vol. 71 (2), p. 180-186.

REID M. G., 1934. *Economics of household production*, New York, John Wiley & Sons, 408 p.

REY-DEBOVE J. et REY A., 2009. *Le nouveau Petit Robert : dictionnaire alphabétique et analogique de la langue française*, Paris, Le Robert, 2837 p.

ROEMER J. E., 1996. *Theories of distributive Justice*, Harvard, Harvard University Press, 342 p.

ROSTOW W. W., 1963. *Les Étapes de la croissance économique*, Paris, Le Seuil, 207 p.

ROUSSE H. et ROY C., 1981. « Les activités ménagères et le cycle de vie », *Économie et Statistiques*, Vol. 131, issue l, p. 59-67.

ROWNTREE S., 1901. *Poverty A study of Town Life*, London, Mac Millan, 426 p.

ROY D., 2010. *The 2010 French time use survey and its innovations*, Paper presented at the 32nd IATUR Conference, Paris, 7-10 July, 35 p.

SANDBERG, J. and HOFFERTH S. L., 2001. "Changes in Children's Time with Parents, U.S. 1981-1997." *Demography*, 38 (3) (August), p. 423-436.

SAWADOGO A. Y., 2006. *La polygamie en question*, Paris, L'Harmattan, 144 p.

SAWADOGO K., 1997. *La pauvreté au Burkina Faso. Une analyse critique des politiques et stratégies d'intervention locales*, ECPDM (European Center for Development Policy Management), Document de travail n° 52, Maastricht, 35 p.

SCHÜLER D., 2006. "The uses and misuses of the gender-related development index and gender empowerment measure: A review of the literature", *Journal of Human Development*, Vol. 7 (2), p. 161-181.

SEN A., 1981. *Poverty and Famines: An essay on entitlement and deprivation*, Oxford, Clarendon Press, 257 p.

SEN A., 1983. *Resources, Values and Development*, Oxford, Basil Blackwell, 560 p.

SEN A., 1984. "The Living Standards", *Oxford Economic Papers*, 36 (août), p. 74-90.

SEN A., 1985. *Commodities and Capabilities*, New York, Oxford University Press, 89 p.

SEN A., 1987. *The standard of living: The Tanner lectures: A. Sen*, Cambridge, Cambridge University Press, 125 p.

SEN A., 1992. *Repenser l'Inégalité*, Paris, éditions du Seuil, Traduction française par P. CHEMLA de, *Inequality Re-examined*, New York, Oxford University Press, 281 p.

SEN A., 1999. *Development as Freedom*, Oxford, New York, Oxford University Press, 366 p.

SEN A., 2000. Social exclusion: Concepts, application and scrunity, Social Development Papers n° 1, Manila, Office of Environnement and Social Development, Asian Development Bank, 60 p.

SHARP R., 2003. *Budgeting for equity: Gender budget initiatives within a framework of performance oriented budgeting*, United Nations Development Fund for Women, UNIFEM, 94 p.

SHIVAKUMAR S., 1997. *Valuing women's work: Theoretical constraints in determining the worth of household and other non-market activity*, Paper presented for Workshop on Integrating Paid and Unpaid Work into National Policies, Séoul, PNUD, Paper presented at the Workshop on Integrating Paid and Unpaid Work into National Policies, organized by UNDP, United Nations Statistical Division, UNIFEM, the Ministry of Foreign Affairs of the Republic of Korea, and the Women's Development Institute, and held in Seoul, 28-30 May 1997, 27 p.

SHIVAKUMAR S., 1998. *Valuation as an issue in national accounting and policy analysis*, in United Nations, *Handbook of National Accounting, Household Accounting: Experiences in the Use of Concepts and Their compilation – Household Satellite Extensions*, New York, United Nations, p. 147-179.

SHORT S., 2001. *Time Use Data in the Household Satellite Account-October 2000*, London, Office for National Statistics, 9 p.

SINHA A. and LATIGO A., 2003. *Pro-Poor growth Strategy in Africa: A Proposed Gender-aware Macroeconomic Model to Evaluate Impacts of Policies on Poverty Reduction*, Economic Commission for Africa and Economic Policy Research Center, document présenté à la Réunion du Groupe des Experts en Politiques économiques, Kampala, Ouganda, 23-24 juin 2003, 25 p.

SIRPE G., et SIKIROU S., 2002. *Transport et pauvreté, mobilité quotidienne des citadins à faibles ressources : les enseignements de Ouagadougou*, Document de travail, Ouagadougou, MIMAP, 19 p.

SMITH A., 1776. *Recherches sur la nature et les causes de la richesse des nations. Chapitre VIII*, Paris, Flammarion, 445 p. Traduction française de Adam SMITH (1848). *An inquiry into the nature and causes of the wealth of nations*, London, Georges Clark, par G. MAIRET (1991).

SNOOKS G. D., 1994. *Portrait of the Family Within the Total Economy: A Study in Longrun Dynamics, Australia 1788-1990*, Cambridge, Cambridge University Press, 410 p.

SOMDA P. et SAWADOGO S. M., 2001. « Le suivi de la pauvreté au Burkina Faso: instruments et contraintes », *in* M. KOULIBALY (réd.), *La pauvreté en Afrique de l'Ouest*, Paris et Dakar, Codesria-Karthala, p. 89-112.

SONIUS E., 1989. *Time for Kids? The Impact of Children on Household Production*, Research Discussion Paper No 7, Centre for Applied Research on the Future, The University of Melbourne, Melbourne, 26 p.

STATISTICS SOUTH AFRICA, 2013. *A Survey of Time Use*, 2010, Pretoria: Statistics South Africa.

SOWELS N., 2005. *Les Conservateurs et la réforme de l'État et des services publics en Grande-Bretagne (1979-1997)*, Paris, L'Harmattan, 394 p.

STIGLITZ R., 2002. *La grande désillusion*, traduction française de *Globalization and its discontents*, par P. CHEMLA, Paris, Fayard, 324 p.

STIGLITZ R., SEN A. et FITOUSSI J.-P., 2009. *Rapport de la Commission sur la mesure des performances économiques et du progrès social*, Paris, Ministère de l'Économie, de l'Industrie et de l'Emploi, 324 p.

STREETEN P., 1984. "Basic Needs: some unsettled questions", *World Development*, Vol. 12 (9), p. 973-978.

STREETEN P. and STEWART F., 1981. *First things first, Meeting basic needs in developing countries*, Washington, Oxford University Press, 218 p.

SUPIOT A., 1999. *Au-delà de l'emploi*, Paris, Flammarion, 321 p.

SZALAI A., 1966. "The multinational comparative Time-Budget Research Project", *The American Behavioral Scientist*, Vol. 10 (14), p. 1-31.

SZALAI A., 1972. *The Use of Time: Daily Activities of Urban and Suburban Populations in Twelve Countries*, European Coordination Center for Research and documentation in social sciences, Paris, Mouton, 868 p.

TANASSE G., 1964. *John Stuart Mill. L'Utilitarisme*, Traduction française de MILL J. S., 1871. *Utilitarism*, Toulouse, éditions Privat, 239 p.

TIENDREBEOGO-KABORET A., 2002. « Burkina Faso : Les obstacles à la participation des femmes au parlement » in, *Les Femmes au parlement : Au-delà du Nombre (Women in Parliament: Beyond Numbers)*, Stockholm, Sweden: International IDEA, p. 39-47.

TINKER I., 1990. *Persistent Inequalities: women and world development*, Oxford University Press, New York, 302 p.

TRAORÉ S. et FOURGEAU C., 2006. *Les petites jachères des femmes : Condition féminine et travail agricole au Burkina Faso (Sud-Ouest)*, Paris, L'Harmattan, 255 p.

UNITED NATIONS, 1985. *Report of the world Conference to review and appraise the achievements of the United Nations decade for women: Equality, development and deace*, Nairobi, July 15-26, New York, United Nations, 347 p.

UNITED NATIONS, 1995. *The World's women 1995*, Trends and Statistics, New York, Social Statistics and Indicators, 188 p.

UNITED NATIONS, 1999. *Time Use in Nigeria (A Pilot Study)*, Technical Report, New York, Statistics Division, 16 p.

UNITED NATIONS, 2000a. *Handbook of National Accounting, Household Accounting: Experiences in the Use of Concepts and Their compilation*, Household Satellite Extensions, New York, United Nations, 448 p.

UNITED NATIONS, 2000b. *Report of Expert Group Meeting on Methods for Conducting Time-use Surveys*, October 23-27, New York, United Nations, Statistics Division, 14 p.

UNITED NATIONS, 2000c. *Time Use Survey 2000, South Africa Fieldworker's Manuel*, New York, Statistics Division, 33 p.

UNITED NATIONS, 2003. *Integrating Unpaid Work into National Policies*, New York, Statistics Division, 230 p.

UNITED NATIONS, 2005. *Guide to Producting Statistics on Time-Use Measuring Paid and Unpaid Work*, New York, Statistics Division, 387 p.

UNITED NATIONS DEVELOPMENT FUND FOR WOMEN, 2005. *Le progrès des femmes à travers le monde*, New York, Fonds de Développement des Nations Unies pour la Femme (UNIFEM), 116 p.

UNITED NATIONS DEVELOPMENT PROGRAM, 1995. *Human Development Report 1995*, New York, UNDP, 230 p.

UNITED NATIONS DEVELOPMENT PROGRAMME, 2009. *Overcoming barriers: Human mobility and development*, Human Development Report 2009, New York, United Nations Development Program (UNDP), 217 p.

VAN DER HOEVEN R. and VAN DER KRAAIJ F., 1995. *L'ajustement structurel et au-delà en Afrique subsaharienne*, Paris, Karthala, 411 p.

VANDELAC L., 1985. « L'économie domestique à la sauce marchand ou les évaluations monétaires du travail domestique », *in* L. VANDELAC, D. BELISLE and A. GAUTHIER, *Du travail et de l'amour : Les dessous de la production domestique*, Montréal, éditions Saint-Martin, p. 183-256.

VANOLI A., 2002. *Une histoire de la comptabilité nationale*, Paris, La Découverte, 655 p.

VARJONEN J. and AALTO K., 2006. *Household Production and Consumption in Finland 2001: Household Satellite Account*, Helsinki, Statistics Finland, 115 p.

VARJONEN J. and NIEMI I., 1998. *Proposal for a European satellite account of household production*, in United Nations, *Handbook of National Accounting, Household Accounting: Experiences in the Use of Concepts and Their compilation – Household Satellite Extensions*, United Nations, New York, p. 89-110.

WALKER K. and WOODS M., 1976. *Time use: A measure of household production of family goods and services*, Washington, D.C., Center for the Family of the American Home Economics Association, 328 p.

WARING M., 1988. *If Women Counted: A New Feminist Economics*, San Francisco: Harper & Row, 387 p.

WEINROBE M., 1974. "Household Production and National Production: An Improvement of the Record", *Review of Income and Wealth*, Vol. 20 (1), p. 89-102.

WETTA C. and BONZI K. B., 2003. *Pauvreté et inégalité au Burkina Faso, étude comparative EP I et EP II*, Document de travail, Burkina Faso, MIMAP (Micro Impact of Macroeconomic and Adjustement Policies), 26 p.

WETTA C. and KONÉ M., 2008. *Pauvreté chronique au Burkina Faso*, Chronic Poverty Research Center (CPRC), Institute for Development Policy and Management, University of Manchester, West Africa Working Paper, 17 p.

WETTA C. and YERBANGA A., 2007. *La pauvreté des ménages au Burkina Faso : une approche multidimensionnelle*, Université de Ouagadougou, Centre de Documentation et de Recherche en Sciences Économiques et Sociales (CEDRES), Unité d'Analyse Avancée de la Pauvreté (UAAP), Ouagadougou, 48 p.

WILLIAMSON J., 1990. *Latin American adjustment: how much has happened?*, Washington, D.C., John Williamson, 445 p.

WILLIAMSON J., 1990. "What Washington Means by Policy Reform", *in* Institute for International Economics (éd.), *Latin American adjustment: how much has happened?*, Washington, D.C., John Williamson, p. 7-20.

WOOD C., 1997. "The First World/Third Party criterion: A feminist critique of production boundaries in economics", *Feminist Economics*, Vol. 3 (3), p. 47-68.

WORLD BANK, 1990. *World Development Report 1990: Poverty*, Washington, D.C., World Bank, 272 p.

WORLD BANK, 2000a. *Can Africa Claim the 21st Century?*, Washington, D.C., World Bank, 278 p.

WORLD BANK, 2000b. *World Development report 2000/2001: Attacking poverty*, Washington, D.C., World Bank, 335 p.

WORLD BANK, 2002. *A Sourcebook for Poverty Reduction Strategies*, Washington, D.C., World Bank publications, 1267 p.

WORLD BANK, 2008. *World development indicators, Poverty data. A supplement to World Development Indicators 2008*, Washington, D.C., The World Bank, 28 p.

WORLD BANK 2010. *Country report Burkina Faso*, Grande-Bretagne, *Economist Intelligence Unit Limited*, 24 p.

YOUNG S., 2000. “Income from households’ non-SNA production: A review”, *www.ilo.org*, le 22 mai 2008, 21 p.

ZUCKERMAN E. and GARETT A., 2003. *Les cadres stratégiques de lutte contre la pauvreté (CSLP) tiennent-ils compte de l’inégalité des sexes ?*, Washington, D.C., Gender Action, 76 p.

Remerciements

« Il faut toujours remercier l'arbre à karité sous lequel on a ramassé de bons fruits pendant la bonne saison ».

Amadou KOUROUMA, 2000, *Allah n'est pas obligé*, Paris, Le Seuil.

À ma famille,

Au Pr Jacques CHARMES, au Pr Jean-Luc DUBOIS, au Dr Élisabeth ILBOUDO, au Pr Edmond JOUVE, au Pr Régis MAHIEU, au Pr Bertrand MAXIMIN ;

À M. Bakari TRAORÉ ;

Aux membres de l'Unité Mixte Internationale Résiliences (UMI-Résiliences) de l'Institut de Recherche pour le Développement, IRD.

Ainsi qu'à tous mes amis et l'ensemble des personnes qui ont contribué de mille et une façons à la réalisation de ce travail de réflexion en me témoignant un soutien moral, intellectuel ou matériel, j'exprime ma profonde reconnaissance.

… Que le Seigneur vous le rende !

Table des matières

Chapitre 3

Chapitre 4

Chapitre 5
ENJEUX DE LA VALORISATION DU TRAVAIL NON RÉMUNÉRÉ 125

Chapitre 6
QUE RÉVÈLE L'ENQUÊTE BUDGET-TEMPS DU BURKINA FASO ? 155

Économie et Entreprise
aux éditions L'Harmattan

Dernières parutions

LE BIG BANG DES NOUVELLES ROUTES DE LA SOIE
Dhomps Pierre, Tsiang Henri - Préface de Jean-Pierre Raffarin
L'ambition des Nouvelles Routes de la Soie, aussi appelées BRI (Belt and Road Initiative) est de relier la Chine à l'ensemble du continent eurasiatique et à l'Afrique par des voies de communication terrestres et par le renforcement des voies maritimes. La priorité est donnée au co-développement économique entre les 65 pays et régions concernés et la Chine, grâce à une connectivité et une participation active. Ce projet considérable va de pair avec la volonté du président chinois Xi Jinping de faire retrouver à la Chine sa place éminente.
(21.50 euros, 198 p.)
ISBN : 978-2-343-13604-2, ISBN EBOOK : 978-2-14-005318-4

MARCHÉ DU LOGEMENT ET AIDES PUBLIQUES
Cornuel Didier
Si le prix des logements est élevé, dit-on, c'est que l'offre serait insuffisante. Ce diagnostic est erroné. En réalité, l'offre est excédentaire. La stabilité du prix des loyers et l'explosion de la vacance en sont la preuve. La politique du logement basée depuis plus de 10 ans sur ce diagnostic ne peut être ni efficace ni pertinente. Après avoir précisé la place du logement dans l'économie, l'ouvrage examine les principales aides publiques en la matière pour en réaliser une évaluation économique et suggérer des réformes.
(Coll. Logiques sociales, 22.50 euros, 218 p.)
ISBN : 978-2-343-13579-3, ISBN EBOOK : 978-2-14-005322-1

L'ART DE LA DIPLOMATIE ÉCONOMIQUE
Kemache Fouad
La diplomatie économique, pilier de la politique étrangère de la France sous François Hollande, répondait à plusieurs impératifs : résorber le déficit commercial du pays et freiner sa désindustrialisation. Quant à la Chine, elle l'emploie largement pour étendre son influence globale. La diplomatie économique permet de comprendre la manière dont les États tentent de préserver leurs intérêts stratégiques. En apparence attrayante, cette forme de diplomatie limite l'action extérieure d'une nation au commerce.
(14.50 euros, 126 p.)
ISBN : 978-2-343-13139-9, ISBN EBOOK : 978-2-14-005154-8

L'ACCORD DE LIBRE-ÉCHANGE
Entre l'Union européenne et le Canada – Tout savoir sur le CETA/AECG
Favari Danièle
Moins connu que le TAFTA, le CETA entré en application provisoire le 21 septembre 2017, est tout aussi préoccupant et ne prend pas en compte l'enjeu climatique. Au-delà de la suppression des droits de douane et des contingents agricoles, cet accord dit de « nouvelle génération » ouvre la voie à la privatisation des services publics et à une harmonisation des normes qui facilite les échanges commerciaux. L'accord porte atteinte au droit à réguler des États membres bien inquiétant pour les investisseurs. Il importe de découvrir toutes les facettes de cet accord entre UE et Canada.
(17.00 euros, 156 p.)
ISBN : 978-2-343-13080-4, ISBN EBOOK : 978-2-14-004991-0

CLÉS D'ACCÈS AU XXIIe SIÈCLE (T. 1)
La destruction créatrice, une illusion ravageuse
Simonin Jean-François
Il faut revenir sur le concept de destruction créatrice formulé en 1942 par Joseph Schumpeter. Il fait office d'évidence pour les élites économiques et politiques de la mondialisation. Mais c'est une ineptie de penser que la destruction pourrait être créatrice. Elle est à l'origine de la myopie écologique et anthropologique de l'économie mondialisée du XXIe siècle. Il faut donc enterrer définitivement cette illusion. Il s'agit d'identifier ses sources, ses tenants et aboutissants pour désamorcer sa puissance ravageuse. C'est la première étape de la reconstruction d'un projet de civilisation.
(22.00 euros, 216 p.)
ISBN : 978-2-343-13307-2, ISBN EBOOK : 978-2-14-005095-4

CLÉS D'ACCÈS AU XXIIe SIÈCLE (T. 2)
De nouveaux matérieux pour de nouveaux futurs
Simonin Jean-François
Depuis que nous sommes entrés dans l'ère de l'anthropocène, nous n'avons plus grand-chose à attendre d'un surcroît d'ingénierie chimique, nucléaire, génétique, climatique, numérique ni financière pour consolider l'avenir de la civilisation occidentale. Pourtant, de nouveaux outils et idées surgissent aux interstices des logiques libérales. Cet essai recense ces nouveaux matériaux qui permettent d'envisager d'autres futurs. En réalité, ils sont nombreux et certains semblent assez consistants pour fonder une nouvelle culture. Il faut imaginer ce qui permet de les cristalliser dans un nouveau projet de civilisation.
(22.00 euros, 216 p.)
ISBN : 978-2-343-13306-5, ISBN EBOOK : 978-2-14-005096-1

DE L'ENTREPRISE À LA COMMUNAUTÉ ENTREPRENEURIALE (T. 5)
Traité de gouvernement
Amado Jean
À l'heure où la France est confrontée à "une guerre économique", ce sont les entreprises qui constituent le corps de bataille. Or dans l'entreprise les salariés sont toujours considérés comme des tiers uniquement reliés à elle par un simple contrat de louage de service. Cet ouvrage entend affirmer que les apporteurs de finance et les apporteurs de travail doivent devenir les citoyens de la même entreprise considérée comme une communauté entrepreneuriale ; tous ces apporteurs étant liés par un même lien de solidarité afin de dégager un profit suffisant pour assurer la survie de leur commune entreprise affirmant ainsi la fin de la lutte des classes.
(Coll. Questions contemporaines, 13.50 euros, 114 p.)
ISBN : 978-2-343-13120-7, ISBN EBOOK : 978-2-14-005087-9

PILOTER SON ENTREPRISE
De l'accompagnement aux choix stratégiques
Salvaire Claude
Cet ouvrage propose une méthode simple pour que tout patron de PME comprenne, rédige, applique sa propre vision stratégique et en mesure les effets. Elle se base non seulement sur une présentation théorique mais surtout sur des exemples concrets qui illustrent le déroulé de toute stratégie. S'y trouvent réunis les outils pour gérer et développer une entreprise, qu'il s'agisse de calcul de rentabilité, d'action commerciale ou de gestion du personnel. L'ouvrage présente des indicateurs et des tableaux qui permettent au créateur d'entreprise de définir son cadre de référence et ses plans d'action.
(Coll. Vivre l'entreprise, 18.00 euros, 168 p.)
ISBN : 978-2-343-13165-8, ISBN EBOOK : 978-2-14-005041-1

LA RÉSILIENCE DES ORGANISATIONS
Les fondamentaux
Teneau Gilles
Les organisations évoluent de plus en plus dans un contexte où le rythme des turbulences et des chocs s'accélère. Comment pouvons-nous créer les conditions pour l'émergence de la résilience,

cette aptitude à faire face au choc, à s'adapter ou à rebondir ? Quelles sont les différentes trajectoires possibles en situation de crise ? Cet ouvrage aborde les grands concepts de la résilience des organisations ainsi que les stratégies à mettre en œuvre.
(Coll. Perspectives organisationnelles, 26.00 euros, 264 p.)
ISBN : 978-2-343-13176-4, ISBN EBOOK : 978-2-14-005089-3

LE MARKETING D'INFLUENCE
Stratégies au quotidien pour le chef d'entreprise
Mignot Bruno - Préface de Stéphane Ronteix
Les hommes d'affaires anglo-saxons sont culturellement versés dans l'influence, les latins beaucoup moins. Cet ouvrage fait suite au *Mémento de stratégie d'influence à usage du dirigeant d'entreprise* (2015). Associer la stratégie d'influence au marketing s'avère très naturel tant les objectifs du marketing nécessitent de créer, améliorer, consolider la perception qu'ont les consommateurs d'un produit ou les clients d'un service. Un outil pour les dirigeants d'entreprise et décideurs avides de transformer leur énergie d'entrepreneur en avantages concurrentiels.
(Coll. Diplomatie et stratégie, 17.50 euros, 158 p.)
ISBN : 978-2-343-13430-7, ISBN EBOOK : 978-2-14-005086-2

PENSÉE OU INTELLIGENCE ARTIFICIELLE ?
De la stratégie à la formation, l'humain au cœur du numérique
Marquis François-Xavier
Les nouvelles technologies du numérique interviennent dans toutes les composantes de notre environnement et nous touchent de façon transversale. Pourtant, la transvertalité n'est pas naturelle à l'humain. Notre culture nous a habitués à raisonner de façon verticale, par domaine. Les technologies du numérique interviennent de façon transversale, ce qui ne nous est pas naturel. Acteur et utilisateur du numérique depuis 40 ans, l'auteur nous interpelle sur les enjeux humains et sociétaux de l'ère du numérique, de la stratégie d'entreprise à la formation professionnelle.
(16.50 euros, 154 p.)
ISBN : 978-2-343-13326-3, ISBN EBOOK : 978-2-14-005061-9

PETITES ENTREPRISES DANS L'HISTOIRE INDUSTRIELLE
Sous la direction de Cédric Perrin
Les petites entreprises ont longtemps été négligées par les économistes, les historiens et les pouvoirs publics. Leur contribution à l'histoire industrielle a été ignorée dans les processus de croissance et d'industrialisation depuis la fin du XVIIIe siècle. Après la Seconde Guerre mondiale, l'hégémonie conceptuelle de la productivité et de l'efficacité du fordisme ont contribué à ériger la grande entreprise en modèle. Mais le ralentissement de l'économie dans les années 1970 a permis de reconsidérer le rôle de la petite entreprise.
(Coll. Marché & organisations, 24.50 euros, 232 p.)
ISBN : 978-2-343-13200-6, ISBN EBOOK : 978-2-14-004875-3

L'OMC DE MARRAKECH À WASHINGTON (1994-2017)
Sous la direction de Jean-Claude Martinez
Préface Andrés Rhode Ponce. Avant-propos Jawad Kerdoudi
Postface Maria Claudia Lacouture.
Créée en 1994 à Marrakech, l'Organisation mondiale du commerce (OMC) fut un temps un succès. Puis cette mécanique multilatérale s'est enrayée. Depuis la crise de 2008, la tentation du repli est revenue, dont l'engouement pour les taxes douanières. L'OMC se trouve en porte-à-faux. Tandis que les États retournent au bilatéral et au régional, l'OMC permet l'égalité entre petits États et géants économiques. Il faut donc « sauver le soldat OMC » et inventer des droits de douane déductibles. Ce livre expose un droit modulable, remboursable, négociable et bonifiable. Il réconcilie libre commerce et protection sociale.
(30.00 euros, 290 p.)
ISBN : 978-2-343-12249-6, ISBN EBOOK : 978-2-14-004770-1

GOUVERNANCE ET RESPONSABILITÉ SOCIÉTALE DES PME
Ouvrage collectif rédigé sous la direction de Daniel Corfmat et Marc Chambault
L'enjeu majeur du XXIe siècle sera de concilier développement rentable, progrès social et économique, et équilibre de la planète. Entreprises et États doivent accélérer la transition pour un nouveau type de croissance. L'entreprise moyenne est directement concernée. Le moteur principal de sa survie sera sa bonne gouvernance. La R.S.E. (la Responsabilité Sociétale de l'Entreprise) fait partie de plain-pied de la stratégie de conduite de l'entreprise. Comment la définir, la mettre en œuvre ? Quels en sont les véritables enjeux ?
(Coll. Gouvernance et entreprise, 11.50 euros, 84 p.)
ISBN : 978-2-343-12244-1, ISBN EBOOK : 978-2-14-004739-8

LES ASSUREURS FACE AUX GÉANTS DU WEB
Google, Apple, Facebook, Amazon
Kouomegne Laurelle - Préface de Patrice Michel Langlumé
Google, Apple, Facebook et Amazon (les GAFA) détiennent des milliards de données personnelles qui, filtrées par des algorithmes et l'intelligence artificielle, sont vendues à des entreprises comme les assureurs auxquelles elles servent de levier commercial ciblé. Les plus grands assureurs sont contraints d'acquérir ces données pour leurs campagnes de marketing et le développement de nouvelles garanties et de nouveaux services. Il importe de prévenir toute velléité de domination «à outrance» des GAFA.
(12.50 euros, 106 p.)
ISBN : 978-2-343-11539-9, ISBN EBOOK : 978-2-14-004530-1

LES FLUCTUATIONS ÉCONOMIQUES
Une synthèse nouvelle
Landais Bernard
Ce livre ambitionne de donner à ses lecteurs une approche synthétique nouvelle des phénomènes de fluctuations et des crises économiques. Condensant un grand nombre de faits remarquables et d'expériences internationales, en se focalisant sur la « grande récession » de 2008, l'auteur nourrit sa réflexion de la littérature économique et l'illustre de scénarios simples. Son apport majeur est la synthèse innovante « Océan », basée sur la Nouvelle Synthèse Néo-Keynésienne (NSNK), intégrant les considérations financières, mais surtout les anticipations si importantes dans l'explication des déséquilibres.
(Coll. L'esprit économique, série Cours Principaux, 19.00 euros, 164 p.)
ISBN : 978-2-343-12950-1, ISBN EBOOK : 978-2-14-004639-1

LA FINANCE : UN PRISME FRAGILE
Galavielle Christine
Le cheminement au gré des écrits des grands auteurs permet de jeter le doute sur l'interprétation qui fait de l'équilibre toujours retrouvé la pierre angulaire du profil de la finance. Les vecteurs qui ébranlent la quiétude de l'équilibre sont multiples : à partir de biais cognitifs et motivationnels des agents économiques que nous sommes, on en vient à la mise en question de l'indépendance, de la stationnarité et de la continuité des évolutions. Les efforts entrepris depuis les crises récentes témoignent de la volonté d'une solidification du monde financier, mais il faut douter de leur succès futur.
(Coll. Logiques économiques, 29.00 euros, 290 p.)
ISBN : 978-2-343-12572-5, ISBN EBOOK : 978-2-14-004368-0

Structures éditoriales du groupe L'Harmattan

L'Harmattan Italie
Via degli Artisti, 15
10124 Torino
harmattan.italia@gmail.com

L'Harmattan Hongrie
Kossuth l. u. 14-16.
1053 Budapest
harmattan@harmattan.hu

L'Harmattan Sénégal
10 VDN en face Mermoz
BP 45034 Dakar-Fann
senharmattan@gmail.com

L'Harmattan Cameroun
TSINGA/FECAFOOT
BP 11486 Yaoundé
inkoukam@gmail.com

L'Harmattan Burkina Faso
Achille Somé – tengnule@hotmail.fr

L'Harmattan Guinée
Almamya, rue KA 028 OKB Agency
BP 3470 Conakry
harmattanguinee@yahoo.fr

L'Harmattan RDC
185, avenue Nyangwe
Commune de Lingwala – Kinshasa
matangilamusadila@yahoo.fr

L'Harmattan Congo
67, boulevard Denis-Sassou-N'Guesso
BP 2874 Brazzaville
harmattan.congo@yahoo.fr

L'Harmattan Mali
Sirakoro-Meguetana V31
Bamako
syllaka@yahoo.fr

L'Harmattan Togo
Djidjole – Lomé
Maison Amela
face EPP BATOME
ddamela@aol.com

L'Harmattan Côte d'Ivoire
Résidence Karl – Cité des Arts
Abidjan-Cocody
03 BP 1588 Abidjan
espace_harmattan.ci@hotmail.fr

L'Harmattan Algérie
22, rue Moulay-Mohamed
31000 Oran
info2@harmattan-algerie.com

L'Harmattan Maroc
5, rue Ferrane-Kouicha, Talaâ-Elkbira
Chrableyine, Fès-Médine
30000 Fès
harmattan.maroc@gmail.com

Nos librairies en France

Librairie internationale
16, rue des Écoles – 75005 Paris
librairie.internationale@harmattan.fr
01 40 46 79 11
www.librairieharmattan.com

Librairie l'Espace Harmattan
21 bis, rue des Écoles – 75005 Paris
librairie.espace@harmattan.fr
01 43 29 49 42

Lib. sciences humaines & histoire
21, rue des Écoles – 75005 Paris
librairie.sh@harmattan.fr
01 46 34 13 71
www.librairieharmattansh.com

Lib. Méditerranée & Moyen-Orient
7, rue des Carmes – 75005 Paris
librairie.mediterranee@harmattan.fr
01 43 29 71 15

Librairie Le Lucernaire
53, rue Notre-Dame-des-Champs – 75006 Paris
librairie@lucernaire.fr
01 42 22 67 13

www.ingramcontent.com/pod-product-compliance
Lightning Source LLC
LaVergne TN
LVHW011311061026
849535LV00005B/1512